保育の場で
子どもの学びを
アセスメントする
Assessment in Early Childhood Settings

Learning Stories
「学びの物語」アプローチの
理論と実践

マーガレット・カー 著
Margaret Carr

大宮勇雄・鈴木佐喜子 訳
Omiya Isao　*Suzuki Sakiko*

ひとなる書房

ASSESSMENT IN EARLY CHILDHOOD SETTINGS
Learning Stories, 2001 by Margaret Carr
English language edition published by SAGE Publications of
London, Thousand Oaks, New Delhi and Singapore,
©Margaret Carr, 2001

Japanese translation published by arrangement with SAGE
Publications Ltd. through The English Agency (Japan) Ltd.

日本の読者の皆様へ

　日本の読者へ向けてこうしてメッセージを書くよう声をかけて下さった鈴木佐喜子さんに感謝しつつ、訳者のお二人がこの仕事を最後まで丁寧にやり遂げられたこと、そして本書の考え方がより多くの読者の元に届くようにして下さったことに改めて感謝申し上げたいと思います。
　今回刊行が実現したこの日本語版は、デンマーク語版とイタリア語版に引き続く訳書となりますが、英語による原書の出版以来、「学びの物語」が秘めている可能性に対する関心は国境を越えて高まってきています。「学びの物語」のプログラムやプロジェクトは多くの国々に広がり、今では保育の場だけでなく、学校でもこのアセスメント・アプローチを取り入れているところが出てきています。子どもたちが学び手として成長するためには、そして生涯にわたって学び手であり続けるためには、子どもたちの関心や意欲がかきたてられ大切に育まれる環境が必要です。本書で提示した学びと教育的働きかけについての考え方は、すべての子どもたちにそうした環境を保障する民主的な教育のコミュニティづくりを支えるものとして重要な役割を果たし続けています。
　グローバル化や科学技術の進展によって、世界はますます流動的で複雑なものとなってきています。幼い子どもたちは、祖父母たちの世代が経験したものとはまるで異なる場所で生き、学ぶことになるでしょう。すでに繰り返し指摘されている通り、今を生きる学び手たちには、知識とスキル以上のものが求められるようになってきています。学び手たちがこうした様々な場所に参加できるようになるためには、自ら創造的に考えをめぐらせ問題を解決しようとしたり、難しそうなことやなじみのない環境、そして新しい科学技術にも好奇心と情熱を持って対応したりするような学びの習慣や構えを身につけることが必要です。進んで他者と協同したり、自信を持って自分の意見を述べたりできるようになることも求められるでしょう。こうした学びの構えを獲得することは、未だかつてないほど必要とされているのです。

子どもたちはごく幼い時期から、学びの構えを形作り始めます。ですから学びの構えをいかに育むかということは、教師（または保育者）が意図的、教育的に働きかけるべき重要な課題の1つなのです。教育的な働きかけを提供することには、例えば、関心が芽生え探求心がふくらむようなわくわくする環境を設定すること、他者とやりとりしたり協同したりする機会を意識的に作り出すこと、"自分もやってみたい"と心が揺さぶられるような活動を意外なハプニングも織り込んで柔軟に保障することなどが考えられます。こうしたプロセスには、その場の環境の有り様を浮かび上がらせ、子どもたちが生涯にわたる学び手となるための学びの習慣をより強めていくことにつながるようなアセスメントが欠かせません。本書は、そうしたアセスメントを実際に進めていく方法を描き出しつつ、アセスメントというものが、教育的働きかけと学びにおけるきわめて強力な、おそらく最も重要な要素の1つであるということを明らかにしたものです。本書ではまた、私自身の考え方の変遷――私が実践者として保育現場で形成してきた教育的働きかけと学びのとらえ方、特に何をどのようにアセスメントするのかというアセスメントについての思い込みが、新しいアセスメント・モデルに出会ったことでどのように転換していったか――についても跡づけています。本書が、読者の方々にとっても、これまでとは違った考え方を生み出す契機となることを願っています。

2013年5月

マーガレット・カー

目　次

日本の読者の皆様へ　3

序文　9

第1章　アセスメントモデルの転換——7つの観点から新旧モデルを検討する　17

1. 何を目的にアセスメントを行うのか　20
2. 乳幼児期の大切な学びの成果とは何か　23
3. どこに焦点を当てて教育的介入を行うのか　33
4. どのように妥当性を確保するのか　35
5. 成長をどのようにとらえるのか　37
6. どのようにアセスメントを行うのか　43
7. アセスメントは実践者にとっていかなる価値があるのか　44
8. 小括——本書で提起する2つの問い　45

第2章　「学びの構え」の構造とそのとらえ方　48

1. 学びの構えの5領域　50
2. 学びの場や構えを育む環境との相互作用　69
3. 学びの構えの3つの次元——前景化と背景化　80
4. 小括——「進んでやろうとする」を前景化するアセスメント　85

第3章　「関心を持つ」構えと「熱中する」構えとは何か　87

1. モーゼズと動物たち　90
2. サリーとクマのおもちゃ　94
3. アランと扉プロジェクト　95
4. ネルと女友だち　100
5. 4人はどのように「関心」と「熱中」の構えを育んでいったか　103
6. 事例から引き出されるアセスメントのガイドライン①〜④　105

第4章 「困難ややったことがないことに立ち向かう」構えとは何か 110

1 ジェイソンとマーブルペインティング 112
2 メグと工作 116
3 ダニーとスクリーン印刷 119
4 3人はどのように「困難ややったことがないことに立ち向かう」構えを育んでいったか 122
5 事例から引き出されるアセスメントのガイドライン⑤・⑥ 126

第5章 「他者とコミュニケーションをはかる」構えと「自ら責任を担う」構えとは何か 130

1 ロージーとごっこ遊び 131
2 キリワイトゥトゥと年下の子どもたち 138
3 ニックの「橋渡し」と「組織化」 141
4 モーリーとマイラの女友だち言葉 144
5 5人はどのように「他者とコミュニケーションをはかる」構えと「自ら責任を担う」構えを育んでいったか 149
6 事例から引き出されるアセスメントのガイドライン⑦ 150

第6章 「学びの物語」アプローチの枠組み 154

1 新たなアセスメントのための9つのガイドライン 154
2 「学びの物語」で子どもの学びを丸ごととらえる 159
3 「問題点モデル」から「信頼モデル」への転換――ブルースの「学びの物語」 163
4 いかに学びを読み取るか――「学びの物語」の4つのD 168
5 小括――枠組みは実践の場において変更が加えられていく 174

第7章 「学びの物語」アプローチの実践プロセス① 学びをとらえる 176

1 子どもを信頼し、そのやっていることに焦点を当てる 179
2 それぞれの場に即して観察する際の視点を構造化する 182
3 視点の前景化と背景化の実際 198
4 小括――様々な保育の場における学びのとらえ方の独自性と共通性 202

第8章 「学びの物語」アプローチの実践プロセス② **話し合う** 204

 1 学びの構えの構造をとらえる視点の一致を目指す 205
 2 ここで価値あるとされる学びとは何かを子どもたちに伝える 209
 3 自分たちの学びを子どもたちがどうとらえているかを探究する 211
 4 家族を巻き込む 214
 5 小括──1日の疲れを忘れさせる温かな話し合い 221

第9章 「学びの物語」アプローチの実践プロセス③ **記録をつくる** 223

 1 なぜ記録づくりに取り組むのか 225
 2 記録づくりが学び手にとって不可欠なものとなるにはどうしたらよいか 230
 3 自分たちに合ったアセスメントの書式を作り出す 234
 4 小括──学びの外側から内側へ 245

第10章 「学びの物語」アプローチの実践プロセス④ **次にどうするか判断する** 247

 1 成長を追跡し次にどうするか判断する──ロージーとヒューゴーの場合 248
 2 応答という形の判断 256
 3 学びの構えと学びの場とを合わせて計画する 260
 4 小括──計画づくりの豊かで複雑なプロセス 271

第11章 「**学びの物語**」**の旅路** 272

 1 乳幼児期の学びの成果に関わる5つの論点 274
 2 複雑さをありのままとらえつつ、いかに説明責任を果たすか 280
 3 アセスメントモデルの転換に取り組む実践者をどう支えるか 286
 4 小括──「学びの物語」のさらなる対話と発展へ向けて 291

文　献 293

解説1 ニュージーランドの保育と「学びの物語」実践の現状と課題 鈴木佐喜子 306
解説2 「学びの物語」──社会文化的-歴史的理論が切り拓く保育実践の可能性 大宮勇雄 317

凡例

・原文中の early childhood は、ケア及び教育を含む用語として「保育」、あるいは「乳幼児」「乳幼児期」「乳幼児に関わる〜」等と訳出した。また、本文中には多様な保育の場が登場するが（巻末「解説1」参照）、このうち early childhood centre や centre は、原則として全ての保育の場の総称として「保育機関」と訳出し、一部文脈によっては「幼稚園」「保育園」「園」等とした。
・原文の章・節のタイトルや見出しは、本書の構成や文脈をとらえやすくするため、適宜数字を付し一部本文の内容に即したものに変更した。
・原文中、参照章の表記に数ヵ所誤りがあったが、著者の了解を得て修正した。
・原文中のイタリック（見出しや本文中の強調を示す）はゴシックに、専門用語や固有名詞、強調を示す大文字や‘　’は、「　」で括った。
・著者による注は（　）や〔　〕、訳者による注はゴシックで表記した上で［　］で括った。長文にわたるものは、それぞれ脚注とした。

訳者

序　文

　アセスメントは、おそらく教育という営みにおける最も強力な政治的手段である。それは、個々人、施設、そしてあらゆるシステム全体の長所と短所を**明らかにする**ために用いられるばかりでなく、変化をもたらす強力なてことしてもまた用いられる（Broadfoot 1996a, p.21、強調は原作）。

　最近では、多くの国の乳幼児に関わる専門家は、様々な理由から子どもたちの学びと成長を記録するアセスメントの実施を求められるようになっている。本書は、こうした中でより良いアセスメントの方法を探し求めてきた多くの乳幼児に関わる実践者たちの仕事について述べている。私たちがこの旅を始めた時、多くの実践者たちは、この課題に取り組む準備ができていなかった。彼らの多くは、アセスメントは、小さい子どもたちと共に生き働くという自分たちが最も大事にしている活動から自分たちを引き離すものだとして、子どもをアセスメントする側に立つことに抵抗した。また彼らの大半は、子どもたちの発達を書き留め、記録することの価値に懐疑的で、それは外部監査のために行う管理的な職務で、貴重な時間の浪費だと見なしていた。
　筆者は、1989年から1991年まで、ニュージーランド教育省の保育のナショナル・カリキュラム開発チームを指導する仕事に共同で関わってきたが、その間、実践者たちと幅広く協議する中で、学びの成果（learning outcome）というものを、幸福、所属感、コミュニケーション、貢献、探究という5つの要素が織り合わさったものとしてとらえたカリキュラムを開発するに至った（Carr/ May 1993, 1994, 2000）。この中で示した学びは、実践者たち自身が価値

あるものとして見出したものであった。私たちは、カリキュラムとは「人々や場所や物との双方向的で応答的な関係」に関わるものだという点を強調したが、当時の一般的なアセスメントは、子どもたちの身体的、知的、情緒的及び社会的な知識・理解とスキルという観点から学びの成果をとらえるための項目で構成されていた。実践者たちは、新しいカリキュラムに取り組むことに引き続き、新しいアセスメントの方法を探り実施するという試行錯誤を迫られることになったが、このことはスー・ブリードカンプとテレサ・ローズグラントが述べたように、「もし私たちが真のカリキュラム改革を実現したいなら、私たちは同時にアセスメント実践の改革を成し遂げなければならない」(Sue Bredekamp/ Teresa Rosegrant 1992, p.29) ことをはっきりさせた。関係と参加を重視する新しいカリキュラムを成功させるためには、同じ考え方を土台にするアセスメントが必要だった。

そこでこのカリキュラム・プロジェクトに続いて、「保育の場における子どもたちの経験をアセスメントする (Assessing Children's Experiences in Early Childhood Settings)」と呼ばれる教育省の研究プロジェクト [以下、**アセスメント・プロジェクト**] が行われた。このプロジェクト研究を始めるにあたって、プロジェクトに参加した実践者と筆者は、アセスメントのこれまでの概念を検討し、揺さぶり、ひっくり返すことで、自分たちが求めるアセスメントというものは、小さい子どもたちとの関わりを楽しんでいることの中にこそあるのだということを確認したいと願っていた。実践者たちは、物語から始めるというアイディアを好んだ。こうしてこれまでと異なる新しい方法を探る旅が始まった。

私たちは、次の5種類の保育の場 (early childhood settings) において研究を進めた。**保育園** (childcare centre) は、ニュージーランドの小さな町 (人口約10万人) のあるコミュニティ・トラストによって運営されている非営利の園で、10人の職員で2つの保育プログラムを運営していた。1つは2歳以下の10〜12名の子どもたち向け、もう1つは2歳以上の30〜32名の子どもたち向けであった。**幼稚園** (kindergarten) は、保育園と同じ町にあり、地域の幼稚園協会の傘下にある28園の1つで、午前5回、午後3回の保育を行っていた。低所得者向け住宅の郊外にあり、その通学区域には町はずれの農業地域も含まれ

ていた。午前の登録児童は44名で、教師は3人であった。**家庭的保育の場**（home-based setting）は、あるコミュニティ・トラストによって運営されている約100の家庭的保育の場の1つであった。このコミュニティ・トラストは、2つの保育園も運営しており、そのうち1つがデータを提供した。家庭的保育の場におけるグループ・サイズは、研究期間中に3人から4人に変わり、保育を受けている子どもの年齢は14ヵ月から4歳1ヵ月であった。3ヵ月にわたる記録は、3歳くらいの定期利用児2人を分析したものだった。都市部にあった**コハンガレオ**（Te Kōhanga Reo）は、保育を全てマオリ語で行うマオリ言語（保育）センターだった [p.139訳注参照]。この保育機関は、コハンガレオ・ナショナル・トラストのもとに設立され、午前9時から午後3時まで、16人までの子どもたちの保育を行うことを認可されていた。保育を受けている子どもたちの年齢は、乳児から5歳であった。ここでの事例の紹介にあたっては、職員と子どもたちの実名を使用することについて許可をもらっている。**プレイセンター**（playcentre）は、ニュージーランド・プレイセンター協会の傘下にあり、親たちの共同保育の場として親たちによって運営されていた。午前中に保育と話し合いを行っていた。18ヵ月から5歳までの年齢幅の22人の子どもたちを保育しており、午前の保育においては平均5、6人の親（プロジェクト中は常に母親であった）が保育に責任を持っていた（親たちがチームで子どもをみることで知られるシステム）。以上の保育の場の実践者たちと共に最終レポート（Carr 1998b）をまとめ、1998年に教育省に提出した。私たちはさらに、3本のビデオと、4つのワークショップと7つの読み物を収録したパンフレット（Carr 1998b）を作成した。

　筆者に大きな影響を及ぼしたもう1つの取り組みは、乳幼児期の物づくりに関する実践の研究（Carr 1997, 2000a, 2000b, 2001）であった。その研究の中で、筆者は、厚紙や接着剤や留め金で物を作り、一面にペンキを塗る4歳児たちを長期にわたって注意深く観察し、「学びのナラティヴ（learning narratives）」という考え方が、彼らが学んでいることをとらえる（そして記録する）のに有効かどうかを検討した。本書には、ある幼稚園における5つの活動や物づくりに関する実践についての観察も含まれている。この幼稚園は、中程度の収入がある家族が多く住む郊外の住宅地にあった。その通学区域は、低所得者向け住宅

と農業地域を含んでいた。

　最後に、本書で使用する用語の説明と、謝辞を記しておかなければならない。保育分野で何かを書こうとする時は必ず、教師、教育者、実践者、大人、職員、ケアラー（通常は家庭的保育の保育者）、カイアコ [**マオリ語で教師**]、カイアフィナ [**マオリ語で援助者**] 等、子どもと関わる大人たちをどのような名称で呼ぶかを決めなければならない。親による共同保育の場では大人は親であり、コハンガレオの文脈では、アコ（ako）は教えること（と学ぶこと）を意味し、アフィ（awhi）はケアを意味するので、カイアコ（kaiako）はカイアフィナ（kaiawhina）よりも「教える」役割をより多く含んでいる。筆者は、総称として実践者という呼び方を好むが、筆者の学生たちは教育者を好むと言い、多くの文献では教師という名称が用いられている。筆者はそれらについて特に強いこだわりはないので、状況に応じて異なる名称を用いることになるが、このことは、保育園の実践者あるいは職員は教えるという行為を行わない、あるいは教師がケアをしないということを意味するものではない。

　このアセスメント・プロジェクトは、教育省教育研究部局から資金の提供を受けた。彼らの資金提供や教育省の継続的な関心と支援に御礼申し上げる。事例研究に貢献してくださった実践者、マーガレット・バークレー（Margaret Barclay）、メアー・スケレット・ホワイト（Mere Skerrett-White）、メレン・グッディスン（Merren Goodison）、ウェンディ・リー（Wendy Lee）、アネット・ラッシュ（Annette Rush）、スー・ゾンネヴェルド（Sue Zonneveld）、リー・ウィリアムズ・ホッブズ（Leigh Williams-Hobbs）、ロジーナ・メリー（Rosina Merry）に、そして研究員として援助してくださったジル・ファー（Jill Farr）、ジェイン・バロン（Jane Barron）、キリ・グールド（Kiri Gould）、また観察事例や「学びの物語」を提供してくださったファーンデイル（Ferndale）幼稚園、グランドビュー（Grandview）幼稚園、マウント・イーデン（Mt Eden）幼稚園、アカラナ（Akarana）幼稚園、セント・アンドリューズ（St Andrews）幼稚園、インソル・アベニュー（Insoll Avenue）幼稚園、コンスタンス・コルグローブ（Constance Colegrove）幼稚園、セント・マークス・コミュニティ・クレッシュ（St Marks Community Crêche）、リントット（Lintott）保育園、ハ

ミルトン・チャイルドケア・サービス・トラスト家庭的保育プログラム（Hamilton Childcare Services Trust Home-based programme）、アモクラ・コハンガレオ（Te Amokura Kōhanga Reo）、そして2つのプレイセンター（Waikato and Bay of Plenty Associations）の実践者の家族と子どもたちに御礼申し上げる。ヘイリー・スチュアート（Haley Stewart）とジャネット・ミッチェル（Janet Mitchell）は、この教育省アセスメント・プロジェクトにおいて行政面から的確に補佐してくださった。そして、レイウィン・オールトン（Raewyn Oulton）は、物づくりに関する実践の研究プロジェクトと本書のために図を作成してくれた。コリン・ニコルソン（Corinne Nicholson）は、ポール・チャップマン・アンド・セージ社（Paul Chapman and Sage）の親身に相談にのってくれる思慮深い編集者たちと共に、世界中から連絡を取り合うことも含めて、多くの援助を提供してくれた。第3章の追加的データは、2歳児モーゼズ（Moses）の家族によって提供された。私は、その物語を収集してくれた彼の両親に感謝している。今は13歳になったアンドリュー・バークレー（Andrew Barclay）と彼の母親であるマーガレット・バークレー（Margaret Barclay）にもお礼を言いたい。マーガレットは、彼が2歳の時に録音した数学に関する記録を第2章で使用する許可を与えてくれた。この記録は、第1章で海賊と宇宙の支配者たちを理解しようとしたジョー（Joe）とマーク（Mark）の記録と一緒に1994年に紹介したものである（*Australian Journal of Early Childhood* 19巻2号）。第9章のダリン（Darryn）の母親の「親の声」は、雑誌*R.E.A.L.*の3号、1999年10・11月号に最初に掲載された。保育機関でのアセスメント・データは、2つのプロジェクト（1つはアセスメント・プロジェクト、もう1つは物づくりに関する実践の研究プロジェクト）から子どもたちと実践者の実名を使用する許可を得て収集された。

　最初のプロジェクトに参加していない保育機関（early childhood centres）の学びの物語（learning stories）の大部分は、専門性開発のファシリテーターによって収集された。根気強く熱心に収集にたずさわったウェンディ・リー（Wendy Lee）に、そして本書にこれらを掲載することを許可して下さった親や子どもたちに感謝する。自分たちの保育機関に関する最新の動静を絶えず教えてくれたワイカト大学の専門性開発チームにも深く感謝する。残念ながら、筆

者のところに集まったすばらしいアセスメントの物語の全てを入れる紙数がなかった。ヘレン・メイ（Helen May）、アン・スミス（Anne Smith）、ヴァル・パドモア（Val Podmore）、パム・キューベイ（Pam Cubey）、アン・ハザリー（Anne Hatherly）、バーナデット・マッカートニー（Bernadette Macartney）とブロンウェン・カウウィ（Bronwen Cowie）はみな、本書につながる共同プロジェクトの間、アイディアを提供し支えてくれた。1995年の秋、ハーバードで、デービッド・パーキンス（David Perkins）とシャリ・ティッシュマン（Shari Tishman）は、私が学びの構えについての考えを深める援助をしてくれた。本書の執筆は、1999年に英国で始まった。この研修休暇を与えてくれたワイカト大学、ノウミ・ロウ・ラコヴスキー（Nomi Rowe Rakovsky）、ティナ・ブルース（Tina Bruce）、マージー・ウェイリー（Margy Whalley）、イラム・シラージュ・ブラッチフォード（Iram Siraj-Blatchford）とガイ・クラックストン（Guy Claxton）のご好意と友情に感謝する。ガイの助力は、1989年の「計算能力のコスト」に関する共同研究論文から始まり、本書のアイディアは、主として（南半球の）夏、くり返し行われた学びについての話し合いに端を発している。ワイカト大学幼児教育学科の同僚にも特別の感謝を申し上げなければならない。彼らの多くは、保育のナショナル・カリキュラム開発チームで筆者と共にこの旅を始めた。そして、賢明な助言とすばらしい編集の援助に対してマルコム・カー（Malcolm Carr）にも深く感謝したい。

新しいカリキュラムで仕事をすることは、このカリキュラムをいかにアセスメントするかという難問を浮かび上がらせたが、本書のもとにある学びとアセスメントについてのアイディアは、ある特定のカリキュラムを拠りどころにしたわけではない。エルミン・マーシャルは、学びの挑戦を重視していたある学校の教室を次のように描写している。

　学びに対するモチベーションは（形式的に課題を遂行することではなく）、チャレンジすることや現実世界とのつながり、生徒の関心に基づいていた……。間違いは、学びが不十分であることの証拠ではなく、「どこが問題だったかを理解する」ことにつながるものであり、新たな学びの源なのであ

る（Hermine Marshall 1992 p.10）。

　この教室について考察する際、マーシャルは、「学びの場（learning place）」という用語を用いた。本書は、乳幼児のための「学びの場」を作り上げ、子どもたちの学びを記録しようとする実践者たちの仕事について述べている。最初の章は、筆者自身も以前抱いていたが今では問題があると考えている７つの言説を挙げ、学びとアセスメントに関する筆者の考え方の変遷について述べている。アセスメント・プロジェクトでは、私たちが「何を」アセスメントすべきかに取り組むことなくして、「どのように」アセスメントするかの検討に進むことはできないこと（Drummond/ Nutbrown 1992）がすぐに明らかになった。エリオット・アイズナーは、教育者が成し遂げたいことと生徒たちの学びをどう評価（evaluate）するかということはしばしば矛盾していると指摘し、[子どもたちの]「熱意や願いを無視する理由の大半は、そうした情報をアセスメントにたえうるものにすることが困難で時間がかかるということにある」（Elliot Eisner 2000, p.346）と付け加えた。

　第２章から第５章では、「何を」アセスメントするかというこの問題に取り組んでいる。第６章では、それまでの章で取り上げた熱意や願いをどのようにアセスメントするのかを問うている。次の第７章から第10章では、事例研究を行った５種類の保育の場とその他のいくつかの保育機関において、教師、家族、子どもたちにとって意味のある学びを実践者たちがどのようにアセスメントしてきたかについて述べた。そこには、困難とジレンマが含まれている。最後の第11章では、第１章で提起した２つの問いにもう１つの問いを加え、それにこたえるために本書全体を振り返っている。

- 私たちは、乳幼児期の学びの成果をどのようにとらえたら、子どもの学びと成長を明確に、そして［どの関係者にとっても］価値ある形で示すことができるだろうか？
- 私たちは、乳幼児期の学びの成果をどのようにアセスメントしたら、子どもの学びを守り、促すことができるだろうか？
- アセスメントについての考え方を転換していく際、教育者に対してどのよう

な援助が行われたのだろうか？

　本書が、アセスメントに関心を持つ教育者たちや教育者を志す学生たち、そして子どもたちに熱意や願いを持ち、また複雑で不確かなものをアセスメントすることに向けて旅をしようと考えている乳幼児に関わる実践者の役に立つことを願っている。

第1章　アセスメントモデルの転換
——7つの観点から新旧モデルを検討する

　20年前、筆者が幼稚園の教師として働き始めたとき、アセスメントとは、就学間近の子どもたちが学校に行くために必要だと筆者が当時考えていた様々なスキルを獲得しているか否かをチェックすることであると信じていた。チェックリストには、初歩的なレベルにおいて字を書くこと（自分の名前を書くこと）、基本的生活習慣の自立、初歩的な算数（数を唱えること）、順番を守ること、ハサミで切ること等が項目として挙げられていた。そのチェックリストを使って、就学に向け何が足りないかを探しだし、入学前の数ヵ月は直接教授の方法を用いてそうしたギャップを埋めようとしていたのである。そうすることについて、筆者自身特に積極的な関心を持っていたわけでも有益なことだと思っていたわけでもなかったが、子どもの家族や地元の学校において乳幼児に関わる有能な教師としての筆者の評判が高まることに結びつくと考えていたことは確かであった。

　ここにはアセスメントとはこのようなものであるという数多くの言説が含ま

れているが、20年経った今、筆者はそのような言説のどれも信じていない。むしろ筆者の関心は、次のような子どもたちの姿に引きつけられてきた。物怖じせずに意見が言える自信に満ちた4歳児のエミリーは、友だちのローラに自分がやり遂げたジグソーパズルを「間違ってる」と言われた時、怒ったように「ダメ！『間違ってる』って言わないで。またわたしが間違ってるって言ったら、もうわたしのネズミをなでさせてあげないからね」と言った。またある幼稚園で、ジェイソンは、「マーブルペインティング*」という単純な活動をあえて複雑で困難な過程に変え、ネル（通常はこうした難しいことを避ける子）にやり方を教え、さらに今度はそのネルがジニーやニックに教えた。またある園では、活動の最中に、大人が女児に向かって「良い子（good girl）ね」と言うのをしばしば耳にするが、同じように参加している男児に対しては一度も「良い子（good boy）ね」と言うのを聞いたことがない。マイラとモーリーが、筆者が**女友だち言葉**（girl-friend-speak）と名づけた言葉を使っている様子も興味深い。そうした言葉には、双方向からの応答的な対話が含まれているにもかかわらず、どうもリサを排除しようとしているようなのである。ダニーに難しいと思うものは何かと尋ねたところ、彼は、自動車の後部座席の方についている三角形の窓を描くことだと答えた。また筆者がある物語を2歳児のモーゼズに読んだ時、彼が頭を悩ましたのは、アヒルには水面の下に足があるのかどうか、そしてそれはどのような足なのかということだった。トレバーは友だちに、何か難しいことに直面したら、そのままにしておけばいいんだよと助言していた。

　私たちは、本書の中でこれらの子どもたちに再び出会うだろう。こうした子どもたちの姿から、外から見えやすいところだけでなく、「水面の下」でも学びが進行しているのかどうか、それはどのような学びなのか、いかにして私たちはそれをアセスメントすることができるのか、そしてそうしたアセスメントは乳幼児に関わる教育者である私たちにどのような意味があるのかということを考えていきたいと思う。

　筆者は、筆者自身が20年前に保持していたアセスメントに関する古い考え方を、アセスメントの「旧来のモデル（folk model）」と名づけた。デービッド・オルソンとジェローム・ブルーナーは、「フォーク・ペダゴジー」——私たちが日常的に直感的に抱いている学び（learning）と教育的働きかけ

(teaching)、子どもたちが持っている認識の力、そしてどのようにして人は子どもたちが学ぶのを援助するかに関する理論——について書く中で、これらの日常的で直感的な理論やモデルは、深く刻み込まれた文化的な信念や言説を反映していると指摘している（David Olson/ Jerome Bruner 1996）。筆者が抱いていたアセスメントの旧来のモデルも、次のような思い込みからなっていた。アセスメントの**目的**は、教育の次の段階から見て「有能である」と見なされるスキルを書き連ねた簡単なリストに沿ってチェックすることであり、乳幼児期の大切な**学びの成果**は断片的で文脈とは無関係な学校に適応するためのスキルであり、**教育的介入**は「できないこと」に焦点を当てて行うものであり、アセスメントのデータの**妥当性**を確保するためにはチェックリストによるスキルの客観的な観察が最良と考えられ、**成長**とは段階を踏んで各種のスキル、特に読み書きと数えることを身につけることと見なされ、**方法**はチェックリストを用いることであり、アセスメントの**価値**は教師としての私がどのように監視・評価されるかに左右されるということであった。筆者は、自身の教師との関わりや実際に学校や大学時代に受けたアセスメント、あるいはわが子の保育の場や学校での経験を通して培われた認識、さらには筆者の家族や同僚の意見から、こうした考え方を形作っていった。教員養成教育が、こうした思い込みを変えることは全くなかった。

　しかし、筆者はこのようなアセスメントの旧来のモデルと並行して、全く異なる、より深く考え抜かれた学びと教育的働きかけに関するモデルを抱くようになった。その後、旧来のモデルに代わる新しいアセスメント実践を探究したいと望む実践者のグループと共に、筆者は、学びと教育的働きかけに関する私たちの新しい考え方とアセスメントに関する従来とは異なる考え方とを統合しようと試みる機会を得た。表1–1は、アセスメントに関する筆者の旧来のモデルとそれに代わる新しいモデルの、それぞれの前提となっている考え方を対比させたものである。本章では、本書の基礎となるこれらの新しい仮説について概説していくことにする。

＊marble painting　厚紙でできた箱の底に置かれた画用紙の上で絵の具のついたビー玉を転がすことで「絵」を描いていく活動。——訳者

表1−1　2つのアセスメントモデル

	筆者の旧来のモデル	新しいモデル
何を目的にアセスメントを行うのか	小学校入学時に「有能」とされるスキルを簡単なリストに沿ってチェックするため	学びを促すため
乳幼児期に大切な学びの成果とは何か	断片的で文脈とは無関係な、学校に適応するためのスキルを身につけること	学びの構えを育むこと
どこに焦点を当てて介入を行うのか	問題点、「できないこと」を「できる」ようにさせることが前景化される	子どもを信頼し、学びの構えを育むことが前景化される
どのように妥当性を確保するのか	客観的に観察する	観察されたことについて解釈し、それについて議論し合い、合意を形成する
どのように成長をとらえるのか	スキルを蓄積していくこと	参加のレパートリーが広がり複雑になっていくこと
どのようにアセスメントを行うのか	チェックリストを用いる	学びの物語を書く
アセスメントは実践者にとっていかなる価値があるのか	外部機関による監視・評価	4種の関係者（子どもたち、家族、他の職員、実践者本人）とコミュニケーションをはかること

1　何を目的にアセスメントを行うのか

　筆者が20年前に抱いていた思い込みの1つは、アセスメントとは前もって用意されたリストに沿って子どもの知識やスキルを点数化しそれを合計するというものであった。ハリー・トランスとジョン・プライヤーは、こうした考え方に基づくアセスメントを「収束的 (convergent)」アセスメント（Harry

Torrance/ John Pryor）と呼んだ。これに対して、もう1つの考え方によるアセスメントは「拡散的（divergent）」アセスメントとでも言うべきものであり、そこでは学び手の見解が重視され、教師と学び手が共同して成し遂げていくものとされている。こうしたアイディアは、アセスメントに関する考え方だけでなく、学びと教育的働きかけについての考え方をも反映したものである。

　今振り返ると筆者は当時、学びに関する収束的な見方と拡散的な見方の両方を同時に持っていたように思う。収束的な見方に立っているときには、小学校入学時に「有能（competence）」とされるスキルの簡単なリストに沿って子どもたちの到達度をチェックしていた。まだできていないスキルがあることが判明した時には、どのように教えればそれらが身につくかを考え、様々な働きかけ方を考案した。拡散的な見方に立っているときには、筆者は遊びを中心とする保育を行い、そうした場では筆者が価値あるととらえていた学びを促していたものの、アセスメントしたり記録をとったりすることの役割には気づいていなかった。

　筆者は前者の収束的アセスメントの事例は持っていないが、後者のより拡散的な見方で実践した事例なら手元にある。筆者は、幼稚園で使っている木工ドリルに関するある4歳児の発明について、その出来事から数年後に書いたことがある（Carr 1987）。筆者はその時、木工テーブルに穴をあけるため、しゃこ万力を逆さまにして「ドリル」として使っている1人の子どもを観察していた。通常、しゃこ万力についている固定用のねじの先端にはキャップがついていて、締めつけてもテーブルが傷つかないようになっているのだが、このしゃこ万力はキャップがなくなっていたためねじの先が尖っていたのだ。彼は大きな声で言った。「見て、マーガレット、ぼくはドリルで穴をあけているんだよ」。私たちは、どのようにして彼がしゃこ万力を木工ドリルに変えたのかを話し合い、子どもたちの木工活動の質を高めるのに非常に役立つ道具として、この発明を高く評価した。当時私たちの園で使っていたドリルは、泡立て器のような形をしていて、子どもたちがハンドルを回しながら面に対して垂直に押し下げている間も、もう一方の手でドリルをまっすぐに立てておかなければならないものだった。これに対して新しい「ドリル」は、ねじが道具を固定してくれるので、子どもたちは上部に水平についているハンドルを両手で回して穴

をあけることができた。筆者はその後、ある親に頼んでしゃこ万力にドリル用のねじれた棒を溶接してもらい、それを木の角材に固定して使えるようにしたところ、木工活動における子どもたちの問題解決と計画のプロセスの質を大いに高めることになった。

　またあるとき筆者は、1人の男児が船を作る物語を書いた。その子は、マストを固定するために木の角材に5ミリの穴を2ヵ所あけ、のこぎりで作った短いダボを打ち込み、それを水槽に浮かべた（初めその船は片側へ傾いていたが、その後まっすぐに浮かぶようデザインが修正された。しかしそれは記録されなかった）。古いほうきの柄を輪切りにしたものにドリルで穴をあけて車輪とし、木片の側面に釘で留め、車あるいはカートとして引っ張っていた女児の物語も書いたことがある。筆者は子どもたちの家族向けにたくさんの写真を撮ることはしていたが、アセスメントの一部としてこうした発明や木工活動を書き留めることは思いつかなかった。もし、その場でその学びを記録していたとしたら、子どもたちや家族、そして筆者自身も、私たちの保育の目標のとらえ方を深めたり、それらの目標が他の様々な活動を通して達成される可能性をとらえたりすることができたであろうと今では思っている。

　このように筆者は、子どもたちの経験の一部しか記録していなかったし、それも外部の関係者に向けて作成されたものであった。このことは、多くの乳幼児に関わる教育者にもあてはまるだろう。そして、専門職に対する外部への説明責任の要求が強まるにつれ、（専門職への外部からの）監視は直感的で応答的な教育的働きかけを浸食し始める。これに対して新しいモデルは、外部への説明責任と応答的な教育的働きかけを結びつけることを目指して考案された。学び手の成果を記録することで、その記録は応答的な教育的働きかけが日々繰り広げる物語にとって欠かせないものとなるのである。ただしこのモデルは、次に見るように、筆者が20年前に使った収束的な見方に立つチェックリストとはかなり異なる形で、学び手の成果を定義している。

2 乳幼児期の大切な学びの成果とは何か

　アセスメント文書について筆者が抱いていた旧来のモデルは、学びを個人的で文脈と無関係なものと見なすものであった。そこでは、重要な学びの成果というものは、断片的で、文脈とは切り離されて存在する、学校に適応するためのスキルととらえられていた。これに対して新しいモデルにおいては、学びとは常に、その学びが置かれている文脈の中にある何ものかを獲得することであり、ジェームス・ワーチが示したように、学び手は「行為の中の学び手（learner-in-action）」（James Wertsch）であるとされている。この観点は、主としてレフ・ヴィゴツキーの「媒介された行為（mediated action）」（Lev Vygotsky 1978）という概念から生まれた。それは、学びを、学び手と環境との関係に焦点を当ててとらえるもので、その環境の中で複雑に影響し合う応答的な関係を明らかにし記録する方法を追求するものである。バーバラ・ロゴフは、こうした学習観に基づいて、発達を「参加の変容（transformation of participation）」（Barbara Rogoff 1997, 1998）と表現した。

　他の多くの研究者も、学びが文脈や文化に依存していることに注目してきた。例えば、ジェローム・ブルーナーは、こうした視点の転換を、心理学における「文脈革命（contextual revolution）」（Jerome Bruner 1990, p.106）と表現した。研究の焦点は、心の内部構造や表象の発達から、経験している世界における意味づけや意図、人間関係の問題へと変化していった。この進展は、乳幼児に関わる実践者にとって大きな意味を持つものであった。持ち運びできる「頭の中の」スキルと知識を学びの成果として重視し、個人をその環境から分離する旧来の立場にかわって、スキルや知識というものは、社会文化的な目的と結びついているものであり、それゆえ個人と学習環境とは切り離すことのできない渾然一体のものであるとする立場が登場した。こうした広範なつながりの中

表1－2　積み重なって複雑さが増していく学びの成果

```
                    学びの成果

① スキルと知識

② スキルと知識＋意図＝学びの方略

③ 学びの方略＋社会文化的営みやその人々＋道具＝状況に埋め込まれた
                                    学びの方略

④ 状況に埋め込まれた学びの方略＋モチベーション＝学びの構え
```

から生まれる学びの成果を概観する1つの方法は、それらを層として描き出すことである。表1－2は、4種類の学びの成果が、1つずつ積み重なりより複雑なものになっていく様を示したものである。

学びの成果の第1層
スキルと知識

　ここでの焦点は、学び手自身が獲得した「頭の中の」スキルと知識（skills and knowledge）である。乳幼児期においては、数多くの基礎的な操作や基礎レベルのスキル――すなわち、はさみで切る、線の間に色を塗る、数を正しく唱える、文字の発音を知る等――があって、それらは教えられたり、テストによってどのくらい習得したか確かめられたりできるものと考えられ、実際にそうされていることが多い。しばしばそこでは、複雑な行動の習得にはそれに先行してより小さな単位の行動の習得が必要だというように、複雑な課題に至るある種の学びの段階が想定されている。
　B・F・スキナーの言葉を借りれば、「いかなる分野における有能さであろうと、その獲得プロセスは、非常に多くのスモールステップに分割し得るし、個々のステップがクリアされることによって強化される」（B. F. Skinner 1954, p.94、Shepard 1991において引用）。

テストの開発を担当している米国の学区テストディレクター50人の学習観を調査したローリー・シェパードは、これらの専門家の間では暗黙のうちに、1つの一貫した観点が広く共有されていることに注目した。彼女はそれを「標準準拠テスト型の学習理論（criterion-referenced-testing learning theory）」（Lorrie Shepard 1991, p.4）と名づけ、次のような2つの信念が含まれているとした。

　第1に、テストとカリキュラムは同義語であるという信念である。シェパードがインタビューしたテストディレクターの1人は次のように述べた。「私たちがそれぞれの地域で開発した標準準拠テストのプログラムは、私たちが絶対的に不可欠であると認定したスキルであり、生徒たちがマスターしたという結果が出るまで私たちは繰り返しテストを行う」。

　第2に、学びは直線的で系統だったものだという信念である。複雑な知識というものは、前もって必要な単純な知識が付け加わることによって成り立つと考えられている。こうした基礎スキルは、「より高度な問題に進む前に、基礎的なスキルを教え、習熟させなければならない」（Shepard 1991, pp.2-3）という学習モデルに基づいて教授され、常にテストによって点数化される。シェパードは、「もし学習が、直線的に、単純な学びを組み合わせていくことによって獲得されるものではないとしたらどうなるだろうか？」（p.7）と問いかけている。「子どもの知的能力を、『レゴブロック』のような要素に分解し、教師はそれらの要素を一個ずつはめ込むことを目指す」この学習モデルを、ガイ・クラックトンと筆者は「計算された教育（calculated education）」（Carr/ Claxton 1989, p.133）と命名した。筆者らは、この学習モデルは、個々人によって異なり、状況に依存し、社会的なものであるという学びの特質を無視して、大人によって統制された直接教授的な方法を奨励するものであると指摘した。実際このモデルは、本書に登場するエミリーやモーゼス、ジェイソン、ネルの学びの理解には役に立たない。

　この学びの基礎的スキルモデルは、しばしば子どもたちの学校での成績を予測するものとして使われる。しかしながら、「学校のレディネス」に関する先行研究は、意味のある活動と切り離された特定の知識やスキルがどれほど獲得されたかによって学校での成績を予測することは困難であることを示してい

る。1994年、キース・クーニックとゴントラン・ランバーティーは、学校へのレディネスに関するそれまでの20年間の研究を振り返って、「学校で成功をおさめるために決定的に重要なスキルとはいかなるものかについて何らかの共通認識に達したと考えるのは誤りである」とし、さらに次のように述べた。

　一人ひとりの発達あるいはスキルと、（就学）レディネスとの相関関係を特定しようとする試みがなされてきたが、我々は、現在のところ、レディネスにとって最も重要なスキルがどのようなものであるかを判定する理論あるいは拠りどころとなる事例の蓄積を持っていない。こうしたことから、就学前の時点での知的、言語的、身体運動的な数多くのスキルをアセスメントすることに関心が向けられているようだが、欠くことのできないレディネスは何かを特定するところまでは至っていない（Keith Crnic/ Gontran Lamberty 1994, p.96）。

同年、キャシー・シルヴァは、子どもの発達への就学前教育の効果に関する研究のレビューを行った。彼女は、その中で最も大きな効果を発揮したとされたのは「学びへの方向づけ（learning orientation）」であったと結論づけた。そして、調査研究の一環としても位置づけられていた米国の11の就学前教育プログラムの効果を検証する綿密な追跡調査が明らかにしたことを以下のように紹介している。

　幼児教育の経験は、子どもたちを受け身の学び手から、情報や支援、他者との交流を自分から率先して求める能動的な学び手へと変えることができるということが示唆された。こうして高められた学びへのモチベーションに対し家庭や学校がポジティブに応答するとき、知的発達の測定結果は長期にわたって上昇していく（Lazar/ Darlington 1982, p.63、Kathy Sylva 1994, p.138において引用）。

もちろん、教師や学校は、入学時に必要なスキルのパッケージを何らかの形で想定することは可能であるし、そのようにして想定されたスキルは、教師に

よる期待効果［p.228参照］を通じて決定的な影響をもたらすこともあるだろう。確かにスキルや知識は非常に重要である。しかし、それらが学校や保育の場で画一的に取り扱われ、学び手のモチベーションを高めるような環境の中に組み込まれることもなく、あるいはそれらを社会文化的に意味づけることもなければ、そうしたスキルや知識は実際もろく崩れやすいであろう。

学びの成果の第2層
スキルと知識＋意図＝学びの方略

　意味や意図(intent)と結びついたスキルは、「学びの方略(learning strategies)」と呼ばれてきた。同様に、家庭と教室とを結びつけるプロジェクト・アプローチを用いた場合には、子どもたちが持っている知識が意味や意図と結びついたものになったと報告されている（Moll/ Amanti/ Neff/ Gonzalez 1992）。ジョン・ニスベットとジャネット・シャックスミスは「方略は、目的を持っているという点でスキルと区別される」(John Nisbet/ Janet Shucksmith 1986, p.vii) と述べ、学びの方略とは、ある目的意識の下に使用される一連の知的スキルであるとした。
　また学びの方略は、子どもたちは「学ぶことを学んでいる」というとらえ方との関連で引き合いに出されることが多い。例えば先のニスベットとシャックスミスは、学びの方略を、前もって計画すること、困難の原因を特定するために進捗状況を確認すること、質問をすること等ととらえている。ジョイ・カレンによるオーストラリアでの研究は、学びの方略の視点に立って幼児期から学校への学びの連続性について明らかにしたものである。そこでは、幼稚園の遊びの中で使ったものと同じ方略――すなわち、あきらめずに努力すること、資源を（試行錯誤しながら）利用すること、友だちを資源として活用すること、大人を資源として活用すること、自分を他者にとっての資源として見ること、自分を方向づけること、他者に指示すること――を読みの学習の際に使っている子どもたちが観察されている。彼女はこれらを、「能動的で戦略的に学ぼうとしていることを示す、繰り返し現れる行動と言語の様式」(Joy Cullen 1991, pp.45-6) と表現した。ただし、小学校の教室の状況によっては、こうした能力

や方略が発揮されている場面が見出せないこともあるという。例えば、今取り組んでいる課題にふさわしい資源を創意工夫して選ぶ機会が乏しかったり、自分自身を他者にとっての資源として見る機会がほとんどなかったりする場合、そうした能力や方略が現れることはないだろうと述べている。

学びの成果の第3層
学びの方略＋社会文化的営みやその人々＋道具＝状況に埋め込まれた学びの方略

　学びの第3の層においては、目的あるいは意図は、社会文化的営みやその人々（social partners and practices）、そして道具（tools）に結びついている。ここでは、学びの方略は特定の**状況の中に埋め込まれており**（situated learning strategies）、焦点は、「行為の中の個人」に当てられる。ここでいう行為とは、社会文化的営みやその人々、そして道具（使用可能な技術と言語）によって媒介されている行為を指している。こうしたとらえ方は「状況的な」アプローチとも呼ばれることから、この層の学びの成果は、状況に埋め込まれた学びの方略、と呼ぶことができるだろう。ここでは社会文化的な活動への参加としての学びという視点が特に重要であり、本書の主要な論点でもある。

　媒介された行為（action）とは、エリザベス・グラウエとダニエル・ウォルシュが指摘したように、「特定の文化的歴史的な営みと時間の中に位置している」（Elizabeth Graue/ Daniel Walsh 1995）ものである。彼らはさらに、保育の場における質的研究について論じた中で、媒介された行為とは「意味と意図を伴い、特定のコミュニティや個人につなぎとめられている」（p.148）ものであると付け加えた。そして、こうした状況的アプローチに比べて、行動主義のアプローチにおいては、「行動は状況的要因から切り離されており、物語のない機械的な説明になっている」と指摘した。

　媒介された行為というのは、**拡散した**、もしくは「拡張された」道具や社会文化的な営みやその人々と見なされることがある。認識について論じたガブリエル・サロモンは、拡散した認識という概念とは、「人は、他者との共同やパートナーシップの中で、またその文化が提供する道具や手段の助けを借りて思考している」（Gavriel Salomon 1993, p.viii）とする見方をより精緻にしたもの

第1章　アセスメントモデルの転換

であると指摘している。

例えばデービッド・パーキンスは、拡散した認識を「個人を超えたもの」としてとらえ、周囲の環境——個人のすぐ外側にある物理的、社会的、象徴的な資源——は、単なる入力元や出力先としてではなく、思考の不可欠な媒体として認識に関与していると説明した（David Perkins 1992）。つまり周囲の環境というのは、思考の一翼を担っており、学びにとって不可欠なものだというのである。

思考あるいは学びは、社会文化的な営みやその人々、そして道具の中に広く分布しているものだという立場は、学びを環境と精神との間の相互的な関係の産物としてとらえること、言い換えると学びのプロセスを**相互作用**としてとらえる考え方を取り入れることを意味する。個々の学び手は活動に従事し、その参加によって活動を変化させると同時に彼ら自身もその活動によって変化させられる。例えばジェイソンは、マーブルペインティングの活動を変化させ、その過程の中で教え手になった（第4章）。マイラとモーリーは、ある独特な言葉づかいを共に作り出し、その言葉づかいは他の子どもたちによって引き継がれていった（第5章）。モーゼズは、大人を呼んだりおもちゃやビデオを要求したりすることで、動物に関する知識を蓄えていっただけでなく、動物を比喩あるいは様々な手段として利用して、2歳児である彼の世界の意味を理解したり操作したりする支えとした（第3章）。

学びの成果の第4層
状況に埋め込まれた学びの方略＋モチベーション＝学びの構え

集積された学びの第4の層では、状況に埋め込まれた学びの方略に**モチベーション**（motivation）が加わって学びの構え（learning dispositions）が形成される（Katz 1993）。モチベーションと状況とスキルのこのような集積を生きいきとした形で描き出す1つの方法は、学び手であるということは、「進んで学ぼうとする気持ちがあって、学ぶ機会をとらえる力があり、学ぶことができる」ことだと定義してみることである。ローレン・レズニックは、構えを形成することは思考力を育てる際の中心問題であり、良き思索家になるために必要な学

びの大半は、自らの能力を発揮する機会を認識し、さらにはそうした機会を進んで探し求めようとすることであると述べた（クリティカル・シンキングについて言及する中で指摘、Lauren Resnick 1987, pp.40-2）。さらに彼女は、「構えは、考えることや自主的に判断することを価値あるものとして尊ぶ社会的コミュニティに参加することによって育成される」（p.42）と付け加えている。

　コミュニケーションをはかること、あるいは自分の考えを表現することを例にとって説明すると、**進んでやろうとする**（being ready）というのは、コミュニケーションへの高いモチベーションがある、ないしはコミュニケーションを好んでするということであり、**機会をとらえる**（being willing）というのは、その場が自分の考えを表現するのに適切な状況であると認識することであり、**することができる**（being able）というのは、その場に必要とされるコミュニケーションのスキルや知識を有していることを指している。

　キャシー・シルヴァは、「何事かをなそうとする意思とスキル」は、優れた就学前教育の実践が共通して育んできたものであると書いている（Kathy Sylva 1994, p.163）。またデービッド・パーキンスとエイリーン・ジェイ、シャリ・ティッシュマンらは、好んですることと機会への感受性、そして能力は、**思考する**構えの3つの要素であると述べている（David Parkins/ Eileen Jay/ Shari Tishman 1993）。さらにガイ・クラックストンは、知識や価値、人間関係のスタイルが急激に変化しつつある社会においては、「学校の主要な責務は、若い人々が変化に進んで対応しようとする気持ちと、そうした機会をとらえる力、そして実際に対処していくために必要な能力を身につけられるように——つまりそれは力強く有能な学び手になることであるが——援助することにあると言っても過言ではない」（Guy Claxton 1990, p.164）と述べている。変化に対処するというのは、変化する状況——社会文化的営みやその人々と道具の変化——に対処することを意味している。状況というものを考慮に入れて学びの構えをとらえると、それは学び手が学びの機会をとらえ、選び、編集し、応答し、抵抗し、探し求め、構成する等、様々な参加のレパートリーを有していることとして定義することができる。本書では、学びの構えを、以下の通り多様に表現していくことにする。

- ●学びの構え
- ●進んでやろうとする気持ち、機会をとらえる力、することができる力
- ●意欲(inclination)、機会への感受性と能力
- ●参加のレパートリー
- ●ハビタス

　ハビタスはピエール・ブルデューによって使われた言葉だが(ハビタスは、構えを意味するギリシャ語 *hexis* を起源とするラテン語である)、この言葉もまた、コミュニティとの関わりの中で育まれる参加のレパートリーに適用することができるので、ここでは有益である。心理学に由来する「構え」という言葉に対応するものとして、社会学では別の言葉(ハビタス)が使われてきた。このことは、学び手が**進んで**参加しようとすることについて議論する際には、幼児教育の場における当該のコミュニティに特徴的な参加のレパートリーが、学び手が身につけている参加のレパートリーと合致しているかという点がきわめて重要になるということを意味している。ブルデューは**ハビタス**という言葉を、「暗示的あるいは明示的な学びによって獲得される構えのシステム」(Pierre Bourdieu 1984/1993, p.76) という意味で使っている。

　なぜ私が古い言葉をよみがえらせるのか? それは、**ハビタス**という概念によって、習慣というものに注目することで浮かび上がる事柄に関連する何かを叙述することができるからである。一方、ある重要な点で、習慣という言葉との違いもある……。習慣は、何かを生み出すものとしてというより、機械的に反復され、自動的に再現されるものと見なされがちである。それに対してここで言うハビタスとは、何かを産み出す強い力をもつものだということを強調しておきたい (pp.86-7)。

　ブルデューは、この言葉を使うことによって、コンピテンスの概念に見られるような「本質主義*」とは異なり、それが歴史的に決定されるものに関連して

＊ここでいう「本質主義」とは、人間の有能さを地域や文化、その成育環境による影響を取り去ったところに存在する、いわば純粋な個人の能力や潜在的能力としてとらえる立場。──訳者

いるということが想起されるとしている。マイケル・コールが指摘しているように、ハビタスは、周囲の世界に対して抱いている通常検証されることのない一群の仮説だとも言える（Michael Cole 1996, p.139）。例えば、自分が身を置いているその保育の場や学校では、何が期待されているかということに関して学び手が持っている仮説もハビタスであるし、学び手あるいは生徒に何を期待するかに関して保育の場や学校の側が抱く仮説も同様にハビタスである。本書において、「構えを育む環境（dispositional milieu）」や「学びの場（learning place）」という言葉を使うのは、参加のレパートリーが、活動や場、社会的コミュニティと密接不可分な関係を保ちつつ、ある特定のレパートリーが強調される中で育まれていくものであることを示すためである。こうした言葉は、ハビタスの概念に多くを負うものであるが、筆者は、こうした言葉を用いることによって、学び手による抵抗や変革の可能性を［ハビスタという**概念**を用いるよりも］より容易に認めることができると考えている。第2章では、学びの構え、そして構えの環境についてさらに詳細に論じる。

学びの成果をとらえ得るアセスメントを

A・V・ケリーは次のように述べている。

アセスメントの正確さと、アセスメントされるものの多様さや複雑さとの間には反比例の関係がある。そして、教育とは、まさに非常に多様で複雑なプロセスであるから、教育へのアセスメントを、厳密な意味での測定として行うことはきわめて難しいと言わざるを得ないだろう（A. V. Kelly 1992, p.4）。

筆者はこれまで学びの成果の複雑さを4つの層にわけて分析する方法を提案してきた。それは、それぞれの層を、その前段階の成果の上に別の特質を有する成果が積み重なったものとしてとらえるものである。最後の第4層では、筆者は学びを、学びの場や活動に参加する（そして変える）ことに対して進んでやろうとする気持ちがあって、その機会をとらえ、することができることとし

て説明してきた。4つの層は、概念的にはある種の階層をなしているとも言えようが、発達的な順序性を示したものではない。私たちは、子どもの学びをそれらのいずれの層においてもアセスメントすることができる。しかし、スキルと知識という第1層の成果に対しては適切なアセスメントであったとしても、学びの構えという第4層の成果のアセスメントとしては適切なものとはならない。エリオット・アイズナーが指摘したように、「テストは真に重要な事柄の豊かさをとらえることのできない貧弱な代用品でしかない」(Elliot Eisner 2000, p.346)のである。私たちは、全く異なるものを考案していかなければならない。狭く限られた成果をアセスメントする（というよりそれは測定というべきだろう）ことが必要とされることもあるだろう。しかし次章以降において論じるように、もし最初の3つの層だけのアセスメントにとどまるならば、私たちは、子どもたちの学びに対して狭隘で貧弱な見方を脱することはできないだろう。第4層こそが、私たちが最も注目すべきものである。

3 どこに焦点を当てて教育的介入を行うのか

　筆者の旧来のモデルでは、アセスメントは子どもの問題点に焦点が当たるように作られていた。発達しつつある子どもを不完全な存在として、いわばピースの欠けたジグソーパズルのようにとらえるこうした考え方のもとでは、子どもが「できない」領域にこそ教育上最も大きな関心を向けるべきだとされる。逆にチェックリストで「できる」というチェックのついた能力については、ほとんど関心が向けられない。それらの能力はすでに「身についている」からである。他方、できないこと全てを無視することも起こり得る。つまり、できないことを発達上の未成熟さに帰因させ、「もうすぐできるようになりますよ」と家族を安心させるやり方である。こうしたいわば問題点モデル（deficit model）においては、「私たちが欠けているピースを見つけ出してあげます」、

さもなければ「心配ないです。欠けているピースは、子どもによって差こそあれ時期が来れば埋まります」というメッセージが発信されている。しかしいずれの場合も、ジグソーパズルモデルであるという点で違いはない。

　これに対して新たなアプローチは、信頼モデル（credit model）とでも言うべきものであり、学びの構えを育てることを目指している。所属しているコミュニティによって、どのような領域の学びの構えが重要とされるかは変わってくるが、いずれにしても信頼モデルにおいては、子どもが何かに参加することによってある行動への意欲、言い換えれば**進んでやろうとする**構えにつながっているような事例が前景化される。そしてそうした事例にこそ、教育的な関心が向けられる。なぜなら、子どもが何かに参加することが頻繁に見られるようになり、何かに熱中するようになることを私たちは望んでいるからである。前に引用したラザーとダーリントンの言葉を借りれば、こうした参加の現れは、学びへのモチベーションの高まりとして解釈され、家庭と学校でのポジティブな対応に出会うだろう（Lazar/ Darlington）。

　「進んでやろうとする」構えが前景化されるのに対して、こうした参加を引き出し、学び手が進んで**機会をとらえる**よう促すこととなった状況や場面は背景化される。私たちは、子どもたちにとってそういう状況が利用可能なものであり、認識できるものであることを望んでいる。そして、何らかの学びの構えを持って**参加できるようになる**ために必要なスキルや知識の蓄えもまた背景化される。

　信頼モデルを試してみたある実践者は、子どもたちを理解するために役に立ったかという筆者の質問に対して次のように述べた。

　役に立ちました。このような（アセスメントの）やり方は、否定的な要素を見ることから肯定的な側面に焦点を当てることへと私を大きく変えました。

　同じ保育機関のもう1人の職員は、次のように言った。

　本当によかったことはね、（子どもの）良いところをもっと見る必要があるって、まず初めに言われたことね。それで私は、もっと気をつけて見るようになったの。

だってすごく難しいことでしょ。今までの経験の中でよしとされてきたこと全てをまるっきり変えるってことだから。でもそのアドバイスのおかげで、私は子どものことをもっと肯定的に見つめられるようになったのよ。

　問題点に基づくアセスメントは「今までの経験の中でよしとされてきたこと」であり、信頼に基づくアプローチは、「私を大きく変えた」と言う。このようにして彼らは自らの中にあったアセスメントの旧来のモデルをとらえ直し、それを転換してきたのである。子どもが成し遂げたことを前景化し「明るい面を見る」こと──これが、本書でこれから論じていく方法だが──は、自己肯定感を育てることよりも、学びの構えを育み、学び手であるという自己認識を促すということとの関係において重要なのである。乳幼児に関わる実践者たちは、自分たちの保育プログラムを評価する時には、それを行っている場面や状況を前景化することが多いにもかかわらず、［子どもの］アセスメントを行う時には一転してスキルや知識を前景化していた。子どもが何かをしようとしている状態を前景化するような方法にはあまり慣れていなかったのである。その彼らが、今や信頼に基づく枠組みづくりに着手し、環境について、さらにはスキルや知識の蓄えの適切さを評価することにも道を開き、本書で論じていくアセスメントの新たなモデルの基礎を築き上げている。何かをしようとする気持ちを前景化することは、私たちの注意を場面あるいは能力に向けることの**必要性を証明するもの**（レーゾンデートル）となっている。

4　どのように妥当性を確保するのか

　いかなる学びの成果であれ（私たちがそれを見つけ出したと言うためには）、それを外から測る「客観的」な物差しあるいは基準が存在しなければならないという考えは、筆者が抱いていたアセスメントの旧来のモデルを特徴づけるもう

1つの思い込みである。そうした考えから、かつては、その生徒について何の予備的知識を持っていない人でも容易に取り出して点数化できるような学びの成果を求めていた。これに対して新たなアプローチでは、前に述べたような複雑な学びの成果（すなわち、学びの構え、行為の中の学び手、関係の中にある学び手）をアセスメントすることが中心的な問題となる。これらのアセスメントが妥当性を確保するためには、単なる逸話や個人的な信念や願望を超えたものでなくてはならない。そのためには、観察したことを解釈し、それについて議論し合い、合意を形成していくことが必要である。アセスメントのこうした方法は、教師と研究者が実際の活動に参加するアクション・リサーチと似ている。研究者が、ある保育機関における複雑な学びを研究する際には解釈的で質的な方法を選択するのと同じ理由から、乳幼児期におけるアセスメントにも解釈的で質的なアプローチが求められる。両者とも、子どもの視点から学びの環境を理解するため、行為の中の学び手あるいは関係の中の学び手、そしてモチベーションに関心があるからである。子どもたちを含め多くの人々の意見が聴き取られ、しばしばアセスメントは仮説的なものになる。複雑な学びの成果をアセスメントするためのガイドラインについては第3章から第6章で論じ、さらに新しいアセスメントの方法を詳しく紹介した後、第11章で、再びこの妥当性の問題を検討することにしよう。

　研究においてもアセスメントにおいても、データの「意味が通るように」もっともらしい物語に変えてしまうことで、常に行きすぎた単純化に陥る危険がある。幼児の行動の豊かでしばしば多義的な複雑さを見失ってしまうのである。アン・ヌーファーが研究のあり方について警告したように（この指摘はアセスメントにも当てはまる）、大人が子どもの学びを理解しようとして学びを「1つの物語として語ろうとする」とき、「複雑さを犠牲にして何らかの形でまとまりをつけようとするならば、困惑や矛盾や相反する見方に十分な注意を向けなくなるという危険を冒すことになる」（Ann Knupfer 1966, p.142）。観察に基づく数多くの当事者たち――当の子どもを含む――との議論からは、グラウエとウォルシュが「厚みのある」描写（Graue/ Walsh）と呼んだもの、つまり矛盾・多義性・非統一性・状況特有の要素を見極めながら物語を書くための素材を引き出すことができるだろう。リンダは、幼稚園で午前中の半分近くの間、

ある活動から別の活動へと次々に渡り歩いていた。それは、みんながお行儀よく過ごしているか気になっての行動であるかのように見えた。しかし彼女はその後メグの隣に座り、1時間近く複雑な共同のプロジェクト活動を一緒に行った。私たちは、長い時間をかけて子どもたちの様子を間近で観察し耳を傾け、子どもの視点を探り出そうとする。そして、その上で（子どもの）成長について何らかの推測を加えようとするとき、それでもなお私たちが間違うことは十分あり得ることなのである。

5　成長をどのようにとらえるのか

　筆者が当初用いていたアセスメントの旧来のモデルは、全ての学びはスキルの段階的蓄積による進歩として説明できるという考えから構成されたものだった。ピアジェ学派による発達段階論と、より直接的には幼児期からの早期介入を求める社会の動きから強力に後押しされ、スキルや知識には「初期」段階というものがあり、幼児教育の使命は、そうした特定のスキルを順序よく確実に教えることだとする考え方はより強固なものとなっていった。
　何らかの段階性あるいは順序性があるという考え方には、唯一の**最終目標**というものが前提とされている。しかし、数理的な認識の発達には最終目標が存在するというジャン・ピアジェ（Jean Piaget）の理論が発表されて以降、今日に至るまでの間に、知的諸領域の発達に関する見解は、かなり大きく変わってきている。1979年に、当時における最新のピアジェ派理論を基礎とした幼児のためのカリキュラムを作成した人々は、学びとは、一般性、抽象性、記号性及び論理性が徐々に増大していく知識とスキルを個々人が獲得してくこと——つまり「形式操作（formal operations）」と呼ばれるずっと先の最終目標に向かって一本道を歩いていくこと——であると想定することができた（the Weikart High/ Scope Programme: Hohmann, Banet, Weikart）。しかし最近では、そのよ

うな単一の道筋に沿った発達という考え方は、新しい考え方に取って代えられた。これまで段階としてとらえられてきたものは、世界を理解するための同価値の多様な様式として記述されるようになり、段階という考え方は事実上脇に追いやられた。考えることや知ることには多様な様式が存在するという考え方は、シャーリー・タークルとセイモーア・パパートが「抽象的、形式的、論理的なものの支配」(Shirley Turkle/ Seymour Papert 1992, p.3) と名づけたものに対して異議を申し立て、具体的で「今、ここにある」もの——これらはそもそもは未熟な発達段階としてピアジェ学派の用語の中に見られたものだが——にこそ再び新たな価値を与えようとするものであった。セイモーア・パパートは、行為と「具体性」の重要性を強調し、学校において「具体から抽象へと可能な限り早く確実に移れることに過度にこだわること」(Seymour Papert 1993 p.143) を批判した。このことを彼は「形式論理的方法は、いつでも使えるものだが、いつも最も良いものであるとはかぎらない」(p.146) と端的に表現した。そして、ピアジェの研究の価値は、非抽象的な思考方法に対する貴重な洞察を私たちに与えた点にあるとしながらも、(レヴィ・ストロースをも引き合いに出して) 次のように述べた。

　彼らは、自分たちが発見した具体的思考は、未発達なものに——つまりレヴィ・ストロースの場合は「未開発な」社会に、ピアジェの場合は未だ「発達していない」子どもたちに——限定されるものではないということを理解していなかった。子どもたちが具体的に思考し、太平洋諸国やアフリカの村民が具体的に思考するのと全く同様に、パリあるいはジュネーブの最も洗練された人たちも具体的に思考するのである (p.151)。

比較文化学もまた、個人の合理的思考という特定の最終目標が世界における普遍的なものであるとする考え方に対して異議を唱え、重要だと見なされるいかなる最終目標にも発達的な必然性はなく、文化的な構成物に過ぎないと主張した。例えば、西アフリカのあるコミュニティでは、人格の完成までの発達段階を社会的な役割の変化という視点から定義している。子どもたちは、人生のどの段階にいるかによって異なる役割が割り当てられ、成長は、そのコミュニ

ティ内における社会的権限や責任が増大することとされているのである (Nsamenang/ Lamb, 1998)。ナイジェリアのヨルバ族は、それぞれ特有の職務と機能を備えた神々の精緻なシステムという特徴をもつ宗教を信仰し、現実的で柔軟性に富む芸術や演劇に高い価値を付与する文化を有していた。他方、同じナイジェリアのヌペでは、装飾的な芸術に価値が置かれ、演劇に関しては似たような伝統を全く持っていなかった。彼らの宗教は「抽象的で、非人格的な力」を中心に置いていた（Nadel 1937、Cole 1996, p.61により引用）。マーガレット・ドナルドソンは著書『人間の精神』（Margaret Donaldson 1992）の中で、発達には２つの主要な道筋、つまり知的な道筋と情緒的な道筋があると述べた。後者の「価値に敏感な」情緒的な道筋においては、想像力が中心的な役割を果たす。「生きる様式に関わる」レパートリーを増やすこと、「人生が進んでいくであろう新しい方向を示すことが、教育というものなのである」(p.259)と彼女は強調する。筆者も同感である。

　以下は、２人の４歳児の記録である。この記録は、物事を知ることや世界の意味を知るには、２つの方法——すなわち論理的な様式と物語的な様式——があることを示している。ここでの話し合いは、子どもたちは海賊と「宇宙の支配者」をどう定義しているのかを探り出そうとしている大人（筆者）との間で始まったが、その中でマークは、（人殺しの）海賊が幼稚園に来ることはないと、演繹的な論理を用いて自分を安心させようとしている。それに対してジョーは、マークに引けを取らない巧みさで、論理ではなく想像力豊かな物語を使って別の見方を提示してみせた。

筆者　：それで、海賊は何をするの？
ジョー：人を殺す。
筆者　：人を殺すのね。（間）他に海賊は何をするの？
ジョー：海賊船を持っているんだ。パグワッシュ船長は「黒い豚」を手に入れた。
　　　　（笑）
筆者　：そうね。船の名前なのに、おかしな名前ね。
マーク：海賊は船を持っているけど、（宇宙の）支配者は船を持っていない。
筆者　：ああ……そうよね、確かに。それは大事な違いよね。

マーク：だから海賊はここには来られないんだよ。海賊は船に乗っていなくちゃいけない、だけどニュージーランドでは船に乗れないよ。水がないから。(間) だから、幼稚園には来られない、外に水がないから。
筆者　：そうね……なるほど。海賊は幼稚園の玄関のところまで船で来ることはできないわね。
ジョー：でも、海賊はできるかも。できるかも(間)、お馬さんを手に入れたりして(間)、水のあるところは泳いでやってきて、お馬さんを手に入れて、背中に乗って、また泳いで。(マーク：違う！) それで海岸に着いて、幼稚園まで駆けてくるんだよ。
マーク：違う、海賊は(間) 馬に乗って陸に来ようとするかもしれないけど、でも、海はだめだよ、お馬さんは陸だけを走るんだ (間) 陸だけを歩くんだ……
筆者　：へー、そうなんだー。

　マークの論理は次のようなものである。第1の仮説：どんな船にも水が必要だ。第2の仮説：海賊はみんな、船を持っていなくてはならない。第3の仮説：ここには水がない。よって、水がないことは船がないことを意味し、船がないことは海賊が来られないことを意味する。一方ジョーは、泳ぐ馬というアイディアを取り入れた物語を持ち出したが、それはマークによって拒否された。彼らはそれぞれ異なった説得方法や言い回しを試みたり相手の話に耳を傾けたりしている。

　成長は認識の発達段階を順序よく進んでいくことだとする考え方への第2の異議申し立ては、(人との) 関係性こそが知識の重要な領域であると強調し、感情と認識は**不可分**であるとする立場からのものである。例えば、ネル・ノディングス (Nel Noddings) は、「責任」と「ケア」の倫理について書く中で、他者との関係は、目的達成のための手段ではなく、教育における**主要な**目的であると述べている。ピアジェ学派によって幼児期に関する言説から「ケア」概念が追い出され「乳幼児のケアと教育」が「乳幼児の教育」へと変質しつつあったのと同じ時期に、そのケア概念が、異なる方向から教育学の議論の中に再び入ってきたことは興味深いことである。例えば、科学教育について述べたある研究者は、次のようにコメントした。

ケアの倫理は、教師が生徒との間に共感的で、率直で、相互に依存し合い、信頼に満ちた関係を育てることの必要性に主要な関心を向けることによって、両者の関係が支配という利己的な関係に陥るのを避ける一助となっている……。コミュニケーションという関係性において感情や価値観、情緒といったものを尊重しようとするケアの倫理が欠如しているときには、知ることと存在することをつなぐ糸が織り上げる文化は、はかない価値しかもちえないだろう（Peter Taylor, 1998, pp.1120, 1121）。

　アン・スミスが幼児教育に「エデュケア（educare）」（Anne Smith 1992）という言葉を導入したことによって——もちろんこの言葉を使っている論者は他にもいるが——教育とケアの二元性という問題についての的確なとらえ方がなされるようになった。
　このように、こうした新しい潮流は、責任やケア、直観力もまた発達の最終目標であると主張したのである。とりわけ関係性は、幼児期の経験から後の学びへと続く発達の道筋における中心的な問題であり、知的な面における最終目標にとっての単なる媒介変数あるいは手段以上のものであるとされた。そして対等な関係と参加の機会は、保育の場で営まれる、今、ここにある生活にとって価値あるだけではなく、子どもたちが保育の場で受け取る学び手としての自分自身についての最初のメッセージとしても、またこれからの人生における自らの学びの能力に対して持続的に影響し続けることになるメッセージとしても、決定的に重要であるとした。
　こうした議論は私たちに、成長というものについてどんな示唆を与えてくれるだろうか？　生態学や社会文化的なアプローチに基づく理論的な枠組みがいくつか出されてきているが、その中でも特に有益であると筆者が考えるものには、以下のようなものがある。ジーン・レイヴとエティエンヌ・ウェンガーは、発達や成長を、コミュニティの周囲（周辺）にある活動に参加している状態から、より中心的な役割を担う状態へという参加の仕方の変化として説明した（Jean Lave/ Étienne Wenger）。バーバラ・ロゴフは、発達を、参加の変容と定義し、学びと発達を評価する観点として、次のようなものを挙げた（Barbara Rogoff 1997）。参加と役割がどう変化しているか、家庭から学校へ移

行する際、その変化に柔軟に対応してその場に参加することができているかどうか、「学び」と現状維持のどちらへの関心がより強いか、さらに既存のコミュニティのやり方を変えることに対しても「柔軟さや見通し」を持ちつつ文化的活動に自ら責任を担って行動しているか、である。ボニー・リトヴィッツもまた、子どもは、ある活動や課題に対して大人とは全く異なる見方をもたらすという意味において、その参加は責任を伴う応答であると同時に抵抗（相互作用と双方向性）となり得るものであると述べている（Bonnie Litowitz 1997）。ユリー・ブロンフェンブレナーは、学びと発達は、発達途上にある者が、**徐々に複雑になる活動や様々なやりとりのパターンに参加する**ことによって、そしてまた**学び手と大人との間の力関係のゆるやかな移行**によって促されるものであると述べた（Urie Bronfenbrenner 1979, pp.60, 163, 212）。学び手が、**構造の異なる場を数多く経験しながら**、様々な役割と関係の中に身を置くことが、発達と学びというものであるというのが生態学的理論における彼の主張である。

　こうした考えを導入したアセスメント実践の事例は少しずつだが蓄積されてきている。本書では、そうした事例をいくつかを紹介していく。筆者は実践者たちと一緒にこれらの新しい理論的なアプローチを実践に移し、子どもたちを援助し、家族と共にアイディアを分かち合いながらアセスメント・プロジェクトに取り組んできた。その中で5つの特徴的な参加の仕方が明らかになってきた。詳しくは次章以降の4つの章で論じていくことにするが、簡潔に記すと次のようになる。

● 家庭と同じ、あるいは異なる保育の場の中の様々な物事に関心を持つこと。つまり、異なる状況への移行や変化にうまく対応すること。
● 活動に熱中すること、徐々に複雑さが増しながら。
● 困難ややったことがないことに粘り強く立ち向かうこと。つまり、「学ぶこと」に関心を持ち、誤りや失敗も恐れず取り組むこと。
● 自分の意見や考えや感情を表現しながら、他者とコミュニケーションをはかること。
● 多様な方法でより大きな責任を担うこと。

参加と学びの構えという枠組みを用いた子どもの成長のための計画づくりの事例については第10章で紹介する。

6 どのようにアセスメントを行うのか

こうしてみると、筆者が実践していたチェックリストによるアセスメントという旧来の方法は、幼児教育における学びを記録する唯一の方法でも最良の方法でもなかったように思われる。チェックリストの利点の1つは、わずかな時間しかかからない点にある。一方、ナラティヴな方法──学びの物語──を用いた質的、解釈的な手法は多くの時間を要する。とはいえ、物語的なアセスメントを用いる実践者たちは、エスノグラフィックな手法に基づく事例観察という乳幼児期の研究の豊かな歴史において欠くことのできない役割を果たしてきた。メアリー・ジェーン・ドラモンドが1930年代にスーザン・アイザックス（Susan Isaacs）によって行われた観察を評して用いた言葉を借りれば、「内的、外的世界双方への子どもたちの探究を記録することによって、学びの地理学へと変貌を遂げた」（Mary Jane Drummond 1999, p.4）のである。最近では、イギリスのアンドリュー・ポラード（Andrew Pollard）とアン・ファイラー（Ann Filer）が、ケーススタディの手法で生徒としてのアイデンティティとその成長について分析している。他方、アメリカやオーストラリアでも、物語的な方法が頻繁に使われるようになってきている。そこでは例えば、子どもたちが学校の一員としての生徒になっていくプロセスや、読み書きができるようになるプロセス、さらには子どもたちが「3つのF、すなわち、ファンタジー、フェア（公正）、フレンドシップ（友情）」（Vivian Gussin Paley 1986）を探究していくプロセス等が研究の対象となっている。前に筆者は、教師はアクション・リサーチの研究者のようなものであると述べたが、しかし他方では、保育機関の実践者が子どもたちの進行中の学びをアセスメントするということは、

外からやってきた研究者が観察を行うのとは全く異なっている。実践者たちは、こうした物語的な手法が可能になるような方法を改めて開発しなくてはならなかった。後に本書の中にも登場してくる実践者たちは、具体的な言葉のやりとりを手早く書き留めながら、同時に「決定的な」瞬間を見落とさず、様々な出来事を記憶することに徐々に習熟していかなければならなかった。こうしてアセスメントは、子どもたちを教育し、子どもたちと共に働くことを楽しむという「本来の」活動から実践者たちを引き離すことはなくなっていった。状況的理論の枠組みにおいては、大人は自らも観察対象となることを求められるが、多くの実践者はこうしたことにはあまり慣れておらず実際にやろうとすると難しい。そこで第7章から10章では、子どもたちの学びの物語を書くことが要求される質的なアセスメントを試みた保育の場の実践者たちの「教師の物語」を紹介していくことにしよう。

7 アセスメントは実践者にとっていかなる価値があるのか

　20年前の筆者にとって、アセスメントの文書は、外部機関による自分への評判が危うくなった時に役立つものに過ぎなかった。それはまるで自分の心の中で保育機関の「順位表」をつけているようなものだった。自分が担任している子どもたちが、道を下ったところにある別の保育機関の子どもたちと同等の水準に到達していることを確認し安心したいと思っていたのである。そして、どの子どもも就学準備のレベルが低いという理由で学校や家族から非難されることがないように、とも願っていた。しかし、カリキュラムの実践と緊密に結びついた新しいアセスメントを、実践者と一緒に工夫しながらいろいろな方法を試していく中で、アセスメントすることには数多くの点で価値があることが明らかになった。実践者たちがこのアセスメントを行うことによって見出している価値には次のようなものがある。

すなわち、（Ⅰ）個々の子どもたちを理解し、親しくなり、一人ひとりに「かみあった」保育ができる、（Ⅱ）記録を他の人との議論の資料として使うことによって、子どものことがよく理解できる、（Ⅲ）同じ保育の場にいる人々と情報を共有できる、（Ⅳ）実践を振り返ることができる、（Ⅴ）一人ひとりの子どものための計画も、グループとしての計画も立てられる、ということである。その他にも、子どもたち自身が自分のアセスメントに参加できるということや、保育のプログラムについて家族と話し合えること、家族と経験を分かち合えること等が挙げられる。これらの価値は、最も近しい**関係者**（audience）——子どもたち、家族、他の職員、そして自分自身——という視点からも分類することができる。

8　小括——本書で提起する2つの問い

　本章では、アセスメントに関する筆者の見解の変化について述べてきた。すなわち、20年前の「旧来の」モデルに代わるべき新たなモデルにおいては、はるかに複雑な指標が用いられることになるが、それらを現時点で筆者が理解している7つの特質に沿って概説してきた。引き続く各章においてさらに考察を重ね、この新たなモデルの全体像を描いていくことにする。筆者は、メアリー・ジェーン・ドラモンドによる次のようなアセスメントの定義にたどりついた。すなわちアセスメントとは、「日々の実践の中で、私たちが子どもたちの学びを観察し、理解しようと努力し、理解できたことを役立てる方法そのものである」（Mary Jane Drummond 1993, p.13）。ここからアセスメントの4つの特質が明らかになる。（その場における）日々の実践に関わるものであるということ、観察をもとにしているということ（子どもたちと直接話をすることを含む）、解釈することが求められるということ、より良い学びと教育的働きかけの道筋を指し示すものだということ、の4点である。

20世紀の後半から21世紀の初めの今、私たちは、子どもたちの学びは活動と社会文化的営みの中に埋め込まれている点に最も重要な特質があることを認識するようになった。時を同じくして、各国政府が国家的なカリキュラムと個々人の到達度を測る普遍的な尺度を求めるようになっているというのはまことに皮肉なことである。多くの国で、この種の国家による「評価のまなざし（gaze）」あるいは監視（surveillance）（多種多様なアセスメントを称してミッシェル・フーコー（Michel Foucault）やニコラス・ローズ（Nikolas Rose）が用いた言葉）は、保育機関の子どもたちにその焦点を合わせてきている。保育プログラムはしばしば、小学校のカリキュラムと就学時のアセスメントによって包囲され苦しめられている。本章の冒頭で筆者は、乳幼児期における学びをアセスメントすることは、果たして私たちの仕事であろうかと問いかけた。今やこれらの要求に応えることが私たち乳幼児に関わる教育者の業務となった。そしてこの仕事をしようとすれば、自ずとアセスメントにおける、その目的、乳幼児期の学びの成果のとらえ方、教育的介入のための項目、妥当性と成長の定義、方法、及び実践者にとっての価値等を再構成する必要が生じることになる。ルールを再構成し、カリキュラムと到達目標を見直すとしても、それは単にある監視の様式を別のものと交換することに過ぎないかもしれない。しかし私たちには、私たちが子どもたちのために構築している新しいコミュニティ——例えば、保育園や幼稚園——が、全ての子どもたちが学ぶことのできる倫理に適った安全な環境であることを確保する責任がある。それゆえ、乳幼児に関わる実践者は、学びやそのアセスメントの方法、そして保育実践への評価（evaluation）（そしてもちろん倫理と安全）について、専門知識に裏づけられよく考え抜かれた何らかの仮説を持たなくてはならない。そこで本書では、次のような2つの問いを提起したい。

● 私たちは、乳幼児期の学びの成果をどのようにとらえたら、子どもの学びと成長を明確に、そして［どの関係者にとっても］価値ある形で示すことができるだろうか？
● 私たちは、乳幼児期の学びの成果をどのようにアセスメントしたら、子どもの学びを守り、促すことができるだろうか？

本章で概観した新たなアセスメントの仮説は、学びの成果に関わる2つの主要な見解――それらは、本書におけるアセスメントに関する議論にもつながるものとなる――を重視している。その第1の見解は、学びは参加の変容としてとらえられるものであり、社会文化的な営みと活動の中に埋め込まれており、そしてそこには責任を担うことやそれまでのやり方に対する抵抗が伴われているとするものである。第2の見解は、大切な学びの成果にはモチベーションが含まれていなくてはならず、学びの構えというものは状況に埋め込まれた学びの方略にモチベーションを加えた非常に複雑な学びの集積であるとするものである。次の4つの章は、第4の層にあたるこの複雑な学びの成果について、もっと詳しく述べることに当てられる。第2章では学びの構えという概念をさらに発展させ、それらをとらえるための5つの領域を紹介し、第3〜5章ではこれらの領域についてそれぞれ詳しく論じていく。続く第6章では学びの構えをアセスメントする方法の枠組みについて概説する。さらに第7〜10章では、乳幼児に関わる実践者たちが学びを守り促すようなやり方で、複雑な学びの成果をとらえアセスメントする方法を見つけようとしてきたプロセスを詳細に述べている。これらの章では、アセスメントのやり方を革新するために――それは多くの者にとってはアセスメントの旧来のモデルから新たなモデルへと移行することを意味していたのだが――教師たちがたどってきた経過を跡づけていくことにする。

第2章 「学びの構え」の構造とそのとらえ方

　前章では、学びの構えを、状況に埋め込まれた学びの方略＋モチベーションとして、つまり学びの機会を認識し、選択し、編集し、責任ある応答をし、抵抗し、探し求め、構成していく中から見出される多様な参加のレパートリーとして定義した。筆者はまた、学びの構えを、様々な形で進んでやろうとし、参加の機会をとらえ、参加することができること――つまり参加しようとする気持ちと参加の機会への感受性、そして適切なスキル及び知識の組み合わせ――として説明した。
　教育的に働きかけることを足場づくり（scaffolding）にたとえること――すなわち、ある課題において子どもを次の段階に連れて行き、何らかの支援を与え、その支援を徐々に差し控えていって自力でできるようにしていくこと――には、ジャクリーン・グッドナウが指摘したように、一方には「教えたいと思っている（willing）」教師がいて、他方には「意欲的な（eager）」生徒がいるという図式が想定されている（Jacqueline Goodnow 1990）。しかし私たちは経験

的に、私たちが教えたいと思う領域において、子どもたちは必ずしもいつも意欲的に（進んで参加しようとし、参加の機会をとらえて）学ぼうとするわけではないことを知っている。意欲的な学びはいかにしてとらえられ促進され得るものなのだろうか。本章ではまず、学びの構えの5つの領域について論じていく。そして、学びの構えは活動と場に密着して生まれるものであるという見方を検討し、「構えを育む環境」あるいは学びの場という考え方を提示する。最後に、前章でふれた学びをとらえる際の視点の前景化と背景化についてより詳しく説明していく。

「構え（disposition）」という概念は発達心理学に由来する。ある人を「快活な構えをもっている」人と評するように、日々の会話の中ではよく「性向（temperament）」と同じような意味合いでこの言葉を使う。そうしたものは、個々人の性質、生まれながらに持っている何らかのもの、あるいはその人を育んだ周囲の環境によるものと見なされている。しかし、モチベーションというものを、状況に埋め込まれているものだととらえるなら、デービッド・ヒッキーが指摘したように、「文脈は、単なる促進剤的な役割というよりは、決定的な役割を果たしている」（David Hickey 1997, p.177）ととらえるべきであろう。リリアン・カッツは、このことの重要性を次のように指摘した。「構えは、スキルや知識とは非常に異なったタイプの学びである。それは、心の習慣、すなわちある一定の方法で**状況に対応しようとする傾向**とみなすことができる」（Lilian Katz 1988, p.30、強調は筆者）。

本書においては、学びの構えは、個人と環境との間の応答的で双方向的な関係の中にあるものである。学びの構えは、何かの役に立ったり（貢献）、誰かとコミュニケーションをはかる際に、なじみがあり、その場で高く評価されるような特定のレパートリーを形成していくものだとも言える。バーバラ・コーマーは、オーストラリアの子どもたちを対象にした大規模な調査研究において、文脈依存的で社会文化的な関係性に注目しながら、ピエール・ブルデューの**ハビタス**の概念を使って、保育プログラムから学校での読み書きの授業へと移行していくプロセスを分析した。彼女は、次のように指摘している。

健康さと不健康さ、それまで身につけてきた様々な有利さ、あるいはそれ

とは反対の不利な条件——あるいはブルデュー（Bourdieu 1990, 1991）の言葉を借りれば、彼らの経済的、文化的、社会的、象徴的、言語的な**資本**と**ハビタス**——、こうしたものを身につけて子どもたちは学校へやってくる。つまり人々を特定の方法で行動するようにしむける日々の生活の中で獲得した一連の性質を、子どもたちは学校へ持ち込んでくる（Barbara Comber 2000, p.39）。

彼女は、テサとマークという２人の子どもが学校にうまく適応した経過を分析しているが、２人は「自分が持っている知識を分かりやすく示したり、（相手から）助けを引き出そうとしたりする」姿を示し、実際に必要な時に、適切な応答、助言、教え等を頻繁に受け取っていたという。他方、彼らとは別の子どもにとっては、学校への移行は否定的な経験であり、「教育的な援助を提供しようとする教師の申し出を、それまで受けてきたような大人による監視の新たな機会のように感じて、拒否している」（p.46）ように見受けられたと書いている。

1 学びの構えの５領域

　学びの構えを構成しているもののうち、どのような領域が重要なのだろうか。前章で筆者は、「間違ってる」ことに対するエミリーの強いこだわりや、自分がかなり豊富な知識を持っている事柄（動物たちや足のこと）が話題になったときに自分はそのことに対して好奇心を持っていることを的確に表現するモーゼズの能力に強い関心を抱いていると述べた。前述の通り、コーマーは、自分が有する知識を示したり大人や友だちから助けを引き出したりするテサとマークの機会をとらえる感受性に注目していた。本書で構築していく枠組みにおいて学びの構えとは、ある学びの場における参加者となることを意味するだけでなく、その参加に対して批判的なアプローチをも身につけることを意

味している。学びの構えは、カリキュラム開発者に好まれるテーマである読み書き算の能力向上に直結するものではないが、学校での様々な教科内容や領域への子どもたちの理解を深めることには貢献するだろう。学校におけるリテラシーの初期段階に対する強い関心（今やそれは保育カリキュラムにおいてもますます強まりつつある）に言及する中で、コーマーは次のように述べた。

　現実離れした理想を語るつもりはないが、他の諸国では子どもたちがまだ正式の学校教育やリテラシー学習を始めてさえいない時に、ここオーストラリアでは、自立した読み手になることを6歳児に求めることによって、ある種のパニックや不安が生み出されていることについては一考の価値がある。私たちは、他の重要な可能性を犠牲にしてまで読み書きを優先することがもたらす結果に注意を払うべきである。そして、子どもたちが今持っている知識や可能性や関心を、学校リテラシーの習得計画の中で生かしていく方法を探究する必要がある（Comber 2000, p.46）。

以下に挙げる学びの構えの領域は、前章の成長について述べた第5節の中で示したものでもある。

①関心を持つ（taking an interst）
②熱中する（being involved）
③困難ややったことがないことに立ち向かう（persisting with difficulty or uncertainty）
④他者とコミュニケーションをはかる（communicating with others）
⑤自ら責任を担う（taking responsibility）

表2－1は、学びの構えの領域を、進んでやろうとする、機会をとらえる、することができるという、3つの次元に分けて分析したものである。表では、各項目の違いを明確にするために、具体的文脈については言及せず、一般的に見られる特徴を挙げている。本書で最も強い関心を払っている（前景化する）のは**進んでやろうとすること**であるが、この進んでやろうとすることは、**機会**

1　学びの構えの5領域　51

表2−1　学びの構えの5領域と3つの次元

学びの構えの3つの次元 学びの構えの5領域	進んでやろうとすること 子どもたちが発達させているものは？	機会をとらえること 子どもたちが発達させているものは？	することができること 子どもたちが発達させているものは？
関心を持つ	関心。様々な人や場所やものごとは興味深いものとなり得るという期待。自分は何かに関心を持つことができる存在であり、また誰かの関心をひきつけることができる存在であるという自己像。	その場所において、何かに関心を持ったり、選んだり、深めたりする用意があること。また、他の様々な場においても、そこにある文化的道具と活動と社会的アイデンティティとをつなげて理解することができる用意があること。	彼らの関心を支える適切な知識の蓄えと能力。
熱中する	とぎれることなく一定の時間、あることに進んで熱中し、注意を払おうとする構え。自分は何かに熱中する人であるという自己像。	自分のまわりの環境は安全で信頼できるということを知っていること。	熱中し、集中を維持するための方略。
困難ややったことがないことに立ち向かう	困難ややったことがないことに立ち向かってみたいという気持ち。学びにおいては間違いを犯すリスクがあるのは当然であり、また間違うことには意味があるという考え。自分は困難ややったことがないことに取り組む人であるいう自己像。	その場や状況が、困難ややったことがないことに立ち向かったり、今までのやり方を変えたりすることを価値あるものとしているかどうかに対する感受性。	問題を発見したり、問題を解決したりするのに必要な知識とスキル。失敗することは問題を解決するための不可欠の一部であるという経験。
他者とコミュニケーションをはかる	1つあるいはそれ以上の「100の言葉」(Edwards/ Gandini/ Forman 1993)を用いて他者と進んでコミュニケーションをはかろうとする構え。考えや感情を進んで表現しようとする構え。コミュニケーションをはかる人としての自己像。	子どもたちの発言の機会を尊重し、またそうした声を丁寧に聴き取ろうとするその場の雰囲気に応じようとすること。	1つあるいはそれ以上の（広義の）言語を駆使する力。その文脈に特有の「言葉づかい」の習得。身近な出来事の流れや見通しに関わる知識。
自ら責任を担う	多様な方法で進んで他者の立場に立ち、善悪を判断し、不正に抵抗する等、責任を担おうとする習慣。権利と責任を有する1人の市民としての自己像。	責任を担うべき機会を認識したり、自ら設定したりすること。	決定を下したり、相談を受けたり、責任を担ったりする経験。公正さと正義に関する一定の理解。責任を担うための方略。

をとらえること（その場にある機会を見極めることやそうした機会をとらえる学び手の感受性）とすることができる（やろうとすることを支える知識と能力の蓄え）によって支えられなければならない。端的に言うと、進んでやろうとするとは、自分を活動に参加する学び手として見ることであり、機会をとらえるとは、この場所が学びの場であるか（あるいはそうではないか）を認識することであり、することができるとは、進んでやろうとすることや機会をとらえることに役立つ能力や豊かな知識を持っているということである。後に、ある幼稚園で展開されたプロジェクトの分析（第7章）において、これら3つの次元を実際の文脈に結びつけ、さらに4歳児のチャタの学びのエピソードに関連づけて検討していくことにする。

　こうした具体的な領域設定は、南太平洋の小国であるニュージーランド——二文化共生の理念と社会文化的な視点に立った保育のナショナル・カリキュラムを持っている——の保育の場での調査、観察、討論を通じて明らかにされてきたものである。そのカリキュラムが求める学びの成果は、所属、幸福、探究、コミュニケーション、貢献という5つの領域に大きく区分されている。このカリキュラムは、それぞれの地域や保育の場が行うプログラムの開発を「布を織る（weave）」ことにたとえている（New Zealand Ministry of Education 1996a）。つまり保育の場は、国の指針という糸とそれぞれの地域や場という糸とを使って、それぞれのプログラムを「織り上げる」のである。それ故、ここで列挙された学びの構えは、特定の歴史的時間における特定の場所で引き出されたものである。しかしこうした事例は、状況の中の学びの成果を、学びの構えに焦点を当ててとらえたアセスメントのケーススタディとして役立つものである。次節以降、学びの構えの5つの領域（domain）について詳しく述べることにする。

学びの構えの領域①
関心を持つこと

　第1の学びの構えは**関心を持つこと**である。ここで、食事を終えようとしている2歳のアンドリューに母親が話しかけた時の記録をみてみよう。マーガ

レット・B（アンドリューの母親）は、筆者のために家庭でのやりとりを時々録音していて、筆者が乳幼児期における算数の学習の研究を行っていることも知っていた。マーガレットが（おそらく）教育的な目的を忘れ、キリーの誕生日のことを思い出した時、マーガレットとアンドリュー双方の関心のレベルがどのように変わったかに注目してほしい。

母親　　　：あなたのエプロンにはアヒルが何匹いるかな？
アンドリュー：ツー（2つ）のアヒル。
母親　　　：よく見て。数えてみて。ワン……
アンドリュー：フリー。
母親　　　：ツー。
アンドリュー：フリー。
母親　　　：スリー。
アンドリュー：フォー。
母親　　　：良い子ね。フォー（4）ね。そうね、キリーは今度4歳になるんだったわね。フォー（4歳）ね。今から10日でね。キリーの誕生日がくるのよ。
アンドリュー：ぼくはシック？　ぼくはティック？
母親　　　：違うわ。シックス（6歳）になるのはダニエルよ。あなたが6歳になるのには学校に行くお兄ちゃんにならなくちゃ。
アンドリュー：ぼくは、ツー。
母親　　　：そうよ。あなたはツー（2歳）ね。
アンドリュー：ぼく、スクーボーイ……ぼくはグーボーイ……？
母親　　　：（誤解して）あなたはグッドボーイ（good boy）よ。晩ご飯を全部食べたからね。
アンドリュー：ぼく、グーボーイ？　ぼく、グーボーイ？
母親　　　：スクールボーイ（school boy）のこと？　あー、学校のお兄ちゃんのことね。違うわ、あなたは5歳にならないとスクールボーイになれないのよ。
アンドリュー：ママは……、ママは、クーボーイ？

母親　　　：ママはスクールボーイにはなれないのよ！
アンドリュー：ふーん。じゃ、パパ、クーボーイ？
母親　　　：そう、パパはスクールボーイだったわよ。

　母親のマーガレットが数え方を教えようと数の順番に関する「足場づくり」を始めると、アンドリューはそれに一つひとつ応えている。しかし、母親が自分にとって関心ある（多分、キリーのために誕生プレゼントを買う必要があってのことだろう）話題に気持ちを向けた時、アンドリューは自分にとって大問題である誕生日と学校に行くお兄ちゃんになるという新しい話題に飛びついた。実際の会話には依然として数字が出てきているが、数字そのものへの関心は今では背景化している。前景化しているのは、自分が生きる文化的世界における年齢と（学校での）地位との関係に対するアンドリューの関心であり、その意味を理解しようとする彼の試みである。おそらくアンドリューは、自分のことを（もうじき）「スクールボーイ」になるものと見ているのではないだろうか。それは、文化的歴史的に決定される「可能性としての自己（possible self）」(Hazel Marcus/ Paula Nurius 1986; Susan Cross/ Hazel Marcus, 1994) への大いなる関心である。アンドリューは、その点について謎を解こうとする「構え」を持っている。母親はこの新たな話題を取り上げ、彼の話に応じてやった。このやりとりは、単にアンドリューと母親との間においてかわされているだけでなく、アンドリューを取り巻くより広い文化的な世界につながっているものであり、その文化において価値あるとされている目標、すなわちここでは5歳になるということ（ニュージーランドでは、ほとんどの子どもたちが5歳の誕生日から学校に行き始める）、学校に行くこと、そしてパパと同じようになるという文化的な目標との関連の中にあるものである。例えばビビアン・グッシン・ペィリーは、自身のクラスの3～5歳の子どもにとって重要な意味を持つ話題について次のように記述している。

　教育的に働きかけるという行為は、子どもの考え方に対するたゆみない探究へと変わっていった。……毎日録音されたテープを書き起こしてみると、いろいろなことが見えてきた。話題が空想（fantasy）、公平（fairness）、友

情（friendship）（私はこれらを「3つのF」と呼び始めた）にふれると、決まって子どもたちは積極的に参加し話し合いは一気に盛り上がった。……誕生日という出来事も重大事件である。……「誕生日」はそれ自体がある種のカリキュラムである。数や年齢、生と死についての学びが生まれるだけでなく、3つのFを探究する機会を絶えることなく提供する（Vivian Gussin Paley 1986, pp.124, 126）。

　アン・ハース・ダイソンは、熱心に何かを読むようになるには、学び手が「自分自身を読み手として見ている」ことが必要であると論じている。彼女は、第一学年のあるクラスに在籍する8人の子どもたちに焦点を当てた「書くことを学んでいる友だち集団」の研究で、書き手になっていくというプロセスがどのようにして子どもたちの社会的生活やコミュニティへの「所属の感情」の中に埋め込まれているのかを分析した（Ann Haas Dyson 1989, p.xvii）。またボニー・リトヴィッツは、「私たちが学び手に要求する内容を見直すためには、どのような学び手になってもらいたいかということの見直しを避けては通れない」と述べた（Bonnie Litowitz 1993, p.191）。一般的に、学びに対して高い意欲を持っているということは、学び手が学ぶことを熱心に望み、「自分自身を学び手として見る」ことを意味している。先のダイソンは、子どもたちが「読み手」というのはどんなことをするのかというモデルを求めていることを明らかにしたが、まさにそれと同じように、子どもたちは、「学び手」とは何をするものかを示すモデルを求めているのである。

　関心の持ち方は、社会の中でどこに所属しているかを基準にした自己の類型化や集団的アイデンティティの形成によって大きく左右されることがある。キャロル・グッデナウは、1992年、都市部の高校生に関する2つの調査プロジェクトの結果について次のように述べている。1つ目のプロジェクトからは、研究の対象として参加した生徒たちの中から複数の異なる「自己像」が浮かび上がってきた。青少年に対し周囲の人々は、友人、性的な存在、親として彼らに接することはあっても、学校の生徒あるいは未来の労働者としては見ていなかったので、彼らは学校の生徒であり、未来は労働者になるということについてのリアルな知識を得る機会をほとんど持っていなかった。2つ目のプロ

ジェクトでは、青少年たちが社会の多数派や支配的なグループと似ていないことにむしろ誇りを持っていることに現れる「対抗的な社会的アイデンティティ」とでも言うべきものが明らかにされた。例えば、それはあるマイノリティグループの生徒たちにとっては、多数派に有利とされるもの——とりわけ学業の競争に参加したりそこでの成功を目指したりすること——と自分は縁がないと主張することが心理的にも社会的にも必要不可欠なものとして意識されていることを意味していた。グッデナウは、学業成績へのモチベーションや取り組みを促すためには、生徒のアイデンティティが持っているこうした重要な社会的な特質を傷つけるものではないと分かるような方法で行う必要があると述べ、さらに次の点を付け加えた。

　教育心理学における研究は、一方では生徒が自己をどう類型化しているかということと所属している社会的集団が共有しているアイデンティティとの結びつきを、他方では彼らの行動やモチベーション、学習との間の関連性をより明確にすることによって、いっそう多くのものを得られるだろう（Carol Goodenow 1992, p.182）。

　社会的アイデンティティ、「可能性としての自己」、社会的シェマ、そしてコミュニティへの所属の重要性は、様々な教育問題に社会文化的アプローチで迫ろうとする立場からすでに繰り返し指摘されてきたことである。例えばアン・ブラウンらは、彼らの革新的な教室の実践を、学び方を学ぶ「学び手の共同体(community of learners)」の典型事例として発表した（Ann Brown 1993, p.190）。さらに踏み込んで言うならば、長期的に見たときの乳幼児期の保育の目的は、子どもたちが「学び手であること」に関する何らかの文化的な役割を身につけることにあるのである。

　幼児たちの物づくりの活動をテーマに取り組んだ筆者の研究では、社会的なアイデンティティが、学びの構えの領域の1つ、困難ややったことがないことに粘り強く立ち向かうことに影響する事例が数多く見出された。例えば、ある保育機関では、**友だちである**というアイデンティティは、友だち関係の発展や維持に関わる難題に立ち向かうことを意味していたが、そうした構えが技術的

な困難を伴う物づくりに関わる活動においても見られるわけでは必ずしもなかった。つまり**良い子**であること、**少女**であること、**もうすぐ5歳になる**ことは、できないと見なされる危険のあることはいかなるものでも避け、やったことがないことや困難なことには取り組まないことを意味していた。一方、筆者が**技術者**と名づけた——子どもたちならおそらく「物づくり名人」とでも呼ぶだろうが——もう1つのアイデンティティは、技術的な困難をあえて探し出し、それに立ち向かうことを意味していた。これらの社会的なアイデンティティないしは社会的な意図は、複雑に重なり合ったり競合したりしていた。この一連の研究で対象とした子どもたち——ネル、ジェイソン、メグ、ダニー——の事例については、次の3つの章で具体的に検討していくことにする。

　本節ではこれまで、子どもの関心の一側面として社会的な意図あるいは社会的なアイデンティティを中心に論じてきたが、「関心」の他の側面であるモチベーションを高めるという役割に関する研究も最近増えてきている。それらの研究を踏まえ、かつ、学びの構えのこの領域（つまり関心を持つこと）の記録に携わってきた教師たちの研究成果に基づいて、関心の側面として文化的道具と活動の2つを付け加えたい。これら3種類の関心に関わるより詳細な事例については第3章で紹介する。文化的道具や素材との関わり方に焦点を当てた幼児期のアセスメント方法の1つにスペクトル・プロジェクトがある。これは、ガードナーの「多重知能理論（Multiple Intelligences）」（Gardner 1983）に基づいて、子どもの学習スタイルと関心や才能の領域をアセスメントするためにハーバード大学で開発されたものである。7つの領域に分類された「遊び」（それぞれに課題あるいは文化的道具が対応しており、その中には自由（open-ended）遊びもあれば設定（structured）遊びもある）が観察され、記録される。学びの構えの領域というここでのテーマから見て興味深いのは、様々な領域にわたる課題や素材と子どもとの相互作用をとらえるために「行動様式（working style）」のアセスメントを行っている点である。

　これらの行動様式を取り上げるのはそこに結果としてどんなタイプのものが生み出されたかではなく、むしろ子どもの活動や遊びの「プロセス」の有り様が映し出されるようにするためである。この様式は、感情やモチベー

ション、素材との相互作用の指標であると同時に、活動のテンポや聴覚的、視覚的、あるいは運動感覚的な刺激や働きかけにどう反応するかというような、行動様式により直接関わる特徴を示すものである (Krechevsky 1994, p.203)。

「行動様式」のチェックリストには、課題や素材に子どもたちがどうアプローチするかに関する数多くの「行動様式の特徴」が列挙されている。それらのうち16は、例えば、おもしろがるかそれともまじめか、粘り強いかくじけやすいか等、対の形で書かれている。「おもしろがる」子どもについての定義は次のようになっている。「素材や活動を楽しむ、つまり、思うがままに素材を使い、自分からよく話をし、おもしろおかしく発展させたりする」(p.207)。

学びの構えの領域②
熱中すること

　第2の学びの構えは**熱中すること**である。ベルギーのフェーレ・ラーバース (Ferre Laevers) とイギリスのクリス・パスカル (Chris Pascal)、トニー・バートラム (Tony Bertram) らは保育プログラムの評価に関する研究の中で、学びのための環境の中心的特徴の1つとして「熱中 (involvement)」を挙げている (Pascal 他 1995; Laevers/ Vandenbussche/ Kog/ Depondt 日付なし; Leavers 1994)。ラーバースらは、「プロセスを重視する子ども観察システム」を開発しているが、そこでも熱中と心地よさに注目し、それぞれの特徴的な状態と、両者の密接な関係を明らかにしている (p.41)。まず心地よさとは、「くつろいでいる」「自然にふるまう」あるいは「幸せを感じる」という状態であり、熱中は、「活動の濃密さ、集中の量、『夢中になっている』度合い、さらに全力で打ち込んだり、熱心に取り組んだり、探究に喜びを感じる能力」に関連するとされている (Leavers 他, p.5)。また、心地よさには4つの「関係の領域」(教師との関係、他の子どもとの関係、遊び・クラス・学校の世界との関係、家族や親しい友人との関係) があるとされ、熱中では、活動だけではなく「発達の基礎的な領域」(自我形成、運動の発達、思考と理解、表現、言語とコミュニケーション) にも焦点が当てられている。

青年や大人が特定の活動に熱中することがもたらすものについては、ミハイ・チクセントミハイらよって長年にわたって研究されている（例えば、Mihaly Csikszentmihalyi 1991, 1997）。この研究では、人が楽しいと感じたり、繰り返しやりたいと願ったりするような経験における「フロー」という感覚が描き出されている。チクセントミハイらは、なぜ多くの人々が、はっきりとした見返りが得られるわけでもないのに、時間のかかる、困難でしばしば危険すら伴う活動を行うのかと問うている。そして、ロッククライマー、チェス選手、競技者、芸術家等広範な人々へのインタビューを含む研究を通して、次のような結論を下している。

　回答者は、とても楽しいので、もう一度同じような経験をするためにはどんなことでもしたいと思うという、きわめて似通った個人的経験を語った。これを**フロー体験**と最終的に名づけることにした。というのは活動がうまくいったときにどのような感じがするかを説明する際に、何人もの者が流れに運び去られてしまうような感じという比喩を使ったからである（Csikszentmihalyi/Rathunde 1992, p.58）。

　さらにその「フロー」体験として9つの特徴が挙げられている。すなわち、目標が明確なこと、即座に反応が返ってくること、難しさと技量のバランスがちょうど良いこと、課題に集中していること、「今、ここ」に集中していること、失敗を恐れないこと、我を忘れていること、時間の感覚がないこと、活動自体が楽しいことの9つである。
　何かに深く集中するということは、たとえ幼児であっても、「知識の基盤」あるいは知識の蓄えを作っていくことにつながることがある。そのことは他の領域において類推的思考をしたり、比喩を使いこなしたりすることにも役立つ。理解、類推、想像のための「手がかり」のようなものが形成されるのである。稲垣佳代子はこの分野で多くの研究を発表しているが、その中に、一定時間にわたって金魚すくいに夢中になっていた5歳と6歳の子どもたちが行った類推の研究がある。子どもたちは、金魚について得た知識から推論して、よく知らない水生動物である蛙について筋の通った予測を考え出し、それを披露し

た。稲垣は次のように付け加えた。

　これらの研究は、自分で選び、それゆえ深く熱中する主題や領域に関して子どもたちが知識を集中的に獲得したときには、その主題や領域を越えて進むことができるのであり……そのような知識は、関連する他領域においても同様に知識を獲得したり、推理したりするための基盤として役に立つものとなることを強く示している（Kayoko Inagaki 1992, p.128）。

　第3章では、2歳のモーゼズが熱中した遊びから得た動物の知識の蓄えが、どのようにして他の領域での推論や結びつきを作り出していくかを見届けることになる。それは、**関心を持つこと**と**熱中すること**との結合の一例である。

学びの構えの領域③
困難ややったことがないことに立ち向かうこと

　第3の学びの構えである**困難ややったことがないことに立ち向かう**という領域に関するここでの議論は、その多くをキャロル・ドウェックらの仕事（Carol Dweck 1999）に負っている。70年代の初頭、キャロル・ドウェックの研究グループはアメリカで、「学習された無力感（learned helplessness）」と名づけたものの影響について調べた（Dweck/ Reppucci, 1973）。この研究は、子どもたちが自ら失敗したことに対してどのように反応するかを観察して、「無力感に向かう」か「習得を志向する」かに分類するものであり、20年以上も継続している。ドウェックは、「モチベーションというものをより深く理解するためには、ある特定の状況におかれた時、子どもたちの気持ちがどんな目標に向けられるかを理解することが必要である」と指摘し、子どもたち（4、5歳児）には、「**結果目標**（performance goals）」を持つ子どもと、「**学び目標**（learning goals）」を持つ子どもがいることを明らかにした（Dweck 1985, p.289）。子どもたちが**学び目標**に気持ちが向いているときは、自分の持てる力を伸ばそうとしたり、何か新しいことを理解しようとしたり、習得したりしようと努力する。一方、子どもたちが**結果目標**に気持ちが向いているときには、自分の能力につ

いて良い評価を得るか、否定的な評価を避けるために努力するというのである。
　表現は異なるが同じような対照的な目標の存在を明らかにした研究は他にもある。例えばエルミン・マーシャルは1992年に**学び**志向と**活動**志向について書き（Hermine Marshall 1992）、キャロル・エイムスも同年、**習得**志向と**結果**志向について述べた（Carole Ames 1992）。そして1994年の時点でドウェックは、自分たちの研究や関連する他の研究は、「子どもたちは4、5歳までに、自分の達成結果に対して良い評価を得ることに力を注ぐか、あるいは学びの過程そのものに力を注ぐかのいずれかの傾向を内面化してしまうことを示唆している」（Smiley/ Dweck 1994, p.1741）と書いた。
　次の会話は、スージーが私に、「すごく上手な」スクリーン印刷を完成させたことがあるけれども、とても難しかったからもうやりたくないと言った時の記録である。彼女は「もうぜったい」間違いを犯す危険を冒したくないととても堅く心に決めていた。彼女は、少なくともスクリーン印刷に関する限りは結果目標に方向づけられつつあるように見えた。

スージー：（難しいことでできることは何かと尋ねられて）絵を描いたり色を塗ったりするよ。でもスクリーン印刷のやり方は知らないの。
筆者　　：スクリーン印刷のやり方を知らないの？（スージーはうなずく）そう。分かった。試しにそれをやってみる？　それともイヤ？
スージー：イヤ。
筆者　　：試しにやってみない？（レイチェルが「わたしはやり方を知ってるよ」と割り込む）どうして、やりたくないの？
スージー：だって……（レイチェルかウェンディによってまた中断）
筆者　　：（再びスージーに向き直って）どうしてなの、スージー。どうしてスクリーン印刷を試してみるのはイヤなの？
スージー：難しすぎるから。どうやって切り取ったらいいのかが分からないの。どこを切り取ったらいいのか分からない。
筆者　　：そうなんだ。
スージー：でも、アリソン（教師）がいたときにはできたんだよ。でもどうやったか忘れちゃった。

筆者　　：なるほどね。
スージー：2つの（間）目のある女の子を作ったの。そうしたらアリソンが目のところを切り取ってくれた。すごく上手にできたんだけど、どうやるのかもう分かんなくなっちゃった。
筆者　　：そっかそっか。それで、もう一回やってみようとは思わないのね？
スージー：そうなの。
筆者　　：へー。
スージー：だって間違っちゃうかもしれないでしょう。
筆者　　：間違っちゃうかもしれないわね。そしたらどうなるの？
スージー：あのね、えーと、絵の具を出すときね、時々絵の具を出しすぎちゃうの。だからもうぜったいやりたくないの。
筆者　　：そうなんだ。それでもうぜったいやりたくないのね。

　スージーは、以前スクリーン印刷がうまくいった経験があるにもかかわらず、アリソン先生（その後この保育機関を退職している）の助けなしにはうまくやれないかもしれないと思わせるような経験（おそらく誰かが彼女の使った絵の具の量を批判したのだろう）があったことは明らかであった。彼女は再び、できる子としての評価を危うくしたくないと思っている。4歳くらいの子どもというのは、事態を悪化させたり間違いを犯すような困難や危険に取り組むべきかどうかについて確固とした決断をしているように見える。別の機会にスージーが私に言った。「難しいことは何もやらない……もしお姉ちゃんが何か本当に難しいことをやっても、わたしはやらない」。別の4歳児ローラも「わたしはどうすればいいか分かっていることをやるの」と言った。それから同じく4歳のトレバーは、友だちに、もし間違ったら、「そのままにしておく」べきだと助言した。
　エルミン・マーシャルは、次のようにまとめている。「手短に言えば、こうした一連の研究は、どのようなタイプの学び手になっていくかに対し影響を及ぼすような目標を、学校に入学するときにすでにそれぞれの生徒が持っていることを証明している」(Hermine Marshall 1992, p.16)。
　学びの構えのこの領域については、第4章でさらに考察していくことにする。

1　学びの構えの5領域

学びの構えの領域④
他者とコミュニケーションをはかること

　第4の学びの構えは、**他者とコミュニケーションをはかること**である。デービット・ワイカートの研究グループは、乳幼児期において、課題に取り組むだけでなく「他の人々に対して積極的に関わることを可能にする学びの構え」（Schweinhart/ Weikart 1993、Sylva 1994により引用）が重要な役割を持っていることを明らかにした。彼らは、学び手の乳幼児期から青年期に至るまでを追跡した長期的な研究をもとにこのことについて次のように主張している。

　　乳幼児期の経験を学校や社会での好結果に結びつける決定的に重要なプロセスは、その子どもが他の人々や課題と積極的に関わることを可能にする習慣や特性や構えの伸長にあるように思われる。このプロセスは、知的な成績の持続的な改善に基づくものでもなければ、学業で得た知識に基づくものでもなかった（p.4）。

　キャサリン・ネルソン（Katherine Nelson）やゴードン・ウェルズ（Gordon Wells）、ジェローム・ブルーナー（Jerome Bruner）、その他多くの研究者による幼児期の言語発達に関する著作は、言語や言語以外のものを用いて「他者と伝え合うこと」には、多様な形態があることを明確に指摘している。例えばネルソンは、身近な出来事に関する会話を分析対象として、コミュニケーションや言語の発達に中心を置いた研究をいくつか行っているが、彼女の指摘は、参加としての学びという観点とよく合致するものである（彼女は、その変化と発達のメカニズムに関する自らの立場を「協同的構成主義（collaborative constructionism）」と名づけている）。子どもたちの会話（と同様に彼らの行動）の記録からは、子どもたちが持っているその一連の出来事に関する詳細な知識——活動の順序、参加者の役割、必要な道具、始まりと終わりについての理解——が明らかになった。そうした知識は、会話を続け、言語的な構造を組み立て、新しい言葉を学んで使い、空想遊びに入り込み、物語を作り上げ、特に意味のある出来事

を記憶し、ものごとを分類して理解する力を獲得するために効果的に使われていた。ネルソンは、言葉の意味の体系を身につけていくためには意味の2つの源泉——つまり、子ども自身が持っている出来事に関する知識と、大人が様々な言葉を駆使してその出来事について多面的に語ること——が必要であると付け加えている。ある出来事について記録をとり（当事者である子どもと）共にアセスメントを進めていくことは、学び手としての自己について（子ども自身が）物語ることを支えていくことになるという本書のテーマと関連して、ネルソンの次のようなコメントは非常に興味深い。「子どもたちはごく幼い頃のものも含め、いくつかのエピソードからなる記憶を持っているが、それは周囲の人との間で**社会的に共有されて**初めてひとまとまりの物語として語り継がれるようになり、また自分や他者にとっての意味も明確になるのである」(Nelson 1997, p.111、強調はネルソン)。

　筆者は最近訪問した幼稚園で出会った事例の中から、ネルソンの研究が、**関心を持つ**という学びの構えの領域（知識の蓄え、この場合は出来事についての知識）を**他者とのコミュニケーション**に結びつけたのと同様に、**他者とコミュニケーションをはかることを困難に立ち向かうこと**との結びつきをよく示している次の事例について述べてみたい。筆者は子どもたちのアセスメントの一部を読むことについての親の了解を取り、子どもたちが「お話の石」を使って話をしている記録をいくつか見せてもらった。これらの話は、とても想像力豊かでドラマチックな長編であった。「お話の石って何？」と筆者が聞いた。「ああそれはね、ここでぼくたちがやっていることだよ」というのが答えであった。それはある日、教師のシェリーが休日に見つけた石をお話の教材のために用意した時から始まった。石というのは、お話に出てくるいろいろな役柄に見立てられるよう何かしらのシンボルが描かれた一揃いの石である。彼女は少人数のグループの子どもたちに、それぞれ1つずつ石を選ぶように伝えた。そしてそれぞれの石に、その石を選んだ子の名前をつけてお話を作った。お話は、時には1人かそれ以上の者が、大抵は魔法の呪文のために困ったことになり、誰かが救いに行かなくてはならないといったような、かなりパターン化されたものになったという。話の主題は、しばしば勇気とか、困難やったことがないことに立ち向かうというようなものになった。この教材は、特に子どもたちが教師

1　学びの構えの5領域　　65

と一緒にお話の細かな筋を決めるようになってから非常に人気があるものとなった。あるとき教師たちは、数人の子どもたちが集まって何かしているのに気がついた。そして1人の女の子が自分で描いた絵を石にセロテープで留めて、それらを使って自ら物語の話し手となっていることを発見した。ティモシーは、自分が卒園する時、お話の石のセットを使って妹にお話をした。その後、その妹が三歳半になり幼稚園を通い始めたとき、彼女は自分自身の石を決めて、他の人たちにお話をした。長期にわたって繰り返されるうちに、この活動はすっかりこの園に定着して、先の「ここでぼくたちがやっていることだよ」という言葉にも現れているような言葉に関わる協同性に富んだ活動になったのである。

　米国における3、4歳児クラスの「サークル」（マットタイムあるいはグループタイム）活動［輪になって行う活動］の研究は、子どもたちが保育室の中で「その場にふさわしい会話の仕方」をどのように学んでいくかを明らかにした。研究は、「ここで学習された参加の仕方は、生徒にとっては学校生活における現在と未来の両方に重要な意味を持っている」（Kantor/ Green/ Bradley/ Lin 1992）と結論づけている。子どもたちは、ある特定の参加の仕方を促したり制限したりする「学校的話法（school discourse register）」ないしは**ことばのジャンル***（genre）のようなものを学んでいたのだという。確かに保育機関で行われている多くの活動や取り組みには、学校的話法にとどまらず、音楽、ダンス、ドラマ、数、読み書き等——文化によって多様に価値づけられた様々なコミュニケーション・ツール——が構造的に埋め込まれていることは明らかである。

学びの構えの領域⑤
自ら責任を担うこと

　最後の5番目の学びの構えの領域は、**責任を担うこと**である。責任を担うということには、共同の活動に貢献することや共同注意のエピソードが含まれている。米国やスウェーデンにおける縦断研究は、乳幼児期における仲間や大人とのポジティブな関係は、学校で最初に出会う教師とのポジティブな関係の前

兆であり、8歳時点における言語能力と関連することを示している（Howes/ Matheson/ Hamilton 1994; Broberg/ Wessels/ Lamb/ Hwang 1997）。数多くの研究が、他者との双方向的で応答的な関係という文脈からより多くの学びの可能性が引き出されることを明らかにしてきた。

例えばブロンフェンブレンナーは、共同注意（Moore/ Dunham 1992; Smith 1999）のエピソードを取り上げ、そこでは「権限が徐々に、発達しつつある者へと移行していく」（Bronfenbrenner 1979, p.163）ものであり、また他者との力関係が常に学び手にプラスになるようになっていると指摘した。またバーバラ・ロゴフらは、異なる文化を背景に持った4つのコミュニティ出身の子どもたち（歩き始めたくらいの月齢）と養育提供者が、共同的な活動においてどのように協同し合うかを研究した（Barbara Rogoff 1993）。彼らは、4つのコミュニティ全てに共通する2つの側面を見出した。1つは、大人たちと子どもたちが理解を共有するという**橋渡し**をする行為（bridging）であり、もう1つは、研究者が設定した問題解決型の課題に彼らがお互いに参加の足がかりを作るという参加の**組織化**（structuring）である。こうした過程は責任の共有化を進め、協同的な問題解決を成功に導くことを可能とした。[ロゴフらはこうした]大人や仲間と相互に依存し合ったり共に責任を担う能力も参加のレパートリーとして位置づけている。エリザベス・ジョーンズとグレッツェン・レイノルドは1992年に、大人と子どもたちとの間の関係をどちらがどのくらい責任を担っているかという視点から、**パワーオン**（power on）、**パワーウィズ**（power with）、**パワーフォー**（power for）の3つに整理した（Elizabeth Jones/ Gretchen Reynolds 1992）。**パワーウィズ**は話し合いや協同や相互のやりとりといった相互主体的な関係を指している。**パワーフォー**はいわゆる足場づくりによって特徴づけられるもので、たいていは大人が主導する援助的指導の関係である。**パワーオン**は個別的な指導という性質を帯びたものである。一方ハリー・トーランスとジョン・プライヤーは、**パワーオーバー**（power over）と**パワーウィズ**（power with）という表現を用いて同様の整理を試みている

＊あいさつ、雑談、会議等、特定の場面と結びついて使われる特有のパターンを持った会話の様式。バフチンが提唱した概念。――訳者

(Harry Torrance/ John Pryor 1998, p.82)。

　子どもたちは、カリキュラムと同じように、アセスメントにおいても責任を担うことができる。例えばティモシーの場合がそうである。先にも紹介したお話の石の保育機関の教師たちは、何日以上にもわたって、他の子どもたちが結び目を作ったロープをジャングルジムにくくりつけ、それをたぐってすべり台を登っているのをティモシーが見ていることに気づいた。教師たちは、やってみるよう彼に声をかけて励ましたほうがよいのではないかと考えた。しかし数日後、彼は自分からロープを使ってすべり台をじりじりと登り始めたのである。最初は這って、その後は一度に数歩ずつ。そしてついにある朝、彼はてっぺんにたどり着き、近くの教師に向かって大声で叫んだ。「写真を撮って！ぼくはやったよ！」。そうして撮られた写真はコメントを添えられ彼のポートフォリオの一番いい場所に収められた。

　最後に、責任を担うということは、社会における正義と遊びの中の公平さに関わるものでもあり、偏見や差別的な行動に対して子どもたちが自分と他者を守るために立ち上がることを含むものであるということに言及したい。ヴィヴィアン・ペィリーは、教室の中における友だち関係に関わる問題についてルールを打ち立てようとした自らの実践について次のように書いた。

　　60歳を過ぎて、私は教室の中の誰かを排除する発言に以前よりも注意を向けることが多くなっている。誰かが突然宣告する「一緒に遊んであげない」は、壁から壁へと響きわたる侮辱の言葉のようであり、あまりに高圧的で残酷に感じられた。ある子どもが、どんなに不用意に他の子どもの運命を決めていることか……。……幼稚園で、……１つの上下関係が姿を現し始め、間もなく石に刻まれたように固定化される。ある特定の子どもたちが、クラスの友だちの社会的経験を制限することが当然のことになってしまう……。そのようなことがあって良いのだろうか？　この一年でどうしても私はその答えを出さなければならない。さっそく私は「一緒に遊んであげないって言っちゃだめ」と書いた紙を貼り出して、新しいルールを告知したのだが、初めからこれは不信で迎えられた（Vivian Paley 1992, p.3）。

彼女の本『一緒に遊んであげないって言っちゃだめ』(Paley 1992) は、正義と社会的包摂に関わる子どもたちの「石に刻まれたような」考えを変えようとしたペィリーの試みの物語である。**他者とコミュニケーションをはかることと責任を担うこと**に関するより詳細な検討は第5章で行われる。

2 │ 学びの場や構えを育む環境との相互作用

　これまで主として個々の学び手に焦点を当てて学びの構えの諸領域について検討してきた。しかし学びの構えというものは、ハビタスあるいは構えを育む環境に関わる前章での議論も示唆する通り、活動や場やコミュニティの中に埋め込まれているものである。**機会をとらえる**とは、その環境が構えを育む環境として有している構造的な特質を敏感に感じ取ったり、判断を下したり、対応したりすることである。マーガレット・ドナルドソンが述べたように、教育とは子どもたちの参加のレパートリーを拡大し豊かにしつつ、様々な人生の進路を新たに指し示すことなのである (Margaret Donaldson 1992)。同時に、その具体的な実践過程は、「ある1つのハビタスとある1つの領域との出会い――その両者の関係は『かろうじて両立する』場合から『よく調和する』場合まで程度の差はあるけれども――との出会いの産物としてとらえられるべき」(Thompson 1991, p.17、Bourdieuに依拠して指摘) 複雑な相互作用である。こうした相互作用を、ニュージーランドの保育カリキュラムは「人々や場所や物との応答的で双方向な関係」ととらえている。このことは、保育の場という現実の世界において何を意味するだろうか？

　本書の中の多くの事例は、スージーが通う保育機関という「現実の世界」から得られたものである。6週間以上に及ぶその保育機関での美術や工芸、構成遊びのコーナーにおける観察の中で、進行中の過程が数多く見出された（これらの観察は4歳児のもので、年の初めであったにもかかわらず子どもたちの多くは

すでに6ヵ月から1年の間、同じグループで保育を受けていた。彼らは5歳になると学校へ移行する)。第1に、その保育機関は、関心、熱中、困難への取り組み、コミュニケーションと責任を担う行動等の機会を提供する「構えを育む環境」としての役割を果たしていた。子どもたちは(「うまく適応する」ための)その場に応じたふるまい方を学び、参加のレパートリーを豊かにし、その種類を増やしていた。様々な活動そのものが構えを育む環境となっていたのである。第2に、自分たちの置かれている状況についての子どもたち自身の把握の仕方や気持ちの向け方が、多様な方法で学びの場あるいは構えを育む環境を変えていた。子どもたちは、構えを育む環境を自ら選択し、変え、「デフォルト設定*」とでも呼ぶべきものを確立していたのである。

構えを育む環境としての保育機関

その場に応じたふるまい方を学ぶ

　家庭から離れ保育プログラムに参加している子どもたちは、場所によって日課や規則が異なっていることを知っている。以下の事例は、スージーの友だちの1人が「幼稚園」のあるルールについて説明したものである。ちょうどある子どもが、美術コーナーのテーブルのところで「悪口」を言ったところだった。

「幼稚園で悪口を言っちゃいけないんだよ。そうだよね、スー?」
「そうだよ、いけないよ」
「ブーってするのはいいよ」
「うん、そう」
「でも悪口はダメ。(間)『うるさい!』は言ってもいいの」
「そうだよね」
「『うるさい!』は言ってもいいんだよね」
「うん」
「でも、悪口はだめなんだよね」
「うん」

70　第2章　「学びの構え」の構造とそのとらえ方

彼らは様々な場所でいろいろなふるまい方を学んでいて、ブロンフェンブレンナー（Bronfenbrenner）のいう３つのＲ——役割（roles）と規則（rules）と関係（relationships）——を様々な場所と結びつけて考えることができるようになっている。新たな場面を「読み取る」能力に応じて、その場の状況は作り出されていくのである。例えばバーバラ・コーマーは、学校への移行が円滑に進んだマークとテッサの事例を分析し、その要因として彼らが乳幼児期の経験を積み重ねる中で獲得した知的、文化的及び言語的な資源を教室の文脈の中で「活用する」ことができていたことを挙げた。さらに彼女は、その場の状況と文脈に対する子どもたちの敏感さについて次のように述べている。

　学校においてマークとテッサの２人は、教室の文化を主体的に読み取り、教師が何に価値を置いているかを把握し、さらにそれに応じて自分たちの行動を変えていたことが示唆された。彼らは、教師や仲間たちが何に重きを置いているかや必要なものを得るためには教室内の資源をどう利用したらよいかをすぐに理解した……。その場のエートスを適切なタイミングや方法で見聞きし「読み取る」こうした能力は、就学前学校や家庭において既に存在していた（Barbara Comber, 2000, pp.43, 44）。

参加のレパートリーを豊かにしその種類を増やす
　わずか６週間の観察ではあったが、スージーの幼稚園の子どもたちが様々な新しいこと——他のことにも関心を向けたり、その場で期待されているやり方を試してみたりすること、結果目標と学び目標（困難に立ち向かう）との間のバランスを変えること、多様な形で責任を担うこと等——に挑戦していることが多くの事例で明らかになった。例えば、ネイサンの４つのエピソードのうちの３つが「**男の子らしく**」ふるまおうとする姿（外で遊び、大人の言うことに従わない）をとらえたものであったが、残り１つのエピソードは、教師からスク

＊default settings　コンピューターでユーザーが特に指定しない場合に、あらかじめ設定される値または動作条件を指す用語だが、転じてここでは、それぞれの場ごとに構えを育む環境としての初期状態が設定されていることを指している。——訳者

リーン印刷のやり方を教えてもらい、自分の名前を書くのを助けてもらいながら、教師と一緒に熱心に活動しているというものだった。こうした「**男の子たち**」の1人であるピーターもまた、教師と一緒に鯨を描き、それを切り抜いて人形にしたが、それは彼にしては珍しいことだった。マーチンは、難しい課題は家で家族や兄たちと一緒に取り組むことにしており、（園では）いつも1人で遊んでいたが、共同注意のエピソードにおいては困難に取り組む姿が2回観察された（一度は1人の仲間と、一度は教師と）。（いつもやさしい課題でよしとしていた）トレバーは、ある時、技術的な困難をあえて追求した。リサは、自分から進んで自分の作品を評価しそのでき具合をチェックするようになった。そして何をしたいかを自分で決めたがるようになり、課題を最後までやり遂げ、そこに自分の名前を書き、そうやってできあがった作品について教師と話し合うようになり、難しいところは援助を求めるようになっていったのである。ジョーンは、技術的に難しい物づくりには仲間たちと協力して取り組むことを試み始めていた。第4章にも登場するネルは、ふだんはそうすることはないのだが、ジェイソンに助けを求め、自分は何をどうすればよいか分かっていないことを認めた。こうした子どもたちは、所属感と探究心との間のバランスをどうとったらよいかを探っているように見えた。つまり自分はその集団の一員としてふさわしいことを示すこと（例えば行儀良くふるまい、間違いを犯さない良い生徒であること）と、やったことがないことや困難なことに思い切って立ち向かうことの間のバランスである。

構えを育む環境としての活動

　この保育機関では、いくつかの活動それ自体が構えを育む環境となっていた。ある活動が持っている構えを育む環境としての特質は、そこで扱われる文化的道具や課題の物理的性質、その場では何が期待されているかという社会的意図（social intent）やふさわしいとされる責任の担い方——それは長い期間の中で子どもたちと教師たちによって作り上げられたものであるが——が組み合わさったものである。リサは、美術コーナーのテーブルではいつも自分がやったことについて一方的に説明し、他の子どもたちが聞いていなくてもお構いなく話し続けていた。しかし、積み木のコーナーでは（そして男の子たちと一緒に

活動しているときには）彼女は他者との活動に熱心に参加し、提案をし、説明し（「だって」という言葉を使って）、さらに「なんだと思う？」や「……ね」という言葉で友だちの注意をひきつけたりしていた。まさに「友だちとして関わる」ことができたのである。彼女は活動によって参加の仕方を変えていたが、なかでも積み木の活動では他者とコミュニケーションをはかり、責任を担おうとする姿がよく見られた。スクリーン印刷は、線画や図形をシルエットとして表現したり同じ図案を繰り返し印刷したりする美術活動である。しかし、幼稚園の教師たちは、スクリーン印刷の活動を通して、自分の名前を書く、ハサミで切る、順番を待つ、複雑な工程を最後までやり遂げるというような、「学校的」能力を段階を踏んで獲得させることを重視していたことが観察を通じて明らかになった。ダニーをはじめとする一部の子どもを除いては、子どもたちはたいてい描いた型板を印刷に使わず手元に残したままにしたり、印刷された作品を捨ててしまったりしていた。

子どもたちは構えを育む環境を自ら選択しそれを変える

　学びの場における第2の相互作用は、構えを育む環境を子どもたちが自ら選択しそれを変える時に生じるものである。

構えを育む環境を自ら選択する
　保育の場において子どもたちは、「ニッチづくり（niche-building）」あるいは「ニッチ選び（niche-picking）」とでも言うべき過程の中で、自分に合った環境を選択するためにそれにふさわしい構えをとっている。筆者が頻繁に観察を行った17人の子どもたちのうち13人は、それぞれがある特定の学びの姿を示す傾向がある——その傾向は、同一の活動の中に現れることもあれば、様々な活動にまたがって現れることもある——ことが明らかになった。例えば、メグは大人に手伝ってもらうことが好きではなかったので、大人たちが難しいところを援助するために常に待機中のスクリーン印刷に取り組むことを避けていた。他方、ダニーはスクリーン印刷につきものの指導や援助をむしろ楽しんでいる

ように見えた。ネルは友情に関わる問題には関心が強く、友だち関係がトラブルに陥った時にはその解決のためには困難も厭わず熱心に取り組むが、**技術的に難しい物づくりには取り組まないですむように、大いに機転を働かせて活動の内容を変えていた**。スクリーン印刷では、難しくて手間のかかる型板づくりをするかわりに、既成のものを切り抜いたコラージュを利用したり、帽子づくりの際には、寸法を計るという難しい課題を避けるために、赤ちゃんやその場にいない人のための帽子を作ったりしていたのである。リンダは、良い子であることや大人からほめられることにこだわっていて、できないことがまわりに分かってしまうような活動を避けた。エミリーもまた「間違ってしまうのではないか」と心配して、構成遊びのコーナーを避けて大部分の時間をごっこ遊びに費やしていた。そこなら彼女は筋書きづくりを担当することができたからである。ごっこ遊びやつもり遊びの中で発揮された協同性やスキルは、必ずしも構成遊びの活動では生かされていないようであった。ごっこ遊びにおいては協同で筋書きを作っていた同じ子どもたちが構成遊びのコーナーでは個別に活動した。第5章で再び登場するニックはその例外であった。子どもたちの多くは、自分たちの構えに適した環境（ニッチ）を提供するような活動を選択したり、そういうものになるように活動そのものを変えたりしていた。

構えを育む環境を変える

　学びの構えは、学び手に学びとは結局いかなるもので、**どうあらねばならないかについての1つの（あるいは多くの）物語を提供する**。それは学びの場をどうとらえているか（例えばエミリーは、学びの場では、間違っている、あるいはできないと見られることを避けるべきだと固く信じている）の現れであり、そうした学びの場のとらえ方は、学びの環境を作り出していく際に主導的な役割を演じている。子どもたちは、環境に抵抗したり、環境を避けたりあるいは変えたりするために力強くその構えを駆使している。この点については、第4章で、スクリーン印刷の腕を上達させたことで、この活動が持つ構えを育む環境としての特質を変えたダニーや、構成遊びのテーブルでの経験を生かし、帽子づくりにおいては、普通の形に飽き足らず、日よけのついた複雑なデザインに挑んだメグ、困難に取り組む構えによって、それまでたやすいものだった活動を多

くの子どもたちにとって挑戦しがいのある難しいものへと変えたジェイソン等の事例を通して、さらに詳しく考察していくことにする。

デフォルト設定
　前に述べた通り、子どもたちは所属感と探究心との間のバランスを探っているように見えた。そして多くの場合、所属感が勝る。エルミン・マーシャルは、「(子どもたちが) 実際どのようなタイプの学び手になるかは、教室の環境に影響されるところがかなり大きい」(Hermine Marshall 1992, p.16) と述べ、学び目標を育む教室の環境というのは、課題は難しいけれど能動的な参加が必要なものであること、多種多様な方法が採用される余地があること、選択の幅があること、責任を共有する機会が設けられていること等の特徴を持っていると示唆した。ダニーやメグ、ジェイソンらが通う保育機関は、これらの特徴を備えていた。とはいえ、様々な力が作用して、結果目標の達成が奨励されることが「デフォルト設定」となっている場面も多く見られた。第4章で紹介するエピソードの中で、メグはモーリーやリンダ等大勢の友だちと共に、その時話題となっていた青虫と蝶の関係を図解するため、壁飾りの蝶を共同して作ろうとしていた。その中でメグは2度ほど、もっと工夫をこらしてみようとしているが、彼女の挑戦は他の子どもたちから無視されている。その直前、子どもたちは誰が絵の具をこぼしたかの話し合いに自分たちのエネルギーを差し向けている。以下にその一部を抜粋する。アン (教師) がやって来て、そんなことはたいした問題ではなく、布を持ってきて拭き取ればすむことだと気づかせているところでその会話は終わる。

「ああ、いけないんだ、誰がこぼしたの？」
「知らない。ひとりでにこぼれちゃったんじゃない？」
「わたしがやったんじゃない」
「わたしもやってない」
「わたしもよ」
「誰かがこぼしたんだよ」
「わたしはやってない」

「わたしはやってない」
「わたしじゃない」
「わたしも違うよ」
「わたしも」
「あの子がたぶん倒したのよ」
「誰？」
「マイラ」
「そうだね。きっとそうね（くすくす笑い）」
「あの子がやった」
「誰？」
「あそこにいる人」
「あなたが倒したに決まってる」
「そう」
「違う」
「そう」
「違う」
「じゃあ誰があの絵の具を倒したのよ」
「誰が絵の具を倒したの？」
（教師のアンが到着する）「ちゃんと蓋してなかったからじゃない？」

　その後、絵の具はきれいに拭き取られ、メグはその後、学び目標を含んだ問題解決の活動へと切り替えようとしたが、後の祭りだった。彼女を援助する大人はその場に1人もおらず、会話は誰が誰の家に遊びに行くかということに移っていた。筆者はこのような、特に周囲に大人がおらず、低いレベルの結果目標にとらわれがちになるというような、そのグループの持っている保守的な傾向を「デフォルト設定」と名づけた。しかし別の場面では同じグループの女の子たちが、積み木コーナーで動物たちを囲う柵を一緒に作っていた。メグは再び主導的な立場を取り戻し、他の動物と「野生のもの」に分類しようと提案することで、穏やかな形でみんなの認識を一致させようとした。このときには、他の子どもたちはメグの提案を受け入れ、その続きを共に考え合い始めた。

リンダ　：もう……たくさんもう集めたんじゃない？　ねえメグ。
メグ　　：そうだね。そっちは野生のものだけ入れるってことにしない？
リンダ　：うん、いいよ。
　　　　　－モー。モー。
　　　　　－こっちはお母さん、こっちは赤ちゃんね。
　　　　　－誰か柵の中に入れるのを手伝ってくれる？
　　　　　－わたしがやるわ。
　　　　　－柵の中に入れるの、みんなでやろうよ……
リンダ　：（明らかにその動物がどちらの分類になるのか分からない様子）
　　　　　これはどっち？
モーリー：イボイノシシね。イボイノシシはこっちよ。（「野生のもの」に分類）

　ここではメグとモーリーとリンダは問題を解決しようとし、協同していた（さらに第5章にあるように、他の場面で「友だち言葉」による会話で協同するモーリーの事例もある）。しかし、蝶の壁飾りのエピソードの際には一緒に作業していたものの、彼女たちはこれらの能力を発揮せず、全く異なる構えの環境を作り出していたのである。おそらくそれは、蝶を作るということが教師のアイディアであり、アン先生が主導したものだったからではないかということが、以下の記録を読むと一層明らかになる。一方、先の積み木コーナーでの遊びは初めからグループの子どもたち自身の発案で進められたものであった。

アン：今度は他のものを作ってみたらどうかなと思ったんだけど。大きなさなぎを
　　　作ったでしょ。大きなさなぎ（クリサリス）からは何が出てくるんだっけ？
　　　－クリスマス？
　　　－クリスマスじゃないなあ。
アン：大きな蝶ができるんじゃないかなあ。だってこれですてきな羽を作れそう
　　　よ。いいと思わない？
　　　－うん。
アン：蝶の形を切り抜いてみよう。誰か手伝ってくれない？
　　　－いいよ。

アン：じゃあ、あなたが一緒に蝶の羽を描いてくれる？
　　－（うん）……

　アンはあえて言うなら「教師のアイディアを実現させる」という課題を設定した。それに対して積み木の構成は「動物のための安全な家を作ること」を目的にあくまで子どもたちが主導で展開し意味づけたものであった。キャロル・エームズは、学校の教室におけるモチベーションに関する著書（Carole Ames 1992）の中で、モチベーションが引き出されたりそうでなかったりするのには、教室の中にある3つの（重なり合う）構成要素が関連していることを明らかにした。すなわち子どもがやりたいと思うような課題かどうか、アセスメントの性質、そして教室内の「権力構造」がいかなるものかである。子どもがやりたいと思う課題は、それ自体が構えを育む1つの独特な環境となることができ、しばしば（蝶づくりのエピソードのような）教師によって計画された課題とは異なるものになる。

場と学び手との相互作用

　乳幼児期の経験が何をもたらすかは、学び手と学びの場との間の、そして学びの構えと構えを育む環境との間の複雑な相互作用の結果決まるものである。子どもたちは、多様なやり方で新しい環境に対応し、それを「読み解く」。時には、積極的に関与し、挑戦し、コミュニケーションをはかり、責任を担うことを通じて今自分が関心を寄せていることをより豊かに実現する機会をとらえようとしている。またある時には新しい方向性を試したり新たな関心に向かってみたりすることもある。逆に学ぶことを回避することもある。
　私たちは子どものたちを観察する際、注意深く見たり聞いたりして子ども自身のものの見方を探ろうとする。そしてその時には、子どもたちものの見方を見出したり聞き取ったりすることができなくなるような枠組みを設定することのないようにするだろう。このような観察方法は、学びをアセスメントする場面でも同様に求められる。アセスメントという活動そのものが、学びの構えを

育む環境となるからである。

　例えばハリー・トランスとジョン・プライヤーは、4歳のエロイーズが学校に移行して2日目に行われたベースライン・アセスメント[*]が、エロイーズ本人にとってどのような意味を持つものだったかについて詳述している（Harry Torrance/ John Pryor 1998, pp.68-82)。それは、就学移行クラス[**]に入学してすぐ行われるアセスメントにおいて、教師と生徒はどのように影響し合っているかについての説得力ある分析となっている。アセスメントにおけるやりとりは、表向きは読み書き能力と基礎計算能力に関するデータを集めるためになされているものであった。しかし実際には、エロイーズはこの学びの場における「基本的なルール」は教師の意のままに決められるものであり、ある活動が自分にとって意味があるかどうかはさして重要な問題とはされておらず、話し合いの方向は教師がコントロールするものであること、さらに彼女は「良い女の子」でいることを期待されていることを学び取っていた。良い「人間」であることは、良い「学び手」であることの中へ侵入し、むしばみ始める。良い「人間」であることは、結果目標を伴った道徳的な領域に属する事柄であり、リリアン・カッツが乳幼児の「自尊的」勤勉（Lilian Katz 1995, p.12）と名づけたものに不可欠のものである。

　多くの保育機関では、良い学び手であるということは、他者を気遣うことや適切に責任を担うことを含むものとしてとらえられている。しかし、良い（あるいは良くない）「**人間**」であることの基準は、そうした個々の保育機関や各クラスにおいて「良い人間」であること以上の意味を帯びてくることをここでは

---

[*] base-line assessment　イギリスでは1996年、就学前教育の到達目標を示した「望ましい学習の成果（Desirable Learning Outcomes）」が発行され、1998年よりベースライン・アセスメントが実施されることになった。①子どもの個別的な学習ニーズに効果的に対応するために情報を提供すること、②その後の子どもの進歩の程度を分析することができるように到達度を測定することを目的として、読み・書き・話すことと聞くこと・算数・個人的社会的発達の5つの分野で行われる。その後、改定され、継続して実施されている。（埋橋玲子「言語能力育成についての就学前ナショナル・カリキュラム等の比較考察」『四天王寺国際仏教大学紀要』第44号、2007年3月参照）。――訳者

[**] reception class　就学前の子どもたちの、読み・書き・算をはじめとする学校教育への移行を円滑に進めることを目的に設けられた小学校の受け入れ学級。――訳者

指摘しておきたい。確かにエロイーズの記録が例証しているように、英語における「良い（good）」という単語には「今のこの場面に必要な能力を備えている」とか、「この場にふさわしくふるまう」という意味である。だがそれは「どんなときも道徳的に健全である」、あるいは「何をやらせてもおしなべて称賛に値する」という意味にもなるのである。小さな子どもたちにとっては、こうした意味の違いを区別するのはおそらく非常に難しいことであるし、称賛される理由も明確に理解することは難しいだろう。そのような場合、全ての権限は教師が握ることになる。

3　学びの構えの3つの次元——前景化と背景化

　表2-1で筆者は、学びの構えを3つの次元——すなわち進んでやろうとする、機会をとらえる、することができる——から構成されているものとして提示した。そして本書ではこのうち、進んでやろうとすること、つまりやりたいという気持ちを前景化していくことにすると述べた。私たちは自分たちの保育プログラムを評価する際、まわりの環境を前景化することには慣れているし、子どものスキルや知識を前景化することにはそれ以上に慣れていると前章で述べた。しかし本書では、私たちにとってはるかになじみの薄い、子どものやりたいという気持ちを前景化すべきであり、背景化された環境やスキルや知識に関しては、子どものやりたいという気持ちを育むこととの関連で注意を払うべきであると主張したいのである。

　1つあるいはそれ以上の領域の構えに関わって積まれたポジティブな経験は時が経つにつれ、多くの場合、これらの3つの次元が一体のものとなっていると言えるだろう。一方でどんな場合でも、それぞれの要素を独立して取り出して前景化したり背景化したりすることができる。考え得る3通りの視点について整理したものが図2-1である。やりたい気持ち（進んでやろうとする）を前

図2-1 学びの構えのどの次元を前景化するか

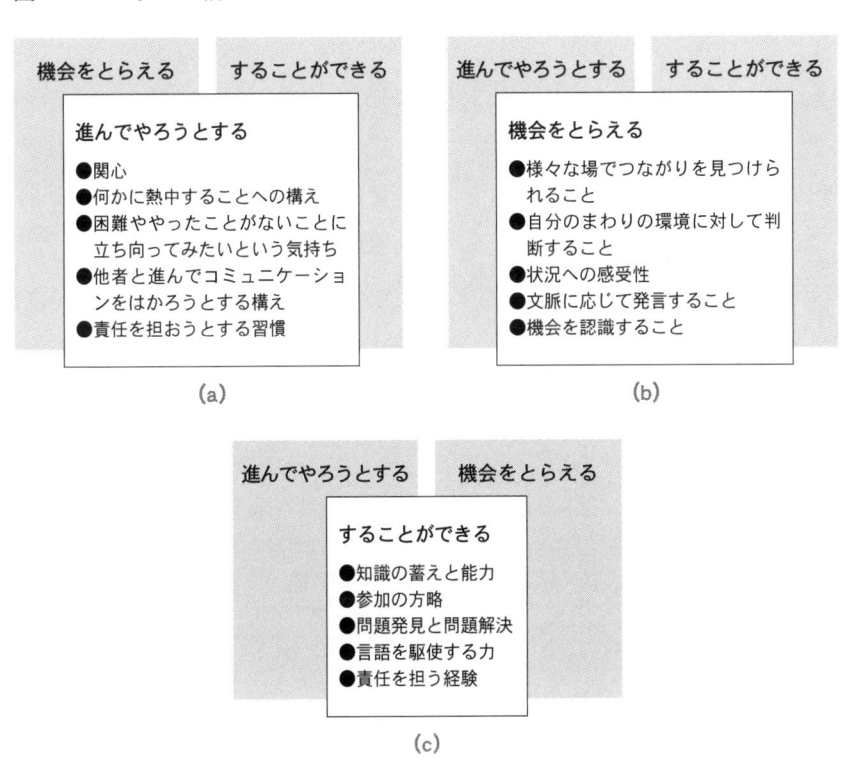

(a)
機会をとらえる／することができる

進んでやろうとする
- 関心
- 何かに熱中することへの構え
- 困難ややったことがないことに立ち向かってみたいという気持ち
- 他者と進んでコミュニケーションをはかろうとする構え
- 責任を担おうとする習慣

(b)
進んでやろうとする／することができる

機会をとらえる
- 様々な場でつながりを見つけられること
- 自分のまわりの環境に対して判断すること
- 状況への感受性
- 文脈に応じて発言すること
- 機会を認識すること

(c)
進んでやろうとする／機会をとらえる

することができる
- 知識の蓄えと能力
- 参加の方略
- 問題発見と問題解決
- 言語を駆使する力
- 責任を担う経験

景化する見方は（a）である。そうしたやりたい気持ちがよりふくらむ方向に、今ある状況を変えていったり改善したりすること（機会をとらえる）に焦点を合わせたものが（b）である。最後に、子どもたちがそうしたやりたい気持ちをより強固にするような能力と知識の蓄えを身につけ、発達させること（することができる）をどう援助するかということに着目するのが（c）である。

「進んでやろうとすること」が前景化される時

　進んで参加しようとすることが前景化される時、実践者たちは信頼アプロー

チ (credit approach) を用いて観察し、注意を差し向け、アセスメントを通して（学びを）とらえ、学び手や学び手の家族と話し合い、記録を作り、それを公表する。子どもたちは、学びの構えの5領域に関して、学び手としての自己認識を次のような形で発展させていく（図2－1 (a)）。

●関心。様々な人や場所やものごとは興味深いものとなり得るという期待。自分は何かに関心を持つことができる存在であり、また誰かの関心をひきつけることができる存在であるという自己像。
●とぎれることなく一定の時間、あることに進んで熱中し、注意を払おうとする構え。自分は何かに熱中する人であるという自己像。
●困難ややったことがないことに立ち向ってみたいという気持ち。学びにおいては間違いを犯すリスクがあるのは当然であり、また間違うことには意味があるという考え。自分は困難ややったことがないことに取り組む人であるいう自己像。
●1つあるいはそれ以上の「100の言葉」(Edwards/ Gandini/ Forman/ 1993、Gallas 1994も参照) を用いて他者と進んでコミュニケーションをはかろうとする構え。考えや感情を進んで表現しようとする構え。コミュニケーションをはかる人としての自己像。
●多様な方法で進んで他者の立場に立ち、善悪を判断し、不正に抵抗する等、責任を担おうとする習慣。権利と責任を有する1人の市民としての自己像。

実践者たちは、ブルースが他の子どもたちに対して責任を担おうとしたというような一瞬の出来事（第6章）に気づいたが、初めはそうした瞬間というのはきわめてまれかもしれない。彼らはまた、ネルが初めて難しい工作の課題に取り組み、ジェイソンに対して自分は「やり方が分からない」ことを認めた場面（とその活動）を記録した（第4章）。大人たちは、こうしたことが習慣になることを願い、「決定的な瞬間」が再び現われるよう手立てを講じる。子どもたちは、ここでは何を目指すべきかということを次第に理解するようになり、小さなことについてもきちんと責任を果たそうとするようになる。ティモシーがまさにそうだった。ロープを使ってすべり台のてっぺんまで登りきったと

き、彼は自分が成し遂げたことはすごいことなんだと自分で分かっていたし、教師たちもそれを高く評価してくれるに違いないということもちゃんと知っていた。

「機会をとらえること」(状況) が前景化される時

　本章では、構えの領域として次のようなものを取り上げてきた。すなわち**何かに関心を持つこと**、**何かに熱中すること**、**困難ややったことがないことに立ち向かうこと (何かに挑戦すること)**、**誰かとコミュニケーションをはかること**、**何かに対して責任を担うこと**である。そうしたことは、行為の中に学びがあること、あるいは関係の中に学びがあることを示している。そして前にも述べたように、関係は一方的なものではなく、両方向に作用し合うものである。こうした活動や関係には、次のようなものが含まれる (図2-1 (b))。

- その場所において、何かに関心を持ったり、選んだり、深めたりする用意があること。また、他の様々な場においても、そこにある文化的道具と活動と社会的アイデンティティとをつなげて理解することができる用意があること。
- 自分のまわりの環境は安全で信頼できるということを知っていること。
- その場や状況が、困難ややったことがないことに立ち向かったり、今までのやり方を変えたりすることを価値あるものとしているかどうか——つまり、限界まで挑戦したり、あらかじめ方法や展開を決めずに柔軟に活動したり、間違ったりすることが学びの一部として励まされる場かどうか——に対する感受性。
- 子どもたちの発言の機会を尊重し、またそうした声を丁寧に聴き取ろうとするその場の雰囲気に応じようとすること。
- 責任を担うべき機会を認識したり、自ら設定したりすること。

　こうした特徴を備えた関係は、実際にはそれぞれの場や子どもたちによって異なる現れ方をするだろう。例えばロバートが、フィンガーペインティングに

関心を持っているように見えるのになかなかやろうとしない時、保育園の職員たちは、2つの方法で環境を変えてみることにした。ロバートが汚れることを嫌がっていることを知っていたので、エプロンを用意し、フィンガーペインティング用の絵の具を作る担当の職員が絵の具づくりを一緒にやらないかとロバートを誘った。彼はエプロンの方は拒絶したが、大人と一緒に絵の具を作り、色を選ぶ活動へと誘ったことは、この環境が安全で信頼できるということを彼に感じさせる入り口となった。彼はフィンガーペインティングに熱中するようになり、長い時間夢中になって遊んだエピソードがたくさん生まれた。大人たちが活動のテーマをコントロールしている場面においては、最後まで主体的にやり遂げる子どもが見られないことは明白である。そしてアセスメントの妥当性を判定する基準の1つは、大切な学びの成果（学びの構え）をその場で発揮できる状況でなされているかどうかにある。そうした点からみても、本章で取り上げた5つの領域の枠組みは、実践者たちが学びの場を多面的に評価するうえでも有効である。*

「することができる」（能力と知識の蓄え）が前景化される時

　能力と知識の蓄えが前景化される時、焦点は役に立つスキルと知識の蓄えに当てられる。具体的には以下のようなものが考えられる（図2−1 (c)）。

- 彼らの関心を支える適切な知識の蓄えと能力。
- 熱中し、集中を維持するための方略。
- 問題を発見したり、問題を解決したりするのに必要な知識とスキル。失敗することは問題を解決するための不可欠の一部であるという経験。
- 1つあるいはそれ以上の（広義の）言語――広義の意味での言語――を駆使する力。その文脈に特有の「言葉づかい」の習得。身近な出来事の流れや見通しに関わる知識。
- 決定を下したり、相談を受けたり、責任を担ったりする経験。公正さと正義に関する一定の理解。責任を担うための方略。

これらの能力と知識の蓄えは、それぞれの文脈の中で発達する。「石のお話」の事例では、教師は、熱心に参加していたものの、筋の通った物語を話すスキルを持っていなかった子どもたちに助け船を出した。彼女は、お話の枠組み（「ネズミに何か困ったことが起こるのかな？」）や次に起こることについてのヒント（「次にどうなったの？　どうやって家に帰ろうとしているの？　ボートが役に立つかな？　それともヘリコプターかな？」）を与え、彼らが取り入れることができそうな、よく知っている他の話の筋書きを思い出させた。参加の変容としての学び観は、徒弟制に似た多くの特徴を備えており、初心者が直接的教授なしに見たりやったりしてみることを必要不可欠と見なしていることは確かである。しかし同時に、熟練者が初心者に適切な時に適切な知識と能力を教えることもまた必要不可欠であるとしているのである。

4　小括——「進んでやろうとする」を前景化するアセスメント

　構えの概念はもともとは心理学から来ており、例えば性向のように、個々人に属するものとしてとらえられてきた。これに対して本書では、これまで述べてきた通り、学びの構えは行為と活動の中に埋め込まれたものであり、行為や活動と深く関連しているものだとする考え方を採用している。筆者は、学びの構えを、学び手が学びの機会を認識したり、選択したり、編集したり、応答し

＊筆者らのアセスメント・プロジェクトに引き続いて行われた［**保育プログラムの**］評価プロジェクトでは、この学びの構えの5領域に対応した子どもからの質問が基本的な枠組みとなった。それらの質問は、実践者たちが自分たちの実践を多面的に評価する方法を調査する際の拠りどころとなった。子どもたちの質問というのは、次のようなものであった。「わたしのことを分かっている？」「わたしはあなたを信頼してもいい？」「わたしを挑戦させてくれる？」「わたしの言いたいことをちゃんと聞いてる？」「この場所はわたしたちにとって公平な場ですか？」。詳しくは、Carr/ May/ Podmore/ Cubey/ Hatherly/ Macartney 2000参照。——著者

たり、抵抗したり、探索したり、自ら作り出したりするような、参加のレパートリーとして定義し、乳幼児期における重要な成果であることを論じてきた。同様の立場からバーバラ・コーマーは、学校に通う子どもたちを対象にした研究をもとに次のように結論づけている。「20人の子どもたちを注意深く分析した結果、入学直後の数ヵ月において学校リテラシーとして何を身につけるかは、(学習の場への)参加の仕方についてどんなレパートリーをもっていて、どんな生徒像を抱いているかに左右されることが明らかになった」(Barbara Comber 2000, p.46)。

　筆者は、ニュージーランドの保育の場における自らの経験に基づいて、学びの構えの領域として5つのカテゴリーを提示した。そして、保育の目標として採用した学びの構えの枠組みにおいては、その3つの次元——すなわち、進んでやろうとする、機会をとらえる、することができる——は時によって前景化されたり背景化されたりすると述べた。しかしこのうち、子どもへの信頼を基本とするアセスメントモデルを使って「進んでやろうとする」構えを前景化することに私たちは慣れていない。第6章ではこの新しいモデルについて解説し、第7章から第10章では実践者たちがそのモデルをどのように実施したかをたどっていくことにする。本章の後に続く第3章から第5章では子どもたちの現実の経験に即して、構えの5つの領域についてさらに詳しく説明していく。まず最初の2つの領域である**関心を持つこと**と**熱中すること**を組み合わせて検討し(第3章)、第4章では**困難ややったことがないことに立ち向かうこと**を考察し、さらに第5章では、最後の2つの領域である**他者とコミュニケーションをはかること**と**責任を担うこと**が組み合わされて展開される。

第3章 「関心を持つ」構えと「熱中する」構えとは何か

　第2章では、学びの構えの領域として、関心を持つこと、そして熱中することの重要性を指摘した。本章では、この2つの領域についてより詳細に論じていくことにする。この2つの領域は、密接に結びついている。「関心」は例えば「人々を何かをすることにひき込むもの」というように定義されたりするが、それは熱中にもあてはまることである。多くの研究が、学びは関心という土台の上に築かれるものであるという直観的ではあるが理に適った結論を支持してきた。第2章で引用したヴィヴィアン・ペィリーは、話題が子どもたちにとって関心のあるテーマにふれるとき、必ず「参加が急速に拡大していった」と述べている。ミハイ・チクセントミハイは、創造性に富む人々は、つねに早熟で幼児期の成績がよかったわけでは必ずしもないが、「彼らは幼いときからまわりの世界の中の何かを探究したり発見したりすることに、熱中するようになっていったように見える」(Mihaly Csikszentmihalyi 1996, p.158) と述べている。

子どもたちの関心を呼び起こし熱中にひき込むものとは何だろうか？　スーザン・アイザックス（Susan Isaacs）は――メアリー・ジェーン・ドラモンドの著作（Mary Jane Drummond 1999）から引用――子どもの学びは関心に依拠するものであるが、その関心は願望や好奇心や恐れから生じるものであると書いた。ペィリーもアイザックスも、子どもたちが自分の恐れや願望を表現する能力を持っていることを強調し、感情が認識と密接にからまり合って展開するプロセスとその結果に注目した。ペィリーの著書『悪いやつには誕生日がこない』（Paley 1988）に登場するフレデリックの関心は、彼の家族に赤ちゃんが誕生したらどうなるだろうという不安から生じたものである。ペィリーはおそらく、こうした拒絶に関わる恐れの感情を、個々の子どもの関心の中に見出すとともに、そうした感情が関心一般の源であると見ているように思われる。チクセントミハイは、創造性に関する著書（Csikszentmihalyi 1996）の中で、創造性において関心が果たしている役割の重要性を強調している。彼はさらに、就学前に化学と「恋に落ちた」ライナス・ポーリング（Linus Pauling）や2歳の時に歯車に「恋した」と自身で書いているセイモーア・パパート（Seymour Papert 1980）を例に挙げ、感情が果たす役割も強調した。

　スザンヌ・ヒディ、アン・レニンガーとアンドレ・クラップは、関心は学びと発達において鍵となる役割を果たしているとし、関心には、その人が熱中している他の事物や出来事について蓄積した高度な知識や価値観が組み込まれていると指摘した（Suzanne Hidi/ Ann Renninger/ Andreas Krapp 1992, p.434）。彼らはさらに個々人が抱く関心と状況から引き出される関心とを区別した。個々人の関心は、多くの場合、比較的持続的な心理状態、つまり性向とほぼ同じものと見なされている。他方、状況的な関心は、周囲の環境の中にある興味をかきたてるような何かによって引き出される。

　本書は媒介された行為として学びをとらえるとともに「アセスメントはいかにしてそうした学びを高めることができるのか」を解き明かそうとしている。この問題意識から見ると、「関心」とは、媒介手段及び媒介された行為に関係しているものであるということになる。個人を文脈から切り離すのではなく、行為の中にある学び手に焦点を当てるべきだと提起したジェームス・ワーチは次のように述べている。「もっとも主張したいことは、人間の行為は道具や言

語といった『媒介手段』を用いているということであり、これらの媒介手段が行為の形成に本質的に関わっているということである」(James Wertsch 1991, p.12、邦訳p.29)。このように学び手をとらえるなら、関心もその「媒介手段」の1つとして描くことができるだろう。そこで筆者は、次のような3つの部分からなる関心と熱中のシステムを提案したい。文化的道具（artefacts）（事物、言語、文化の中で受け継がれてきた物語や神話）と、活動（activities）（文化的道具を用いて様々な目的で行われるやり方。すなわち日常的慣習や社会文化的な営み）、社会的コミュニティ（social communities）の3つである。

恐れや悲しみ（フレデリックについてのペィリーの観察、あるいは後述するサリーについてのキャシーの観察の中で見られるようなもの）がこうした関心の裏側に潜んでいるということは十分あり得ることだろう。しかし、そうした感情が何を表しているかは、比喩的にあるいは心理的にその意味を推測するしかない。一方で子どもたちが注意を向けている文化的道具や活動やコミュニティについては直接観察することが可能である。この3層構造のシステムを用いることによって、私たちは、ある人が文化的道具（事物、道具、物語等）を使っている時、そして活動にひき込まれている時、あるいはその活動が社会的コミュニティによって価値あるものとされ支持される時、何か関心あるものへの深い

3－1　関心と参加のシステム

熱中が生じていると判断することができる（図3-1参照）。その始まりにおいてこのシステムの1つかそれ以上の部分に見出されるものが「関心」と言えるかもしれない。

　本章では、3つの異なる種類の関心、すなわち文化的道具に対する関心（モーゼズとサリー）、特定の活動に対する関心（アラン）、社会的コミュニティに対する関心（ネル）について詳しく述べる。モーゼズに対する観察は、彼が1歳の時に始まり、2歳8ヵ月まで続いた。彼は週に2日、保育園に通っている。サリーは、イギリスのナーサリースクールの3歳児であり、彼女の物語はキャシー・ハント（Kathy Hunt）が筆者に語ったものである。アランは4歳で、毎日、幼稚園の午前の保育に通っている。ネルは4歳半で、アランとは別の幼稚園に通っている。

1 ｜ モーゼズと動物たち

　モーゼズは2歳で、両親が記憶している限りずっと、動物へのきわめて強い関心を持ち続けていた。1歳の時、彼は動物園の動物のミニチュアが入った小さな箱を持っていて、それぞれに合った音を出しながら、様々な隊形に注意深く立たせていった。彼は、動物の絵が描いてあるお気に入りの本もたくさん持っていて、動物の名前を言ったり「あれは何？」と尋ねたりした。最初の観察記録は、その当時の典型的なものである。

観察1
　1歳3ヵ月。モーゼズはミニチュアの動物セット（約10種の動物）を箱から取り出し、腹ばいになって注意深くそれらを床の上にまっすぐに立てている。彼は一つひとつの動物に合った音を出していた。

2歳になるまでには、名前を言える動物が多くなり彼のお話のレパートリーも増えてきた。彼はよく出かける3ヵ所の動物園に詳しくなって、彼のお気に入りの動物であるアンテロープやキリンにはどこで会えるかも分かるようになっていた。今では彼の話の中には、動物になって話す場面がよく現れるようになっている。

観察2

母　　　：モージー、パパにスーパーマーケットで誰に会ったか話して。
モーゼス：（四つんばいになって）ぼくはヤギになっているんだ。
母　　　：ヤギくん、パパにスーパーマーケットで誰に会ったか話してあげて。
モーゼス：メェー、メェー。

観察3

　町の中心部に作られた子ども牧場で撮られたモーゼスの写真には、彼が注意深く動物の足のひづめと足の裏を調べ、そして自分も「ひづめ」のように指を曲げてはい回っている姿が写っていた。

　彼は、馬がギャロップする動きをとても見事に行い、年上のいとこからもらったサンダルをとても気に入っている。

観察4

　モーゼスの祖母が彼に絵本を読んでいる。彼は、絵本の中の登場人物の1人が「ピエロの靴」を履いていると言い、「ぼくのサンダルはギャロップができる靴なんだよ」と付け加える。

　彼は「デュプロ」（構成遊びのセット）で動物を作り、その動物の絵を描こうとし始めた。彼は保育園でいろいろな動物の歌を覚えてきており、大人に対して、（即興の）「アンテロープの歌？」とか「羊の歌？」を一緒に歌うよう説得しようとしている。

1　モーゼスと動物たち

観察5

　ある時、粘土と木ぎれを与えられて、彼はしばらくの間熱中し、「動物が必要だ！」と叫んだ。彼は、サイに粘土の「こぶ」をつけてラクダに変身させて、動物園と農場を作った。

観察6

　モーゼズと祖母は『リトルバード』[Bruna 1962] を読んでいる。ひまわりには目と鼻と笑顔が描かれてある。モーゼズ：「ひまわりには顔があるの？」「サンダルを持っているの？」。別の時、彼らは『スポットちゃん牧場へゆく』[Hill 1985] という本を読んでいる。「あのアヒルには髪の毛があるの？」、そして「アヒル、その下に、水の中に足がついているの？」。

　2歳半になる頃には、彼は動物を牧場にいるものと野生動物に分類し、動物を囲いに入れている——彼はそれを「牧場づくり」と名づけている。彼は、動物がひづめのある足か、爪のある足か、羊や豚等のような足か、それとも単なる「足」かに考えをめぐらすようになった。彼は言葉遊びも始めている。特に動物同士の会話という流れの中でよく出てくる。

観察7

モーゼズ：ぼくは羊。
母　　　：あなたの名前は？
モーゼズ：泣き虫ひつじのネムネムちゃん。[*]

　2歳8ヵ月になる頃には、彼は動物の本、例えば馬の分類に関するもの等、もっと専門的な本を特に好む傾向が続いている。彼は今では、粘土で動物を作り、動物の絵に描くようになっている（といっても、両親に描いてもらう方を好んでいる）。彼は、長い時間、動物をつがいに見立てたり（彼はノアの箱船の話を非常に好んでいる）、一直線に並べたりすることに熱中している。そして、ブロックで動物をはじめとする様々な複雑な構成物を作っていった。こうしたものが家中に見かけられる。彼はいろいろなものを動物に見立てる——モップは

羊に、影は豚に、岩は豚に。そして彼は人間も似ている何かの動物に見立てる（彼はある友だちの両親について「ライオンみたい」と言った）。彼はリズミカルな音楽に乗って動物のダンスする。さらに父親は、彼を国立馬術センターに連れて行ったときのことを次のように話している。

観察8

　私はモージーを国立馬術センターに連れて行ったが、彼はたくさんの馬に圧倒されていた。彼は一頭の馬に近づき、ゆっくり手を差し出して鼻をなでた。彼は馬にまたがっている男の人に近づき、たくさんの質問をした。「とても大きなひづめだね」等と言いながら。私が彼に、一頭の馬がギャロップで駆ける姿がとても美しいと言うと、彼は「音楽みたいだ」と言った。

　今では彼が、保育園で覚えてきた動物の歌は相当の数にのぼっている。そして、彼が集めたコレクションの動物たち（やはりかなりの数にのぼる）を登場人物にして、それぞれの声を使い分けながら、物語を演じている。その会話には、時には次のようなやりとりが含まれている。ヤギ：「寝る時間だよ」馬：「寝たくない」ヤギ：「それなら、横になるのはどう？」馬：「イヤ、横にはならない」。彼は動物をいくつか並べて、その前で寝たり、ダンスをしたり、食べたり、テレビを見たりしてみせた。そして両親によると、両親の言うことを聞きたくないときにわざと動物になったふりをするのだという（例えば、寝る時間よと言われたときに）。

＊ Sheepy-weepy-sleepy と巧みに韻を踏んでいる。──訳者

2 | サリーとクマのおもちゃ

　1999年のある会議で、筆者はキャシー・ハント（Kathy Hunt）がサリーについて語るのを聞いた。3歳のサリーは、一人親である彼女の母親を亡くしていた。ナーサリースクールでのサリーの様子をキャシーは次のように語った。

　サリーは全く絶望した状態にあり、私たちは彼女にはその苦痛が耐え難いものであることが分かっていた。……サリーは、悲嘆に関するありとあらゆる行動——すなわちパニック、大声で泣き叫ぶ、至るところを探して回るという行動——をしてみせた。歩き回り、落ち着くことができず、全くといっていいほど集中することができないでいた。彼女は遊ぶことができず、他の子どもたちと一緒にいることにも、絵を描くことにも本やお話にも関心を示さなかった。

　キャシーは、サリーが自分の思いを表現したりはき出したりするメタファーとなる物を見つけたり作り出したりしながら、徐々にナーサリースクールの生活に参加し始めていった様子を説明した。初めの頃、何度も何度も繰り返されたことの1つは、2頭のおもちゃのシロクマ——一頭は大人でもう一頭は子ども——に水槽のまわりの道を歩かせることだった。「時々彼女は赤ちゃんグマを水の中に落として、底に沈め、深く息を吸い込んで叫び声を上げる。『なんてこと！』と。こうして、初めからもう一度繰り返される」。サリーはその後、レイモンド・ブリッグズの物語『スノーマン』[Briggs 1978] に強い関心を持つようになり、彼女に繰り返し読んでくれるよう頼むようになった。この物語は直接死に関するものではないけれども、ブリッグス自身が大きな悲しみに直面していた時期に書いたものであることをキャシーは数年後に知った。サリーにとっての文化的道具（おもちゃの動物や絵本）の意味は大人には推測す

ることしかできないが、彼女に何らかの意義深い癒しをもたらすメタファーの役割を果たしていたのであった。

3 アランと扉プロジェクト

　アランは、プロジェクト・アプローチを実践している半日制の幼稚園に通っている。アランの想像力を特にかきたてたプロジェクトは、前庭と裏庭との境にある柵の隙間に、出入り用の扉を職員と子どもたちで設計して作ろうとしたプロジェクトであった。その柵を作りに来た大工さんは、裏庭は安全を守るための監視が難しいし、ゴミの焼却炉が据え付けられているから、小さな子どもたちの安全を確保するために頑丈な扉を作る必要がある、と子どもたちと話し合った。プロジェクトが始まる前、アランはしぶしぶ登園してくるような子であった。しかしいったんプロジェクトに熱中するようになると、意欲的に登園し始めた。水疱瘡のためしばらく園を休んだ後、幼稚園には行きたくないと言い出したことがあった。しかし母親が、その日は扉の最終デザインについて子どもたちの意見を聞くために大工さんがやってくる日であることを思い出させると、彼は考えを変えて登園し、計画立案の話し合いに中心となって参加した。アランについての観察は次の通りである。

8月15〜28日

　8月15日、アランは扉の最初の簡単な設計図を描いた。四角形の中に3本の対角線が引かれ、ちょうつがい、あるいは掛けがねと思われる小さな取っ手のようなものが端につけられていた。26日、アランはその設計図を見ながら木を使って最初の扉を作った。彼は家から持って来たちょうつがいをねじでつけるという困難な課題に粘り強く取り組んだ。最初に穴をあけるという方法である。彼は十字ねじと普通のねじとの違いに気づいた。大人の助けを借りてまず穴をあけた彼は、持っていた

十字ねじ回しに合う十字ねじを選んだ。翌日も彼は作業を続けたがった。「外に出てぼくの扉を仕上げたい」。彼ともう１人の子どもショーンは、柵の隙間に彼の作った扉をはめ込もうとしたが、明らかに幅が足りなかった。アランは「ぼくはあと扉を３つ作らなくちゃいけない」と言った。

　８月28日、彼は１つ目の木製の扉を完成させた。幅が狭すぎるのは明らかであるにもかかわらず、彼はそれを柵に取り付けたいと言った。教師との話し合い後、長さの方も十分ではないと考え、「これじゃあ柵のてっぺんから地面まで届かないよ」と言った。そこで彼は、今度は「柵と同じ大きさ」のもっと大きな扉を作りたいと言った。彼はどこかに自分の小さな扉を立てられるところはないかと、部屋の中を探し回っていたが、自然コーナーにあった角材を利用してみることにした。「まずこれを測らなくちゃ」。彼は、扉の支柱を測った。「ロク、ゼロ、ゼロだ」。次に角材を測った。「ダメだ、同じじゃない。ロク、ゼロ、ゼロじゃないといけないんだ。正しい高さじゃない」。彼は扉の支柱をのこぎりでもっと短く切るために外へ出た。彼は支柱を測るとそこに線を引いて印をつけた。

　バーバラ（別の４歳児）が彼に「何してるの？」と尋ねた。アラン「この線のところで切り落とそうと思ってるんだ」。彼は扉を釘で角材に固定した。彼が釘打ちをしている間、ベーブ（別の子ども）はまっすぐになるように持っていてあげた。彼は３度扉を閉めようとしたが、閉まらず開いてしまった。彼はベーブに指摘した。「ここに鍵をつけなければならないよ、ベーブ」。ベーブは水準器を取ってきて、扉の上に置いた。「ちょうど真ん中くらいだ」とアランは言った。しかし彼らは鍵を作らなかった。

8月29日〜9月2日

　８月29日、彼は２番目の設計図を描いた。十文字のデザインで、はっきりとちょうつがいが描かれ——「これで柵にくっつけるんだよ」——ねじ用の丸い穴も描かれていた。彼は、全ての木材を固定するためには真ん中に釘を打つ必要があると指摘した。今回は、彼は隙間をあらかじめ測り、設計図にはその寸法も書き込まれていた。設計図には次のような教師のコメントがつけられていた。「アランは、彼の扉を正しい大きさで柵に取り付けるために隙間を測っていた」。

　９月２日、教師の１人が、彼にボール紙を使って模型を作ってはどうかと提案した。彼女は、10分後に彼を観察した。彼はボール紙を６枚に細長く切り分け、それ

図3−2 アランの2番目の設計図

```
Alan 29/8            Has completed model + would like
                     to make a big gate. This is his
                     second plan.
                     Alan has measured the gap in the fence
                     to get the right sizes for his gate
                          (1000w × 1250 height)
```

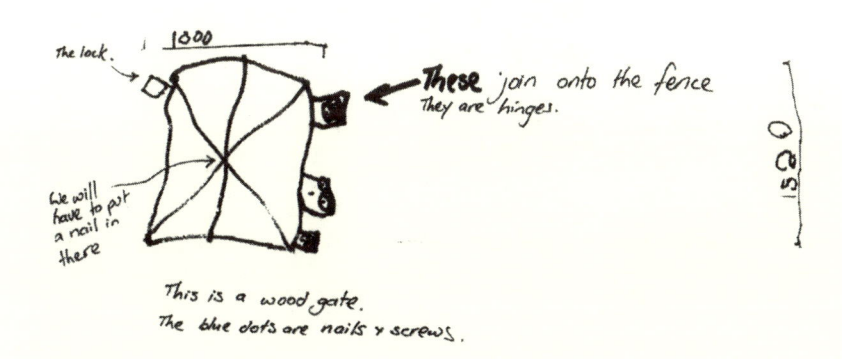

```
The lock.      1000
                                ← These join onto the fence
                                  They are hinges.
We will
have to put
a nail in
there

    This is a wood gate.
    The blue dots are nails & screws.
```

をセロテープで留めて四角形にした。その四角形は歪んでいた。彼はセロテープを取り除き、マスキング・テープを使ってもう一度やり直した。上の端と下の端を補強するため、その2ヵ所にテープを平行に貼り付けた。図面を見て、違っているところがあることを理解した。木の扉と同じようにするんだと彼は言った。小さく切ったボール紙を折ってちょうつがいにし、扉の片方の辺に沿って穴をあけ、さらにちょうつがいの方にもそれぞれ穴をあけた。そして扉にちょうつがいをテープで留めた。教師:「何か問題があった?」アラン:「うん。あれが突き出ている。(ボール紙が長すぎるところを指し示している)。ぼくは扉にちょうつがいを四つつけたよ」。彼はそれを絵に描いた。

9月5、6日

　アランは3番目の設計について説明する。「扉は上から下に向かって縦の線が入っ

図 3 − 3　アランがボール紙で作った扉の模型を描いたもの

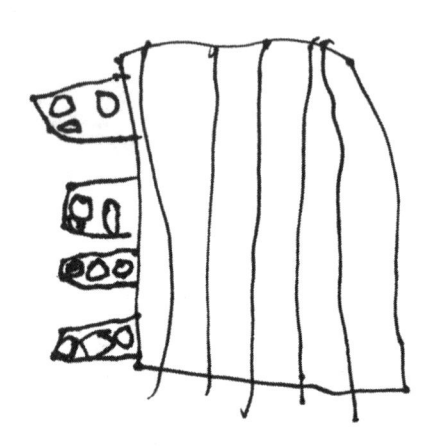

てる。ちょうつがいが３つ必要だ。鍵もついてる」。柵の部分には斜めの線を描き、測定値について教師に説明した。「(扉の) 上に書いてある数字はここの幅が１メートルってこと」、そして「柵と同じ高さなの」。

　翌日、彼は３番目の、これまでの中で一番大きな扉を作った。「ぼくは今日は一番大きな扉を作るんだ」。彼は扉の真ん中に十字形を作るために非常に大きな木ぎれを使った。彼は枠づくりから始めようとしなかったし、完成もさせなかった。釘を堅い木ぎれに打ち込むのはとても難しく、もしやっていたとしたら長い木ぎれが足りなくなっていただろう。

9月9日

　9月9日、子どもたちは錬鉄製の扉の写真を見ていた。ジョニーは写真に刺激を受けて２つの模型を作った。１つは針金で、もう１つは針金と紙で作った模型であった。カーラは「写真のような」針金と紙製の模型を作った。(マイキーは自分の針金の模型を眼鏡に作り変えた)。アランは針金で４つの目の模型を作った。

図3－4　アランの3番目の設計図

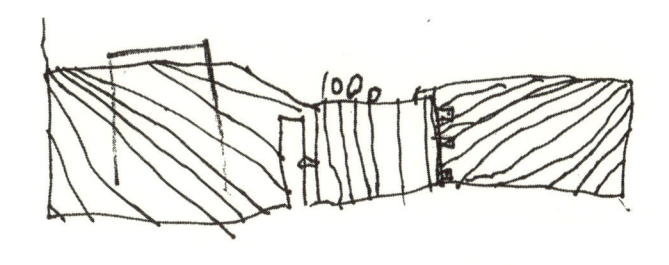

15/10
The lines on the gate go down
You need 3 hinges.
Fence "diagonally"
There is a lock.
The numbers on the top show I'm wide
"It's the same high as the fence

10月15日〜22日

　9月12日にアランは水疱瘡になって園を休み、さらに幼稚園は9月23日から10月7日までの2週間、期末休みであった。彼の最後の設計図は10月5日、最終デザインを選ぶためにやって来る大工さんに見せるために描かれた。このモデルは彼の最初の2つのデザインを折衷したものであった。それは3つの縦の支柱と2つの十字形の筋交いが描き込まれていた。10月22日に大工さんは扉を作りにやってきた。アランは手伝う。最終デザインはアランのものに似通っていた。前面に板を縦に並べ、背面には補強のための板が対角線状に取り付けられてあった（十文字ではなかったが）。翌日は彼が小学校に入学する日だった。

　アランは初めから終わりまでプロジェクトに関心を持ち続け、特にちょうつがいと測定することに関心を持っているように見えた。プロジェクトの初めに、彼は家から他の子どもたちにも行き渡るほどたくさんのちょうつがいを持って来た。子どもたちがマット（サークル）タイムに、ヒヌエラというその

地域特産の石を使って扉を作ることについて話し合っていた時、彼は次のように述べた。「石の扉にはすごく大きなちょうつがいがいると思うよ」。彼は巻き尺を使って正確に数値を読み、自分の設計図にその値を書き込んだ。

4 ネルと女友だち

　ネルが通う保育機関では、あるグループの子どもたちが様々な社会的・言語的方略を考え出したり使ったりしていたが、それは友だちを作りその関係を維持することに対するネルの関心をより強くする役割を果たしていた。その方略とは例えば、一緒に遊んだり互いに助け合ったりすること、友だちであるということや相手の家で遊ぶことについて話をすること、相手が必要としていることや、お互いの了解事項や信念に自分はちゃんと気づいていることが伝わるように話すこと（これは女児たちに特有のものだが）である。以下の観察はいずれも、「仲間」というコミュニティに入ったり排除されたりすることに関わるものである。最初の観察では、ネル（4歳）はリサに友だちであるとはどういうことかについての1つの定義を提示している。「友だちだけが、その子のことを見ていいんだよ」と。

観察1
　ネルとジニーは、マーブルペインティングの箱の中でフィンガーペインティングをしており、リサは、近くで2人を注意深く見ながらスクリーン印刷をやっていた。

ネル　　：（リサに）わたしの友だちを見ないで、リサ。そんなことしちゃいけないんだよ。
ジニー：そうだよ。
ネル　　：でも、ジニーはいいんだよ。

ジニー：だって、わたしたちは友だちだもんね。
ネル　：友だちだけが、その子のことを見ていいんだよ。

　次の観察が示すように、ネルは、友情が脅威にさらされる事態を、進んでチャレンジすべき課題としてむしろおもしろがって受け止めていた。

観察2

　エミリーとローラは、ネルを排除することによって自分たちの友情を確立しようとしていた。ローラはわざとらしい声でネルの製作物を賞賛するふりをした。すると、ねらい通りエミリーは、ネルをその気にさせようとしてうそをついているのだということに気づいて、聞こえよがしにローラにささやいた。

エミリー：わたしたちは本当はそんなの好きじゃないもんね。
ローラ　：そうそう、ほんとはうそなんだよね。
ネル　　：聞こえてるよ。
ローラ　：わたしたちは、それすごーくすてきって思ってるんだよね、エミリー。
エミリー：でもほんとはうそなんだよね。

　こうした事態はネルにとって困ったことのように見える。しかし、彼女はふさぎこんだり、その場から離れたり、あるいはエミリーとローラが自分に意地悪をすると教師に言いつけに行ったりすることはなかった。彼女は構成遊びのテーブルにとどまり、会話の中で何とか力関係を変えることができる余地はないかと機会をうかがっている。ローラが自分の父親の話を始めたときに、ネルは彼女を誘導しようと試み始めた（「何か見つけたの？」）。

ローラ　：わたしのパパはね、セミが夜にどうやって羽化するか知っているよ。（エミリー：ふうん）だって昼にセミが羽化するの、見たことがないでしょう。セミは夜に羽化するの。これは絶対、これは本当よ。
エミリー：もちろん。ローラはわたしたちに本当のことを教えているのよね。
ローラ　：そうだよ。だって前に、羽化し終わったのを見たことがあるの。羽化し

　　　　　　てるところも見たよ。羽化してるのがいてね、パパが取ってきて見せて
　　　　　　くれたの。
ネル　　　：ローラも何か見つけたの？
ローラ　　：うん。生きてるセミを見つけたことだってある、逃がしてあげたけどね。

　それからネルは、父親がトランポリンから落ちた話をした。ローラは、自分もトランポリンをやってみたいと言った。そのときネルは、絶好のチャンスをつかまえた。

ネル　　　：もしやりたいならできるよ。だって、わたしの誕生日に招待してもいい
　　　　　　と思っているんだから。
ローラ　　：なんていったの？
ネル　　　：ローラのママは、「ハラキ・ダウンズ」がどこか知っている？
ローラ　　：ううん。たぶん知らないと思う。
ネル　　　：それじゃあ、あなたはわたしの誕生日に来られない。
ローラ　　：じゃあネルのママに聞けばいいんじゃない？
ネル　　　：うん、それならいいよ。

　たくさんの方略を使い、最終的には誕生日パーティへの招待というごくありふれた方略まで使って、ネルは会話の周辺から中心へと自らの位置を変えていった。会話の参加者全員が、この場の雰囲気を楽しんでいるように見えた。

　ネルは友情を結び維持するために数多くの方略を使っているとともに、会話を成立させたり物語を話したりすることに関わる適切な知識の蓄えも引き出し、これらの方略の中で活用している。私たちは第5章で彼女にもう一度出会うことになるが、その時には彼女はマーブルペインティングで使うボール紙のトレーを作る方法をニックに教えている。

5　4人はどのように「関心」と「熱中」の構えを育んでいったか

　「関心」というものを、文化的道具、活動とコミュニティという3つの構成要素からなる媒介された行為のシステムの一部として見ることによって、私たちはこれまで見てきたような子どもたちの関心が発展していく道筋――つまり、関心がより複雑になり、より深く関与し熱中が深まっていく道筋――を分析することが可能になる。
　その発展ぶりを最も克明に跡づけることができるのは、モーゼズの事例である。観察が18ヵ月に及んでいるためである。彼の動物に関する知識の蓄えは急速に増加し、彼の関心は、（3つの構成要素からなる）システム全体を網羅し始める。彼の文化的道具（動物）への関心は、これらの文化的道具と結びついた活動への関心や熱中につながっていった（例えば、動物の人形とブロックを組み合わせていろいろな隊形に並べたり、構成物を作ったりすること）。2歳半になる頃には、彼は自分の動物たちを、明らかに何らかの社会的コミュニティに所属するものとしてとらえるようになっている。例えば、（動物の世界にも）農場や動物園、あるいは馬術のイベントの参加者等、様々に異なるコミュニティがあることを理解するようになり、さらに自分の動物を（動物以外の世界である）家族の一員に見立てることによって、一日の生活の流れを理解（あるいはそれに抵抗）しようとしていた。
　一方アランは、ちょうつがいと測定することへの関心を、より正確に設計図を描いたり、より複雑な構造をした扉を作ったりすることへと発展させていった。一連の幼稚園の取り組みは、今自分がしていることは**大工さんになる**という夢につながる一歩であり、「可能性としての自己」が広がっている手応えを彼に感じさせるものだった。その意味で幼稚園を訪問した大工はそのモデルとなっていたと言える。

そしてネルは、友情を維持するために会話のレパートリーを広げていった。それは、友だちであることや他の友だちを助けることを話題にすることから、独特の言葉づかいあるいは文化的道具としての言語を開発することへと発展していった。自分の意見をはっきりと述べることができる子どもたちの間で見られたこうした言葉づかいを筆者はこの保育機関における「女友だち言葉」と名づけたが、アン・シェルダンはこうした会話を「二重の意味を持った談話 (double-voice discourse)」(Ann Sheldon 1992) と名づけている。こうした彼女の関心は、自分なりの行動計画や、グループの他のメンバーとのやりとりに向かっている。ネルの場合、それは具体的には、おもしろくてその場に適したちょうどいい長さの話をすることや、友だちがする話をある方向に誘導すること、それに対する友だちからの答えをよく聞くこと、そして誕生日パーティに招待する機会をうかがうことであった。こうした言葉づかいを使って話ができるネルやその仲間たちにとっては、新たな文化的道具としての言語を開発することは、特定の友だちからなるそのコミュニティの一員であるという仲間意識を強化するものであった。

　これらの4人の子どもたちはそれぞれ何かに対して関心を持ったり、熱中したりすることに対して、進んでやろうとする気持ちがあり、機会をとらえ、そしてすることができる力を持っていた。

　どの事例でも、関心と熱中は子ども自身が選んだ自発的なものであった。アランの関心と熱中は、彼の保育機関の取り組みの一環として展開していた扉のプロジェクトによって発展していったのだが、彼は、扉プロジェクトを自分自身のものとして取り組み、特に自分をひきつけた2つの事柄、すなわち測定することとちょうつがいに対して熱心な注意を向けていった。

　熱中が取り組みを通して一貫して見られたことから、アランの事例において、[関心や熱中が] 機会をとらえることと関連しているのは明白である。モーゼスとサリーは、それぞれ自分の目的にかなった文化的道具を環境から選び取っていた。彼らの学びの構えとそれぞれの学びの場（家庭、保育園、ナーサリースクール）は調和していた。例えばモーゼスの家族は、彼が動物を室内いっぱいに並べることに対して非常に寛大であった。またサリーのナーサリーの教師は、彼女が自分にとって意味があり、慰めとなったり、[まだ表に出しに

くい自分の感情を託す]メタファーとしての役割を果たしたりする文化的道具を(ナーサリーの豊かな環境の中から)自分自身で見つけ出すまで待つ用意があった。

　こうした寛容さや寄り添いは、子どもたちがそれぞれのスキルや知識の蓄え——すなわち、ネルの新しい言葉づかい(第5章では、同じような言葉を話すマイラとモーリーの事例に即して再びこの問題に立ち戻る)や、両親を凌ぐほどのモーゼズの動物に関する知識の蓄え(例えば、馬の分類)、アランの数学や木工についてのスキルと知識、サリーの直感的な類推とメタファーを使いこなす力——を発達させていくことを可能にした。

　こうした子どもたちの関心については様々な解釈が可能であろう。アランのちょうつがいへの関心は、クリス・エイシーとキャシー・ナットブラウンらによって開発されたピアジェのシェマの現代版(Cris Athey 1990; Cathy Nutbrown 1994)に適合していると言えるかもしれない。ジャネット・アスティングトンとヘンリー・ウェルマンであれば、ネルの中に「心の理論(theory of mind)」(Janet Astington 1993; Henry Wellman 1990)が明確にあることを強調することだろう。いずれにしても、構えを育む環境は、これら4人の子どもたちのために、彼らの目標を達成する空間を作り出していた。とはいえ、当初大人は彼らの関心と熱中の性質を予測することはできなかった。

6　事例から引き出されるアセスメントのガイドライン①〜④

　これまで見てきた観察事例は、私たちが採用したアセスメントの新しい定義——すなわち「毎日の実践の中で、私たちが子どもたちの学びを観察し、それを理解しようと努力し、さらに私たちの理解を有効に使う方法である」(Drumond 1993, p.13)——をより明確にするものである。

　関心と熱中に関するこれらの事例からは、私たちが新しいアセスメントに取

り組むにあたってのどのようなガイドラインが引き出されるだろうか？　これらの事例は、次のことを示唆している。第1に、アセスメントは事前に予測することのできない発達をとらえるものであること、第2に、アセスメントは学び手の視点を探究するものであること、第3に、ナラティヴ・アプローチは計測可能な指標を使うよりも学びをより的確に映し出すものであること、第4に、集められた観察事例を協同で解釈することは有益であるということである。

ガイドライン①
アセスメントは事前に予測することのできない発達をとらえるものである

　私たちのアセスメントは、成長を促すための計画を作成することまで含むものであるが、同時に私たちは、発達と学びの進む方向をいつも分かっているわけではないという認識に立つものである。これまで見てきた事例はまさに「発達は、地下で進行していて、容易にとらえがたく、通常、視界の外にある」（Katherine Nelson 1997, p.101）というキャサリン・ネルソンの指摘を裏づけるものである。物語やナラティヴは、表面に現れる発達のある瞬間をとらえることはできるが、その方向を予測することは困難である。しかし長期にわたる観察をもとに事例研究を続けることで、その期間における変化をとらえることはできるだろう。ヴィヴィアン・ペィリーの子どもたちは、自分たちにとって特別な意味を持つ物語を作り、それを劇にして演じている。子どもたちはしばしばジャックと豆の木のような古典的な物語や、テレビ番組の物語等をもとにして、それらを作り変え、自分自身の物語へと変化させていく。ペィリーは子どもたちによって語られた物語を書き留めているが、その際、実際にそれを演じているときの子どもたちの様子や展開もともに記録することで、アセスメントと分析の拠りどころとしている。彼女は言う。「私は彼らの空想遊びを記録する。なぜならそれは、子どもたちの秘密のメッセージ——言い換えれば、子どもたちのイメージや論理、楽しみや好奇心、あるいは不吉な感情や恐れ等を表現するいわば直観的な言語——がいっぱいにつまった宝庫だからである」（Vivian Paley 1988, p.vii）。実際彼女は、プレスクールの教室を「一人ひとりのドラマが毎日上演される全員に開かれた舞台」として描いた。彼女の関心は子

どもたちの日々の感情の動きや、こわさは克服できることを自分自身に示すために空想遊びをしている様子等に向けられている。

　同様の視点からこれまでの事例を見てみると、モーゼズとサリーは、彼らにとって特別な意味を持つと思われる物語を演じ、自分自身を大工として見ているアランは、そのことに結びついた様々な環境的要素に注意を集中させ、ネルは明らかに社会的コミュニティの境界や定義を設定することに自ら深く関わっていることが浮かび上がってくる。

ガイドライン②
アセスメントは学び手の視点を探究するものである

　アセスメントによって「地下で進行する」ことが多い複雑な学びの成果をとらえるためには、可能な限り学び手の視点を探究しなくてはならない。第8章で詳しく紹介するが、3歳児のジルは、その日の出来事を、母親に家庭的保育の場の「記録帳」に書き取らせた。また多くの保育機関では、ポートフォリオに収めた作品にしばしば子どもたちが発した言葉を見出しとして使っている。
　カリフォルニアの小学校1年生クラスで行われた書き取りの練習に関するアセスメントは、学び手の視点を取り入れたアセスメントの典型的な事例の1つである。それは、担任教師のサラ・メリットが研究者と共同で書いたもので、セリア・ゲニシによって編集されたアセスメントに関する著書（Sarah Merritt/ Ann Haas Dyson 1992、Celia Genishi編）の中に収録されている。そこでは、自分にとって意味のある物語を書いたり、互いにメッセージを送り合ったりするために文字を書くという課題が教師から課されているという。この課題は、カリキュラムに組み込まれたアセスメントであると同時に、子どもたちの声や意見が取り入れられたアセスメントにもなっている。サラは、子どもたちの日記を1年間にわたって貯めていった。2人の少女の書いた日記を紹介しながら、そこには、「文字を書くスキルの発達やメッセージの複雑さの深化は、少女たちの友情が育まれていくプロセスと同時進行で浮かび上がってくる」と分析している。さらに彼女たちは、3つの視点──すなわち、個々の子どもの視点、仲間集団の視点、クラスというコミュニティの視点──から観察

することで、教師が子どもの学びの意味を理解し、支援することが可能になるということを具体的に明らかにしている。

　より年長の子どもを対象にした、学び手の視点を探究するアセスメントの事例としては、10歳児が書き続けた学びを振り返る日誌や、「これがあなたの人生」フォーマットを用いて、9歳から12歳の子どもたちのレジリエンスに関するインタビューを行ったスー・ハワードとブルース・ジョンソンによるオーストラリアでの研究（Sue Howard/ Bruce Johnson 1999）がある。

ガイドライン③
ナラティヴ・アプローチは、計測可能な指標を使うよりも
学びをより的確に映し出すものである

　ディラン・ウィリアムは、イギリスで行われた現実世界に結びついた算数の課題に関するアセスメントについて論じた中で、「アセスメントの対象範囲は、細密な目標項目によって定義されるのではなく、ホリスティックなものである」として規準あるいは標準準拠型アセスメントから、構成的アセスメントへの転換を提唱した（Dylan Wiliam 1994, p.59）。彼は次のように忠告した。「必要なのは、子ども自身の視点から、つまり現実世界の課題に対して、その子どもが取りかかろうとしていることをアセスメントする方法である。あらかじめ明示された項目に沿ってアセスメントするような様々な方法は、おしなべてそうしたことには不向きだろう」（p.54）。

　本章で取り上げた4人の子どもたちの参加と熱中を計測可能な指標へ翻訳しようとしても、それは困難である。なぜなら子どもたちの関心は、その場の状況とその子ども自身にとっての意味と密接に関連しているからである。私たちは、長い時間をかけて子どもたちのことや、構えを育む環境のことを知る必要があった。熱中に関する行動指標――例えばルーベン式熱中スケール（そこでは、熱中の指標として、集中力、エネルギーの大きさ、複雑さや創造性、顔の表情や落ち着き加減、細かい事柄に対する根気強さや的確さや注意力、反応時間、言葉による表現、満足度といったものが挙げられている）――は確かに有用な場合もあろうが、［私たちのアセスメント・プロジェクトに参加した］実践者たちは、そ

れぞれの保育機関で集め続けた関心と熱中に関するたくさんの物語によって子どものことを十分に知ることができ、その結果、現在進行中の関心と熱中をとらえることも可能になった。

ガイドライン④
集められた観察事例を協同で解釈することは有益である

　乳幼児に関わる教育者にとって、チームで仕事をすることや、職員相互の話し合い、親や子どもとの話し合いは、保育実践の歴史の中で継承されてきた1つの伝統である。こうした話し合いは、「ホリスティック」なアセスメント（Pamela Moss 1994, 参照）と呼ばれることもあるが、そこでは集められた子どもの観察事例についての協同的な解釈が行われている。

　中等教育修了試験（GCSE=General Certificate of Secondary Education）の英語のテストに関するアセスメントに際して「合意を目指す試み」を行ったイギリスの経験によれば、そうした協同的な解釈は高い信頼性を持ち得ることが示されている（Wiliam 1994, p.60）。例えば、モーゼズやアランの事例では、（モーゼズの場合は）彼らの両親や（アランの場合は）教師たちによってなされた解釈が、「アセスメント」となっていた。彼らは、ある出来事について共に、ときには子どもたちをも巻き込んで話し合い、それに関わる他の出来事——関連が見出されるものもあれば、矛盾する場合もあるが——を思い起こしながら、多くの場合仮説的にではあれ、それらは子どもたちにとって重要な関心と熱中が見出せるエピソードであるという判断を下す。こうしたプロセスを、アセスメントに関する研究用語に置き換えるならば、様々な要素を含んだ行動記録の蓄積についての協同的な解釈ということになるだろう。

　次章では、**困難ややったことがないことに立ち向かう**という学びの構えに関する事例の分析を行い、その結果を踏まえ、参加のレパートリーとしての学びの成果をアセスメントする際のガイドラインをさらに発展させていくことにする。

第4章 「困難ややったことがないことに立ち向かう」構えとは何か

　これまで私たちは、困難ややったことがないことに直面したときの子どもたちの様子を数多く見てきた。ティモシーはロープを使ってすべり台を登るという難しい課題をやり遂げるまで、何日も練習に打ち込み、ネルは、エミリーやローラとの友情関係を保つことに努力を惜しまなかった。第2章では、スージーは、失敗するといけないので、「もうぜったい」スクリーン印刷の難しい課題には取り組まないと決めていた。キャロル・ドウェックの言葉を使うなら、スージーは保育機関における少なくとも一部の活動に対しては**結果**志向の傾向が現れていたのに対して、ティモシーは**学び**志向へと発達しつつあると言うことができるだろう。ドウェックらは、実験的課題を用いて幼児の学び志向をアセスメントし、「学び志向の子どもたち」と「結果志向の子どもたち」について、1994年に次のように述べている。

　「学び志向」の子どもたちも「結果志向」の子どもたちも、問題を解決す

る上での何らかの障害物に直面させられた。「学び志向」の子どもたちの中には、成功するかどうか自信のない子も数人いた。にもかかわらず、彼らは方略を考え出すことに集中し続け、難しい課題に取り組んでいる間、熱意を失うことがなかった。彼らは自分のスキルを肯定的に評価し、失敗しても粘り強く続けた（Smiley/ Dweck, 1994, p.1739）。

　このドウェックの見解を、行為の中の学び手、すなわち構えを育む環境の中の学び手という見方に統合したいと思う。そうすることで、まず、困難に取り組むことは状況の中にあり、文脈に応じたものでなくてはならないととらえることができる。例えば3歳児が、車が激しく行き交う通りを1人で横切るという困難に立ち向かうことは適切とは言えないだろう。彼女は、状況への感受性を持ち、今はやるべき機会ではないと気づかなければならない。
　しかし別の見方もできる。すなわち困難に立ち向かうことが、状況に応じて**変化し得る**ものだということである。例えば、ネルの観察事例では、友情に関わりそうな事柄には学び志向で「立ち向かった」が、技術的な難題に直面しそうな時には、できないと見られるのを避けようとして結果志向に向かっていることは明らかだった。第2章で紹介したように、メグの友人たちは蝶を作るというエピソードにおいては「結果志向」であったが、積み木のコーナーで一緒に課題に取り組んでいるときには学び志向であった。本章では、自分の好きな題材をスクリーン印刷するという困難な課題に取り組み始めた時、結果志向から学び志向へシフトしていったダニーの事例を紹介する。ダニーの保育機関では、第2章で概説したように、いくつかの活動は、子どもたちと教師たちによって長年にわたりある特定の学びの構えを育む環境としての意味づけを与えられてきた。しかし、[そうした**既存**の意味づけをもこえて]様々な活動や領域にまたがって学び志向を保持し続ける子どもたちもいるのである。
　状況との関わりをとらえるという視点は、これまでの章で見てきたように、子どもたちの成長を的確にとらえようとするときには有効である。なぜなら、（ネルが友情を保持しようとしているときのように）成長は、問題解決のためのより複雑な方略が発展していくところに見出せると同時に、困難ややったことがないことへの粘り強い取り組みが、文化的道具、活動、社会的コミュニティの

境界をまたいで現れたときにもやはり、そこには成長を読み取ることができるからである。

1　ジェイソンとマーブルペインティング

　ジェイソンは、ネルと同じ幼稚園に通うもうすぐ5歳になる男児である。筆者が彼に会ったのは、彼が入学する直前の一時期だけであったが、彼はいつも難しい課題に取り組み、そのことを楽しんでいるように見えた。ジェイソンの粘り強さが発揮されていると思われる、全く異なる状況における事例を挙げる。

観察1
マーブルペインティング
　ジェイソンはマーブルペインティングをしようとしている。彼は観察者である筆者に一緒にマーブルペインティングの箱を探すよう助けを求めるが、私たちは見つけられない。ジェイソン「ぼくが違う箱を持ってきてあげるよ！」
　彼は「ムースリ・バー」［ナッツや乾燥果実入りのシリアル］の空き箱の広い面を片方切り取ったが、その際、端のふたの部分も一緒に切り落としてしまう。そのため、側面の1つが切り落とされたトレーができた。彼は片方の端に紙を挟み込み、絵の具のついたビー玉をスプーンですくい入れ、転がす。ビー玉はテーブルの上に転がり出る。彼はトレーを傾けるのをやめ、代わりにスプーンでビー玉をあちこち動かす。それから彼はまた箱を傾け、ビー玉を手でつかむ。彼は問題を観察者に説明した。「ここ（切り落としてしまった側面があったところ）が、こう上に上がっていないとダメなんだ」。それから彼は、底に敷いた画用紙の端を巻き上げて4つ目の側面になるようにして、さらに角にはカーブをつけてビー玉が転がっていっても戻ってくるようにした。

ジェイソンは、自分が犯した（箱の横の面を切り落とすという）「間違い」によって引き起こされた問題を解決するために、たくさんの方略——スプーンでビー玉を転がすこと、自分の手でビー玉をつかみ出すこと、4つ目の側面とするために画用紙を巻き上げること——を試みている。後に彼はネルが同じ間違いをしないよう助言する（観察2）。

観察2
マーブルペインティング

　数分後、ネルがやってきて、ジェイソンがやったようにマーブルペインティングのトレーを作ろうとする。彼女はシリアルの箱を見つけてジェイソンに言う。「この箱をどんなふうに切ればいいの？」。ジェイソンは、ネルの持っている箱の該当する部分を指さしながら次のように答える。「こうすればいいんだよ。最初にこれを引っ張るでしょ。それでこの大きいところを切るの。でも端のところは切っちゃダメだよ」。

　ジェイソンは間違うことを学びの一部としてとらえているように見える。ネルに教えている時も、失敗を通して学んだことを生かしている。この観察事例は、ネルに関しても重要な場面をとらえている。彼女はその時まで、何か技術的なことに関わる課題に対して、それをどのようにやるか自分は「分からない」ということを認めることはなかったからである。それまで彼女については、自分ができるようになれると確信できない技術的な課題に挑んだり、友だちに助けを求めたりする場面は一度も観察されたことがなかったのである。

観察3
文字を書くこと

　これはジェイソンとアリソン（教師）との協同作業のエピソードである。ジェイソンは、友だちであるジョンのセカンドネームの書き方を学んでいる。ジェイソンは既に、彼自身の名前、妹の名前、そしてジョンのファーストネームの書き方を身につけている。2人は彼らのそれぞれの名前に入っている「s」の文字について情報を交換している。ジェイソンは助けを求めている時もあれば（「どうやって書くの

……？」)、自分はやり方を知っていると主張している時もある。

ジェイソン：(アリソンに) ジョンの (もう1つの) 名前はどうやって書くの？(アリソンは、彼にその名前を書いてやり、一緒に一字一字確かめながらジェイソンが書いていくのを見守っている)。
アリソン　：これは「エヌ」っていうの。これを言う時は、私の唇がくっついていないでしょう。
ジェイソン：書けたよ。
アリソン　：オーケー。次は、アルファベットの一番最後の文字よ。ジョンのセカンドネームには「z」が入ってるのね。
ジェイソン：ギザギザだね、ギザギザの「s」みたい。
アリソン　：そう。とてもとがっているものね。
ジェイソン：ぼくにもギザギザの「s」があるよ。
アリソン　：私もよ。
ジェイソン：こんな感じでしょう。
アリソン　：そう、その通り。それはちょっと「s」に似ているわね。でも「z」はもっととがった線ね。(ジェイソン：そうか) カーブしていないのよ。さあ、そこに書いてみて。
ジェイソン：ぼくはどうやるか分かったよ。
アリソン　：そう、どうやるか分かったのね。

観察4
幼稚園での行動について助言を与える
　アリソンはジェイソンにジョンの名前の書き方を教えていたが、自分を追いかけてくる子がいるとレイチェルが言ってきたのでその活動は中断した。

レイチェル：アリソン。
アリソン　：なあに。
レイチェル：わたしたちを追いかけてくる人がいるの。
アリソン　：そう。どうしたらいいと思う？

レイチェル：分からない。
ジェイソン：速く走って逃げちゃいな。(名前を書くことが) できたよ。
アリソン　：あの子たちになんて言えばいいかしら？
レイチェル：あっちへ行って！
ジェイソン：ぼくだったらね、ぼくだったらね、つまずかせる、ぼくだったらつまずかせてから逃げる。
アリソン　：そういうのじゃなくて、もっと他にやれることはない？　あなたはお話しできるでしょう。そんなことやめて、あっちへ行ってって言えるでしょ。そういうやり方もあるわよ。
ジェイソン：そうだね。

　教師は、他の子どもたちから意地悪をされた時には、自分で自分を守るように子どもたちを励ましていた。子どもたちに対する指導は、「誰かがあなたにイヤなことをするときには『やめて、そういうのはイヤ』って言ってごらん」というものであった。入学間近のジェイソンは、幼稚園の規則を柔軟にとらえており、おもしろおかしく逸脱する余裕さえ持っていた。
　他の場面で、ジェイソンは、他の誰とも異なる帽子を作った。彼は円筒形の帽子（ここまではこの幼稚園で作られた他の帽子と同じデザイン）を作ったが、その後にコンピュータ用紙の穴のあいた端のところを切り取り、それをセロテープで帽子につけて帽子の縁どりにした。その縁どりが等間隔になるように、そして帽子をかぶって走り回ると弾んで波打つだけの十分な長さになるように、ずいぶんと時間をかけていた。ジェイソンの困難に立ち向かう構えや想像力豊かな対応は、文化的道具・活動・社会的コミュニティの全ての領域にまたがるものだった。すなわち、帽子づくりやマーブルペインティングや書く活動は文化的道具や活動に結びついており、幼稚園でのふるまい方について助言したことは社会的コミュニティに関連するものであった。

2 メグと工作

　もう1人の4歳児メグも、困難に立ち向かう（そして困難を自ら選ぶ）構えを示したが、最初の事例では、より保守的でチャレンジ精神に欠けるという周囲の環境のために、それは抑制された。第2章で紹介した事例からも明らかなように、教師によって計画され主導されたグループ活動や、十分に子どもたちの興味を反映していないグループ活動においては、こうした保守的な傾向が「デフォルト設定」となる可能性がある。

観察1

　子どもたちがグループで、蝶の大きなコラージュの制作に取り組んでいる。この観察においてメグは2度、より困難な課題に取り組むことへと話題を変えようとしている。触角を作って壁にかけてある蝶に取り付け、この作品をもっと精巧なものにしようと提案するのである。こうしたメグによる活動の「要求水準の引き上げ」には下線が引いてある。発案は2度とも、「誰は誰の友だちか」という会話によって葬り去られている。

　　　　　　　　－そこが真ん中。蝶の真ん中の部分だよ。
　　　　　　　　－そう、胴体ね。
　　メグ　　　：ねえねえ。何か忘れてない？　ほらあの、こんなふうに上に伸びているのを忘れてるよ。
　　リンダ　　：メグ、今日、あなたの家に行こうと思うの。
　　メグ　　　：分かってる。（おどけた声を出して）今日、わたしの友だちが、わたしの家に来るの。（通常の声で）わたしの友だちってことね。
　　リンダ　　：わたしがメグの家に行く時、メグはいつもそうするのよね。

メグ　　　：ねえ、突き出ているのが2ついるのよ。あの突き出ているやつ。
　　　　　　（エイミー先生と1人の子どもが、「ピピーッ、ピピーッ」（しつれいしまーす）と言いながら通り過ぎる）
ヴァレリー：ねえ、分かってるの？　お母さんにわたしが行くってちゃんと言ってくれた？

　メグの提案に応じることは、困難に取り組み、粘り強く立ち向かうことを意味するものだったのであろう。誰が誰の友だちかを示すという結果志向が優勢となって、触覚を作るという試みが採用されることはなかった。以下の会話の記録が示しているように、メグ自身にも結果志向にとらわれやすいところがある。

　ペニーは、マーブルペインティングのトレーの中でフィンガーペインティングをやっている。メグとリンダは、それはやってはいけないことだろうと思ったので、教師の注意をペニーの行動に向けた。

メグ　：ペニーのことを見て。（ペニーはマーブルペインティングのトレーでフィンガーペインティングをやっている）
リンダ：それをやってもいいって言われたの？
ペニー：（……）やっていいって。
リンダ：えーっ、ほんとに？　先生はやってもいいって言ったの？　ねえ、ペニーを見て。
メグ　：（教師に向かって）ペニーは手でやってるよ。
　　　　（やってもいいのよと教師が言う）
リンダ：やってもいいんだって。
ペニー：そうでしょ。

　それに対して次の観察2では、メグが困難な取り組みを遂行することができる環境が示されている。想像力を駆使して帽子を作るというこの取り組みはおそらく、青いセロファンという文化的道具や帽子づくりというなじみのある活動によって触発されたものだろう。

観察2

帽子づくり

　（午前10時22分）メグは2つの紙切れをつなげて1本の長い紙にしようと、ホチキスで留めている。自分の頭（の大きさ）を測ろうとしている。

　（10時30分）メグは自分の帽子を作ったが、それはちょっと大きすぎたので、彼女は後ろにひだをつけてそれをホチキスで留める。まだ大きすぎる。リンダが型紙を1枚の紙にのり付けするのを手伝う。

　（10時35分）メグはＡ4サイズの3枚の青い紙の長い辺を半分に切り、そのうちの3枚をホチキスでつなぎ合わせて、頭のまわりに試しに巻いてみる。長さが足りない（リンダは青い紙を使うことをまね、細長く長い辺と平行に切り、紙の首飾りを作る。ピーターはリンダの輪飾りをまねて、手錠を作る）。さらに2枚の紙片をホチキスで留めて、さらにその紙全部をセロテープとホチキスでつなげて1つの長い紙にする。彼女はもう一度頭に合うか試すが、ずり落ちる。いったん頭に固定してホチキスで留めて大きさを調整することができない。

　（10時43分）彼女はカーディガンを脱いで、ロッカーにしまう。戻ってきてもう一度試してから、長くつなげた紙とホチキスを持って立ち去る。（おそらく大人に助けを頼みに）。ホチキスで留められちょうどよい大きさになった紙片を持って戻る。環状にした青いセロファンをセロテープで留める。帽子をかぶって、セロファンが片方の目の前に垂れ下がるように調整する。帽子を脱いで、もっと多くのセロファンを求めて装飾用の紙の入っている箱のところに行く。別のセロファンを見つけ、同じような大きさと形に切り、セロテープを使って帽子の上に貼り付け位置を調整するという手順を繰り返して、2つ目のセロハンを目の高さに合わせて貼り付ける。

　（10時49分）ままごとコーナーで誕生パーティについて話しているエミリーに注意をひかれてその場を離れる。戻ってきて、帽子の「耳」の位置にセロテープで青いふたを取り付ける。メグとリンダは、ままごとコーナーでのエミリーの金切り声に気をとられる。エイミー先生が彼女に静かにするよう呼びかける。この間彼女たちは作業の手を止める。それから彼女たちは再び始める。メグは中央（「鼻」の位置に）に線を引き、裏の部分を全部絵の具で塗る。彼女はそれを乾かすためにつり下げる。（10時55分）

このサンバイザーつきの帽子づくりは、彼女とリンダが円筒形の厚紙の端に色つきのセロファンをセロテープでつけて望遠鏡を作った8日前からすでに始まっていたのであろう（さらに言えば、同じ日にグループで蝶の壁飾りづくりに取り組んでいた際、セロファンという素材の魅力に気づいたのかもしれない）。

3　ダニーとスクリーン印刷

　ダニーは小さな動物——特に昆虫、蜘蛛、蟻、蝶、ウサギ等——に大きな関心を寄せている。家で彼は、しばしばこうした小動物の絵を描き、関連する本を楽しみ、たくさんの知識を蓄えている。幼稚園で彼は、スクリーン印刷を初めて経験するが、一連の観察では、彼が様々な表現が可能なこの方法に関する技量を磨いていく様子が記録されている。大多数の子どもは、スクリーン印刷は1回しかやらず、（ダニーが最初にしたように）絵の具のついた型板をとっておいて印刷物の方は捨ててしまうことが多かったが、彼の場合、6週間の期間において、スクリーン印刷に取り組んだ5つのエピソードのうち、4週目と5週目には、この表現方法が持つシルエットを描き出すという特徴を生かす方略を考案し始めた。

観察1
　第1のエピソードでは、学期の初日に、アリソン（教師）がダニーに、紙を折りたたんで顔の形を切り抜く方法を教えた。
　「目と口が見えるように作れるのよ。それにはしかけがいるの。そのしかけを見せてあげましょう。まず紙を半分に折るでしょ、それからどうすればいいかやるから見ててね。口と目を描くでしょ、それでそれをスクリーン印刷で印刷できるようにするわね。どうなるかな？　こんな風になるのよ。目を作ってみましょうか？　いい、今度は違った折り方じゃないとね、ううん、違うの。こんなふうに折ってね

……。そういうふうに……。そうそう……。目が１つできたわ。紙を半分に折って、あなたが描いた絵に合わせて切るのよ。見て。ほら、顔が見えてきたでしょう、スクリーン印刷でも同じような顔ができてくるのよ」

　次の**観察2**では、彼は彼の切り抜いた絵のどちら側を上にするかについて筆者（研究者）と議論したのだが、筆者がどちらでもいいのではないかと言った時には納得したようには見えなかった。彼は「蟻」の絵の描いた面を上にして置き、その印刷物よりも切り抜いた型紙の方により大きな関心を持った。

観察2

　ダニーは、１つは大きく１つは小さい２つの形を描き、そのまわりを切って、それらをスクリーン印刷しようとしている。どっちの面が上？　と彼は尋ね、描いた面を下にするという私の提案を好まず、描いた面を上にして印刷する。しかし、**[印刷された紙よりも]**切り抜いた型紙を保存することにより関心があるので、私たちは後で切り抜いた型紙を厚紙にのせて保護する。私は彼にそれらは人なのかと尋ねる。「蟻だよ」と彼は言う。これは、テニスの蟻（Tennis Ant）（？）だということらしい。彼は印刷した方を捨てて、その切り抜いた型紙をつるして乾かす。研究者が助けに入った——

研究者：こっちもつり下げましょう。私がつり下げてもいい？　こちらが本当の印刷よ。
ダニー：そうだね。

観察3

　第3のエピソードでは、彼は鯨を描いて切り抜いた。これは彼が選んだ題材ではなく、スクリーン印刷をすることも教師の指導によるものであった。ダニーとブリジットは一緒におり、エイミー（教師）が「今日、何か作って家に持って帰らない、ダニー？　ダニーもブリジットも。スクリーン印刷をやってみない、ブリジット？」と尋ねた。彼女は鯨（マットタイムの時に話題になった）のスクリーン印刷を提案し、ブリジットが「どうやって作るか分からない」と言うと、彼女は「手伝ってあげる

から大丈夫よ」と言った。彼らは本を持ってきて、そこにダニーも参加した。エイミーは、目を切り抜かないと印刷で出てこなかったことを思い出させた。

エイミー：わあこれを見て。きれいね。上手に切っているわ、ダニー。すてきよ。最後までがんばってとうとうできあがったわね。すばらしいわ。目を切り抜いてごらん、よく見ててね。おお、すごいすごい。紙を折るでしょ。それでそこを切ればいいのよ。そんなふうに。そうすれば、目がスクリーンに印刷されて見えるでしょ。すてきだね、ブリジット。ほら、目が1つできた。同じようにしてもう1つの目を作ればいいわね……さあ。それは内側に来ているわ。そう、そこでいいわね。さあ、見てみましょう。やったー。ここがスクリーン印刷で出てくるところなのよ。うわあ、すごくきれいね。（彼女は声を張り上げて）みんな、この鯨を見てごらん。ダニーの鯨を見て。

　彼女は、彼が印刷した紙を乾かすためつるした。
　これは当初、彼の選択による活動でも題材でもなかったにもかかわらず、またダニーはまわりからの称賛を求めていなかった（**観察4**が示しているように）にもかかわらず、彼はスクリーン印刷に必要な技をより一層学んでいたのであった。

観察4

　第4のエピソードでは、教師がいない状況で、彼は自分の描いた絵を裏返しにしてスクリーンにのせ、シルエットを描き出すというスクリーン印刷の新たな可能性を開拓しようとしている。彼の友だちのジョーンは、彼が絵をスクリーンに裏返しにのせたことを指摘している。

ジョーン：あっ！　裏返しに置いちゃってるよ。
ダニー　：この形の影を作ろうとしているんだ。おお、やったー。

　彼は印刷物を乾かすためつるす。

観察5

　第5のエピソードでは、教師の助けを借りて、彼はまた「この形の影」を作ろうと、ウサギのスクリーン印刷をやった。彼は注意深く型紙の外側まで広がるように絵の具を塗り、印刷したものをとっておき、それからつるして乾かした。

　ダニーは、影を作り出すというスクリーン印刷の新たな可能性を開発し、それを彼の大好きな題材の1つである小動物を表現する方法に応用することによって、スクリーン印刷名人になったのである。

4　3人はどのように「困難ややったことがないことに立ち向かう」構えを育んでいったか

　困難に立ち向かうということは、文化的道具、活動と社会的コミュニティの3つのレベルで見られた。最初の2つのレベルでは、その文化的道具や活動が持っているいかにも挑戦したくなるような性質が子どもたちを困難に立ち向かわせたのだろうと思われるかもしれない。しかし、子どもたちはしばしば挑戦するという状況を自ら作り出していたのである。細長い厚紙から円筒状の帽子を作ることは、それを頭の大きさに合わせるという過程を除けば、かなり容易な活動である。大半の子どもたちは、家にいる赤ちゃんや猫等、幼稚園ではその頭の大きさを測ることができない者のための帽子を作っていることにして、こうした困難を避けた。しかしメグは進んでこれに挑戦した。マーブルペインティングも、通常は簡単な課題であるが、ジェイソンはそれを難しい課題に変えた。

　これらの事例には、（前にティモシーとモーゼズの事例で見たような）子どもたちの長期にわたる粘り強さ（だけ）ではなく、そこでの社会的なコミュニティにおける標準的なやり方に**抵抗する**能力が現れている。ジェイソンは「言葉で言いなさい」という、疑問の余地なく確立されていたルールに対して別のルー

ルを持ち出した。そしてマーブルペインティングの箱が見つからなかった時、彼はその場を離れて他のことをしようとはせずに、自分で新しい箱を作ることに没頭し、それによってマーブルペインティングという活動が持っていた構えを育む環境としての性質を根本的に変化させた。結果として、箱づくりは、他の子どもたちにとっても、それまでは退屈で簡単だったマーブルペインティングの活動における、挑戦的な意欲をかきたてる新たなプロセスとなった。またそれまでは子どもたちが作る帽子はどれも絵の具やコラージュで飾り付けられた円筒形の「誕生日の」帽子であったのに対して、メグは、多様な目的にかなう複雑な形の帽子を作った。ダニーのスクリーン印刷への探究は、最終的には（幼稚園児らしい、というよりはむしろ）芸術家の域に到達していたように思える。彼はジョーンに、「この形の影を作ろうとしているんだ、おお、やったー」と告げた。

　さらにこれらの事例は、文化的道具あるいは活動への熱中を伴う遊びが一定期間続いた後に現れる伸びやかな創造性や遊び心旺盛な行動をもとらえている。メグはよく見かけるような帽子を数個作ったが、その前に、（少なくとも）2回の活動の中で青色セロファンの新たな使い道を発見していた。ダニーは**[影の印刷に取りかかるまでに]**、スクリーン印刷を何度も繰り返し続けていた。ジェイソンに関しては、箱づくりをする前にマーブルペインティングに取り組んでいた様子を筆者は観察していないが、彼は様々な方法で絵の具に関する実験的な試みを続けていた。就学を目前にしている彼は、幼稚園の日課や規則に精通した「古株」であり、非難を受ける危険を冒したりおどけた態度を取ったりするのに十分な自信を持っていた。

　実際には子どもたちはどのように進んでやろうとする意欲を持ち、機会や場面を適切に判断し、することができる力を持っていたのだろうか？

　これらの事例は、一定期間継続して子どもたちの学びを記録することの意義を示すものであり、いずれも数多くの観察の中から選び出されたものである。失敗を恐れずやってみたり困難に立ち向かおうとしたりすることへの子どもたちの意欲はそれらに一貫して現れており、特に通常の決まり切ったやり方に抵抗した事例においては顕著である。この保育機関では、子どもたちが自ら主導して自分のやりたいことを実行するために多くの時間や場所や素材が提供され

ており、子どもたちが進んで探索し粘り強く取り組みたくなるような場面が設定されていた。メグは、以前から帽子づくりとセロファンに関する試行錯誤を行っていた。ここで紹介した帽子づくりのエピソードの中で、彼女はこれらの2つの活動を通常とは違う方法で統合した。ジェイソンは、誰かが追いかけてきたときには「相手をつまずかせてから走る」ことをおもしろおかしく提案したが、それはそれが受け入れられないということを知った上でのことだった。そして教師からの穏やかな返答──「そういうのじゃなくて、もっと他にやれることはない？」──は、彼女が彼の助言の内容を認めているわけではないけれども、彼の遊び心は大いに認めていることを示していた。

　これらのエピソードの多くには、たとえその活動自体が常に協同的ではないとしても、さまざまな形で他者が参加している（ジェイソンの場合は、ネルに教えたり、ジョンの名前をどのように書くかを教師から教えてもらったり、レイチェルに助言したりしている。メグの場合は、他の子どもたちで混み合っている造形活動のテーブルで帽子を作ったり、他の子を手伝うために自分の作業を中断したり、ホチキスで留める手助けを大人に求めたりしている）。

　また困難への粘り強い取り組みを支えるために子どもたちが活用し、発達させていたスキルや知識の蓄えは多様であり、3つの事例では子どもたちはまさにぴったりの援助を大人から引き出し、それを受け入れている──ジェイソンは文字を書く際に、メグはホチキスで留める際に、ダニーはスクリーン印刷の際に。

　さらに子どもたちは自分自身を［その活動の］エキスパートと見なしているように見える。例えばジェイソンはジョンのために名前を書いたり、ネルにマーブルペインティングの箱を作る方法を教えたりしていた。またメグは蝶づくりの課題に［他の子の］注意を向けようとし、帽子づくりの際にはリンダを手伝ったり手本になったりしていた。そしてダニーはスクリーン印刷の目的をジョーンに説明していた。

　子どもたちの困難への粘り強い取り組みに関するもう1つの視点は、「困難」に取り組むことを子どもたち自身はどうとらえているのかを明らかにするために、筆者がダニーを含む38名の4歳児に行ったインタビューから得られた（Carr 2000a）。ダニーは保育機関ではめったに絵を描かなかったが、彼が才能

豊かな芸術家であることを筆者は知っていた。彼に何が難しかったかと尋ねたとき、彼は「ぼくの大きいお兄ちゃんのジャックみたいに車の絵を描くこと」と答えた。(「車を描くことのどこが難しい？」と) さらに尋ねると彼は次のように答えた。

えーと、えーと、窓かな。(私：窓？) だって、えーと、三角のにしなくちゃいけないんだよ (私：そうね)、だから後ろの窓にはね、ほら、あの三角の窓があるでしょ？。

よく知られているように、幼児へのインタビューは難しい課題である。その困難のいくぶんかを克服しようとして、筆者は、保育機関でよく見かけるような活動の様子が描かれた絵本を作り、その絵本に対する子どもたちの反応を調べた。絵本のストーリーの中には、筆者が関心を持っている点——保育機関で困難に取り組んだり失敗の危険を冒したりすることが「良い」考えかどうか——を問うような内容を織り込み、その結末は未完な状態にしておいた。筆者は、そのストーリーをどのように終えるかを子どもたちに聞き、さらに子どもたちがどんなことを難しいと考えているかや、今はできないことで、この先できるようになりたいことはどんなことか等の、自由回答形式の質問も付け加えた。

示唆深い発見がいくつかあった。ヒーローやヒロインに失敗の危険を恐れず困難な課題に取り組んでもらえれば良いと答えたのは、38人中9人だけだった。「難しいことってどんなこと？」という補足質問に対して23人の子どもたちから36の回答があり、興味深いことに、36のうちの22の回答で言及されている困難なスキルや活動は、保育機関**以外**の場所で学んだり行ったりしていると子どもたちが思っているものだった。この23人中10人は、困難な課題は、保育機関ではないどこか他の場所にだけあると答えた。さらにこれらの子どもたちのうち半数近くが、明らかに保育機関を彼らが困難に取り組む場所として見ていなかったものの、それ以外の場所における困難な活動であれば具体的に挙げることができた。

インタビューはまた、4歳児たちが文化的道具、活動、社会的コミュニティ

というそれぞれの分野ごとに、困難なことがあると思っていることを明らかにした。書くという文化的道具の習得に関することを挙げた回答が複数あった（ある子は「a」と「e」を書くことを困難と言い、別の子は自分の名前を書くことだと言った）。またサミュエルは難しい100ピースのジグソーパズルをするのが好きだと言った。子どもたちの多くが、跳ぶこと、逆立ちをすること、でんぐりがえしや側転を難しい活動として挙げた。ある子は口笛を習っていると言った（「父さんが教えてくれるんだ」）。フリーダは鼻を描くことが難しいと言った。そして社会的な分野では、マットは「自分一人で通りに行って卵を買う」ことができるくらい大きくなりたいと言い、リタは「掃除機をかける」ことができるようになりたいと言い、ローラはエミリーに対して一緒に遊びたくないと言うことが難しいと言った。

5 事例から引き出されるアセスメントのガイドライン⑤・⑥

　前章では、関心と熱中に関する事例から、アセスメントのための4つのガイドラインを引き出した。本章の事例からは、それらに加えて遊びや活動そのものから子どもが受け取るフィードバックと明文化されたアセスメントに関する2つのガイドラインが引き出される。1つは、多くの場合、手応えのある活動そのものがアセスメントとなるというものであり、もう1つは、アセスメントはそれ自体、子どもの学びの構えの形成に貢献するものだということである。

ガイドライン⑤
多くの場合、手応えのある活動そのものがアセスメントとなる

　学び手を問題の発見やその解決へと没頭させるような、現実世界に結びついた課題は、困難に取り組み粘り強く立ち向かうことそれ自体に何らかの手応え

や喜びを提供するという意味で、アセスメントの場なのである。先行研究では、内発的な関心を呼び起こす課題とその課題を遂行することとの相乗作用が指摘されている。これとは対照的に、外的な報酬を与えることが広く行われているような状況においては、キャロル・エイムズが指摘するように、「1年生の教師は、……子どもたちが勉強をやり遂げたり、適切に行動したりするよう誘導するための刺激として、休み時間やシールやごほうびを用いていることが見出された」(Carole Ames 1992, p.265) という。

さらにトランスとプライヤーは、外的な報酬システムは「子どもの当初の関心が高い時には特にモチベーションに対して致命的な打撃をもたらす」ことを示した研究を紹介して、「外的な報酬に慣れてしまった子どもたちは、将来、こうした報酬を得ることができないような活動を選ばなくなり、また要求水準のより低い活動を好む傾向がある」(Torrance/ Pryor 1988, p.86) と付け加えている。

この1つ目のガイドラインは、実際には多くの場合、学びの課題あるいは活動そのものがアセスメントを行っていることを意味している。乳幼児期には、教材そのものがフィードバックをもたらすことがよくある。例えば、モンテッソーリの教具の多くにはそれ自体の中にフィードバックが組み込まれているし、ジグソーパズルの場合は必ずフィードバックが返ってくる。**結果**志向の対極にある**学び**志向が現れている乳幼児期の事例は、目標がはっきりとわかる活動に関わるものであることが多い。文字を書くことはその良い例である。

ジニー（4歳児）：(カードを書いている)「love」ってどう書くの？
アリソン（教師）：私がアルファベットを言うから、書き取ってみてね。分かるかな？　じゃあ、「L」は？
ジニー　　　：うん、ネルの名前の中に「L」があるよ。
アリソン：(ネイサン「見てごらん」) そう、ネルの名前には「L」があるわね。(ネイサンに「オーケー、それするのちょっと待っててくれる、ネイサン？」) L。O。(ジニー：O、うん) V。そう。E。(**ビデオには彼女が空中に文字を書いているところが映っている**) それでいいわ。次は単語の「from」をやってみない？

ジニー：うん。

　教師はここでは賞賛の言葉をかけていないが、後に彼女の家族の誰かがこの記録をジニーに読んであげたとき、この記録は、よくやった、というアセスメントをジニーに提供することだろう。困難なことへの取り組みに関する物語を実践者に提供するのはたいてい、ハサミや大工道具のような道具の使い方を習得すること、自転車に乗ること、ジグソーパズルを完成させること、名前を書くことといった、子どもたちが成功（あるいは失敗）していることが直ちに理解できる活動であった。

ガイドライン⑥
アセスメントはそれ自体、子どもたちの学びの構えの形成に貢献する

　困難なことややったことがないことに立ち向かうことについてのアセスメントは、特に失敗というものが学びの不可欠の一部であることを強調するものでなくてはならない。他の領域にも共通する言い方をすれば、アセスメントはそれ自体が、様々な方法で、関心を持つ、熱中する、困難ややったことがないことに立ち向かう、他者とコミュニケーションをはかる、責任を担うという子どもたちの学びの構えの形成に貢献するものでなくてはならない。学びの構え——言い換えればそれは心の習慣でもあるが——は、学びの経験に対してポジティブな視点から光が当てられるような雰囲気の中で現れるものだという前提に立っているので、アセスメントは基本的に「信頼」アプローチを採用するものである。そうしたアセスメントは、否定的な意味合いを生み出すような、他者との比較を最小限にするものでなくてはならないし、アセスメントから作られる計画は、アセスメントされた学びの成果をさらに高めるようにデザインされなくてはならない。
　エミリー（第１章の「『間違ってる』って言わないで」）やスージー（第２章）の場合と、ジェイソンの場合とでは、それぞれがとったアプローチに違いが見られたということが、筆者がこの２つ目のガイドラインを掲げるきっかけとなったのだが、他の研究者も同様の観察を行っている。キャロル・エイムズは次の

ように述べている。

　他の子よりも劣っているという形での社会的な比較が子どもにもたらす影響は、自己の能力についての評価や、危険を冒すことを回避しようとすること、実効性の薄い、あるいは表面的な学びの方略を使用すること、さらに自己に向けられた否定的な感情という形で現れてくる（Carole Ames 1992, p.264、強調は筆者）。

　英国のペン・グリーン保育センター（Pen Green Early Childhood Centre）で個々の子どもたちのために作成されたポートフォリオは特に興味深いものである。これらのポートフォリオは、子どもの学びを大人が喜びをもって肯定的に取り上げており、写真（ビデオ記録からとられた連続画像が多い）や子どもたちの描画を含み、（よく取り上げられるテーマとしては）図形や動き等の観点から様々な「シェマ（schemas）」のパターン——例えば、軌跡、囲む、包む等——を表現した作品やそうしたものに対してどのように関心を寄せていたのかを記録したものが収められている。「封筒やさん」と名づけられたある子どものポートフォリオは、実際に封筒の形をしていた。ポートフォリオの本文には、シェマの観点から絵画や写真に詳細な解説文がつけてある。そこには、シェマを説明する学びのエピソードが、「発達の方向性についての予測（PLODs）」と合わせて記載されている。マージー・ウェイリーの著書『自らの力となる学び』（Margy Whalley 1994）の中にはその過程が具体的に描き出されている。多くの家庭が日誌をつけたりビデオカメラを借りたりしているので、ポートフォリオには家庭から得られた事例がいくつもある。センターでの保護者たちの会合では、記録の持っている（ペン・グリーンの理念を反映した）肯定的で興味深い性質が、センターだけでなく家庭においても子どもとの肯定的な関係を築くことにつながったことが示されている。本書の後半でふれているアセスメント記録の場合と同様に、アセスメント実践は子どもの学びの構えの形成に貢献するものとなっているのである。

　次章では、**他者とコミュニケーションをはかること**と**責任を担って行動すること**に関わる事例を提供し、アセスメントのガイドラインをさらに付け加える。

第5章 「他者とコミュニケーションをはかる」構えと「自ら責任を担う」構えとは何か

　第2章では学びの構えの5つの領域を提示し、第3章及び第4章では、そのうちの3つの領域に関わる事例を紹介してきた。残る2つの領域は、**他者とコミュニケーションをはかる**ことと**自ら責任を担う**ことである。本章では、子どもたちが自分の意見あるいは感情を表現し、他者の意見を理解するという共同注意のエピソードを例にして、その中でこれら2つの領域を結びつけながら考察を進めていく。そこでは、他者との双方向からの応答的な関わりを通して感情的、認識的、社会的な学びが織り合わさって豊かな学びの織物が生み出されている。それぞれの事例の中で子どもたちは、そうした双方向からの応答的な関わりの中で、今自分たちが関心を寄せている課題を成し遂げるのに最もふさわしい場を見つけ出したり、そうした場を自ら作り出したりしている。ロージー、キリワイトゥトゥ、ニック、マイラとモーリーの物語をまず紹介し分析した後、そこからアセスメントに関する示唆を引き出していくことにする。

1 ロージーとごっこ遊び

　ロージーの保育園における日課や教材は、よく工夫された複雑なごっこ遊びを展開するのに十分な時間と機会を保障するものであり、活動の内容やその予定はできるだけ子どもたちとの話し合いで決められ、ルールについてもその必要性がその都度説明されていた。ロージーは、こわいものと親しみが持てるもの、良い子と意地悪な子、現実と空想等の、対照的なものの間にあるあいまいな境界に対して強い関心を持つ4歳児である（こうしたこだわりや関心についてはヴィヴィアン・ペィリー（Vivian Paley）やキラン・イーガン（Kieran Egan）の著書においても取り上げられている）。ロージーは、遊びの中で友だちと交渉し臨機応変に対応するためのたくさんの物語の筋書きを持っている。また、彼女がおもしろいと思ったテーマに沿って工夫を凝らして作り上げた活動に他の子どもたちが参加できるよう組織していくということも行っている。このように責任を分かち合いながら進めていくことで、問題を人との協同で解決することが可能になっている。「橋渡し」（理解を共有する）と「組織化」（互いの参加を促したり、相手と交渉したりする）という彼女の方略の中には、以下のようなことが含まれている。すなわち、遊びを進める順序を指示すること、他に取り得る方法を提案すること、理由を説明すること、ごっこ遊びの筋書きについてやりとりすること、他者が関心を持っていることを受け入れながら説得を試みること、話し合いによる解決に向けて粘り強く努力すること、自分の絵について話し合う時に自分の考えを大人に伝えること、会話することである。

観察1
遊びを進める順序を指示し、代案を提案し、理由を説明する。
　ロージーとアンナは保育園の室内で、棒とリボンを使って「魚釣り」をしてい

る。彼女たちは「えさ」(近くのテーブルから持ってきたジグソーパズルのピース) の箱を横に置いている。9時20分。アンナがごっこの筋を取り決めようとするのに対して、ロージーは理由を説明しながらそれに抵抗する。彼女はまたおおらかにダンとやりとりする (「もしわたしの友だちなら……」「意地悪しなければ大丈夫」)。このエピソードの後半で大人もまた代案を提案し、理由を説明する。

ロージー：わたしたちはおうちで魚を釣ることができるのよ、なぜっておうちが川のすぐそばだから。
アンナ　：わたしたち、今、おうちに行くところなの。
ロージー：違うよ、ここがおうちよ。
　　　　　（ダンがやって来て釣り糸を踏みつけ、アンナは彼に向かって大声を出す）
ロージー：（ダンに）もしわたしの友だちなら、わたしのおうちに来て猫のカトーと遊んでもいいよ。
ダン　　：猫がぼくをひっかくかもしれないよ。
ロージー：意地悪しなければ大丈夫。

　大人はロージーに、箱に入っている「えさ」のジグソーパズルのピースを戻すように言い、他の子どもたちがジグソーパズルを完成できないからとその理由を説明する。そしてその代案として貝を使うことを提案し、ロージーたちはジグソーパズルの代わりに貝を使う。

観察2
遊びを進める順序を指示する。
　ロージーは保育園の室内で遊んでいる。彼女は「『ピザ・ハット』に行く」という筋書きを考えついた。職員の1人をピザに見立てて、彼女にレモネードをかけるふりをしていた。ルイーズがやって来て、自分が主役になろうとする。初めはお母さんに、そのあとはレジ係になろうとするが、どちらの試みに対してもロージーは、当初の遊びの進め方を再確認することで（あるいはとっさに修正することで）それを阻止する。

ルイーズ ：（今遊びに入ったばかり）わたしママになりたい、いい？
ロージー ：だめ、わたしたちは「ピザ・ハット」にいるんだから。（大人に空の皿を差し出して）チョコレートをトッピングするんだよね？ お持ち帰りにするんだよね？
大人 ：ピザのお金を払わなくちゃいけないわね？ （ロージーはうなずく）おいくらですか？
ルイーズ ：２ドルです。
大人 ：それは安い、１つ２ドルだなんて。
ルイーズ ：２ドルいただきます。
ロージー ：だめだめ。あのね、わたしたちは、今ピザをおうちに持って帰ってきたでしょ、ね？ ピザを持って帰ってきて、それからアイスクリームもね。だからね、今わたしたちはピザ・ハットにはいないの。おうちにいるのよ。

観察3
ごっこ遊びの筋書きについてやりとりする。

「ごっこ用の衣装セット」が戸外に用意されている。ごっこが始まった時点では、ロージーは父親に、アンナは子犬になっている。ロージーは最終的には筋書きづくりを相手に譲り、もう一度職員（**観察１や２**とは異なる職員）が説明している。

ロージー ：ありがとう子犬ちゃん。わたしがパパよ。（彼女たちはごっこ用の衣装がかかっている戸外のハンガーのところにカメラをかけていた）さあ、あなたの写真を撮るわよ。
（アンナは職員にブランコを使えるようにしてほしいと頼む。大人はそれができない理由を説明する）
大人 ：今、大人の人数が足りないの。なかなか分かってもらえないと思うけど、もしブランコを下ろしたらわたしはそれを見ていなくちゃならないでしょ、それに今わたしはみんなのことを見ていなくちゃならないのよ。
アンナ ：（ロージーに）あれはわたしのカメラよ。（彼女たちはそれが誰のカメラかについて話し合う）

ロージー：わたしが買ったんだよ。
アンナ　：違うよ、ロージーが買ったんじゃない。もしロージーが買ったんじゃないならこうするわよ。（彼女はロージーが脱ぎ着していた衣服をひったくる）
ロージー：分かった。わたしは買っていない。

観察 4
他者が関心を持っていることを受け入れながら説得を試みる。
　ロージーがフック船長とピーターパンごっこをしているところへ、ルイーズがやって来る。ルイーズの大好きな役柄は人魚である。ロージーはルイーズにピーターパンのお話に加わるよう説得を試みる。

ロージー：そこに人魚がいるんだよ。
ルイーズ：いないよ。
ロージー：いるよ。
ルイーズ：いないよ。
ロージー：（ルイーズをじっと見つめながら）えー、いるんだよ。だってわたしはビデオを持ってて、それに人魚が出てきたもん。
ルイーズ：わたしは見てないよ。
　　　　　（ルイーズは納得したわけではないが、そばの囲いの中で人魚になっている。ロージーは場所を移動しながら、自分の物語とルイーズの物語双方の役割を引き受けている）

観察 5
物語の筋をどうするかについて交渉する。
　このエピソードでは、ロージーとアンナは外でごっこ遊びをしている。アンナはどんな物語にするかや誰がどの役をするかについて意見を言い、ロージーは、これらを物語の筋書きづくりにとって大事な問題だと判断しアンナの考えをセリフに取り入れようとしている（「それでアンナは独り言を言うのね、わたしはベルを愛しているって」）。彼女は野獣のふるまい方について細かいところまで取り決めることにアンナを参加させようと試みる（「誰を殺そうとしているの？」）。まだ4歳になっていない

ジーニーでさえ、人形を使う順番について自ら交渉を進めようとしている。

アンナ　　：ロージーはベルで、わたしが野獣よ。
ロージー　：それでアンナは独り言を言うのね、わたしはベルを愛しているって。
　　　　　　（よちよち歩きの子が、ヘリコプターが飛んでいることをロージーに伝えにやってくる）
ロージー　：あっちに行ってて。
　　　　　　（アンナは野獣のような声を出しながら、殺すことについて話している）
ロージー　：誰を殺そうとしているの？（アンナは返事をしない）
　　　　　　（ジーニーがやって来て、ロージーが持っている赤ちゃん人形をほしがる。ロージーはそれを彼女に渡そうとしない）
ジーニー　：おうちに帰る時、わたしにちょうだいね、いいでしょ？
　　　　　　（ロージーからの返事はない）

観察6
話し合いによる解決に向けて粘り強く努力する。
　子どもたちは外で、三輪車に乗っている。ロージーには三輪車がない。他の子が、あいまいだが強力な交代のルールを使って（指を広げて「これぐらいいっぱいの時間がかかるよ」）ロージーの交渉を受け流す（あるいはそれを難しくする）。同じ子どもがその後、どの子にとっても公平になるように調整する。ロージーは辛抱する。

ロージー　：（エイミーに対して）三輪車を貸してくれる？
エイミー　：わたしの番はまだ終わっていないの。（ロージーは彼女の後をついて回る）
　　　　　　わたしの番が終わるまでこれくらいいっぱいの時間がかかるよ。（彼女は両手の指を全部広げる）
ロージー　：そしたら、すぐ次に三輪車に乗ってもいい？　お願い。
エイミー　：うん。
ロージー　：（ごっこ口調に切り替えて）いいわ、じゃあね。
　　　　　　（数分後）
ロージー　：（涙を浮かべて、大人に）エイミーはこれくらいいっぱいの時間って言った

1　ロージーとごっこ遊び

の。(自分の指を広げる)
エイミー：まだ降りないもん。
　　　　（大人は彼女には大きすぎる三輪車にロージーが乗るのを手伝う）
　　　　（数分後）
エイミー：（背の高いジーナに）大きい三輪車があるよ。（ジーナが一番大きい三輪車に乗り、エイミーはジーナが乗っていた三輪車に乗り、ロージーがエイミーのに乗る。彼らは大人がコンクリートの上に描いたチョークの線をたどって三輪車を乗り回す）

観察7
自分の考えを大人に伝える。
　この事例はごっこ遊びや役割遊びではなく、描画の活動についてのものである。ロージーは動物園に出かけた自分の家族を描いているが、そこにはやさしい動物やそれとは対照的な恐ろしい動物が一緒に描かれている。彼女は絵を描きながら、大人に説明をする。「ママ、わたし、パパ、やさしい恐竜（「角みたいのがとがって出ているけどやさしいの」）、やさしいライオン、こわい虎、ココナッツ、「子猫ちゃん」（爪を描いたほうがいい？　うん分かった）、草でしょ、花でしょ（「茎でしょ、丸くなってて、花粉でしょ、花びらでしょ」）、そしてお日さま。

観察8
会話をする。
　ロージーは座って10時のお茶を飲みながら、自分が好きなことや大きくなったらできるようになる（お茶を飲んだり魚を食べたりする）ことやるのが好きだけれど難しいこと（頭をぐるぐる回したり、片足で跳ぶこと）について筆者とおしゃべりしている。

筆者　　：絵を描くのはどう？　描くのが難しいのは何？
ロージー：竜よ。
筆者　　：そう。難しいのは、舌べろと目かしら？
ロージー：竜はこんな顔をしていて（竜の顔のものまねをして）、背中にはとげがあって足には大っきい爪があるの。テレビが置いてある戸棚があるでしょ

　　　　　（身振りをしてささやく）、竜はそこにいるの、テレビの後ろに。
筆者　　：それは大変。それじゃあ、こっちをのぞいているの？
ロージー：（ささやくように）どうしよう。やさしい竜じゃないの。食べられちゃうよ。
筆者　　：（ささやくように）子どもも大人も食べるの？
ロージー：そう。子どもも大人も食べちゃうの。
筆者　　：どんな色をしているの？
ロージー：緑とオレンジ色。舌べろはオレンジ色で肌が緑色なの。
　　　　　（よちよち歩きの乳児がやってくる）
筆者　　：うんうん。
　　　　　（ロージーと大人は小さい子どもたちをこわがらせないようにと暗黙の了解で互いにうなずき合う）

　ロージーはアイディアを次々につなぎ合わせ、理由を述べ、想像上の出来事を説明し、考えたことについて話し合うなどして、自分が持っている言語スキルを最大限に使いこなそうとしている。彼女のごっこ遊びや描画や会話の事例には、こうして話題や物語の筋が徐々に複雑さを増していく様子が具体的に現れている。歌の時間には、ロージーは自分のお気に入りの歌である「熊狩りに出かけるよ、わたしはこわくないよ」になると、とても楽しそうに参加し、その話の筋を決めることを手伝い、こわがっているふりして大人の膝に飛び込んで行く。あるときには、彼女は自分がカウボーイだと宣言する。大人がカウガールの間違いじゃないの？　というと、わたしはカウボーイ、怪物には容赦しないけど人間にはやさしいカウボーイよ、と答える。

2 キリワイトゥトゥと年下の子どもたち

　コミュニケーションと自ら責任を担うという学びの構えの2つの領域と、子どもを取り巻く媒介手段（文化的道具、活動、社会的コミュニティ）との間の密接な関係を示す格好の事例は、マオリ語で教育を行う保育機関あるいはコハンガレオ*で集められたものの中に見出すことができる。キリワイトゥトゥは都市近郊のマオリ言語センターに通う4歳の女の子であり、この観察事例は彼らのカイアコ（教師）であるメアー・スケレット・ホワイト（Mere Skerrett-White）によって書き留められた子どもの学びの記録からのものである。いずれも、キリワイトゥトゥの言語の経験を文脈の中でとらえている。メアーは、ロゴフ（Rogoff 1990, p.79）をひきながら、文脈とは「諸関係から作られている複雑な網目であり、それが『意味という織物』を形作っていく」と述べている。センターの文化を反映して、以下の事例には、キリワイトゥトゥが他の子どもたちとコミュニケーションをはかり、彼らに対して責任を担う、様々な方法が示されている。すなわち、描画をコミュニケーションを伴う共同的な活動に変えること、小さい子どもたちのために普段とは異なる言葉づかいをすること、そして誤った呼び方で名前を言った大人の間違いを訂正することである。彼女は次第に複雑さが増していく言語機能を正確に使いこなしていることが分かる。

観察1
描画をコミュニケーションを伴う共同的な活動に変える。
　キリワイトゥトゥと年下の男児が、2人で並んで絵を描いている。2人は、キリワイトゥトゥが自分のスケッチブックにこれから何を描いていくかについて話し合っている。
　キリワイトゥトゥは、自分の描き方を示しながら「こんなふうに……」と言う。

彼らは2人とも互いの絵に目をやったり、何を描いているかを話し合ったりしながら、しばらくの間作業を続けている。キリワイトゥトゥは垂直の黒い線を描いた。すると、隣の男児は緑色の絵の具で水平の線を描いた。彼は、キリワイトゥトゥの作業が今どんな状態にあるかを確認している。それから彼は黒の絵の具がもう少しないかと探し回り、戻ってくると、絵に何本かの黒い線を筆で描き加えた。彼らは描いている絵について会話を続ける。絵を描くという彼らの作業は、それぞれのデザインと色を互いに取り入れ合うという意味で、1つのコミュニケーションとして成立している。

観察2
小さい子どもたちのために普段とは異なる言葉づかいをする。

　キリワイトゥトゥと他の4人の子どもたちが砂場で遊んでいる。子どもたちは一緒に何か1つのものを作っている。しばらくして1人の乳児がそれを作るのを「手伝おう」としてやって来る。キリワイトゥトゥは、歌うように（赤ちゃん言葉で）言う。
　「だめよ、だめ。わたしたちは（あなた以外）みんなで、これ作ってるんでちゅからねぇー………（a-a-a i-o-u）」。彼女は終わりに歌のように節をつけて母音を並べる。

観察3
誤った呼び方で名前を言った大人の間違いを、複雑で正確な言語を使って訂正する。

　キリワイトゥトゥは、名前が覚えられないで苦労している新任の大人の手助けをするという責任を進んで引き受けた。何人かの子どもたちがコラージュ用のテーブルで作業をしていると、その日センターに初めてやってきた大人が近づいてきた。1人の子どもと一緒に作業をしているとき、その大人はその子の名前を間違ってしまった。それを見ていたキリワイトゥトゥは、彼女の間違いを指摘し、正しい名前

＊ 1980年代から保育の場の1つとして始められたマオリ語・英語のバイリンガル教育施設。マオリの長老を招いて伝統文化を教える等マオリの文化継承に重点を置いた保育を実践している。マオリの幼児の約半数が通う。「コハンガレオ」はマオリ語で「言葉の巣」の意。──訳者

(K……) を教える。

キリワイトゥトゥ：Ko K … tēnā, ko K… (この子の名前はK…というんだよ)

　メアーはキリワイトゥトゥが用いた語法について次のようにコメントしている。

　彼女はまず、固有名詞を示す接頭辞である「ko」を使い、次に「あなたのとなりにいる人」のような場合の場所を示す言葉である「tēnā」(tēneiやtēraとは反対の意味)を正しく使っています。この語は、マオリ語を第二言語として学ぶ多くの大人が苦労する概念です。

　キリワイトゥトゥの観察事例は、このセンターにおける参加のレパートリーのいくつかの要素——特に相互に援助し気遣い合うことを重視する文化——を反映している。絵を描くことさえ、この場合はコミュニケーションを伴う共同的な活動になっていた。年下の子どもに対して異なる言葉づかいの様式を用いる事例は年長の子どもたちに典型的であった。子どもたちはその場に応じて適切に対応できる、多様な言語を身につけている。また3つ目のエピソードにおけるメアーの観察とコメントからは、独特の前景化の方法を用いて分析が行われていることが見出される。すなわち、一方では他者とコミュニケーションをはかり他者に対する責任を進んで担おうとする気持ちやそうした機会をとらえる構えに注目しつつ、同時にそのような気持ちを支える言語のスキルや専門的知識をも浮かび上がらせているのである。

3 ニックの「橋渡し」と「組織化」

　本章では、共同注意のエピソードを考察するために、**他者とコミュニケーションをはかること**と**責任を担うこと**という2つの学びの構えを、相互に関連するものとして結びつけてきた。ロージーとキリワイトゥトゥの事例からは、ごっこ遊びのエピソード（ロージー）、活動の進め方や他者に気遣うことに関わるエピソード（キリワイトゥトゥ）等、双方向のやりとりを見出すことができた。以下は、4歳児のニックが参加している友だちとの協同活動（造形活動とごっこ遊び）に関するさらに別の事例である。

　この中で子どもたちは橋渡しと組織化を行っている。1つ目のエピソードは主として今やっている課題に関する理解を共有するという**橋渡し**の事例である。子どもたちは、双方向から応答的に、教えたり、今の状況を説明したり、質問をしたり、今やっていることのどこが難しいかを知らせたりしている。2つ目のエピソードは、ニックが巧みに他者の参加を**組織化**している事例である。最初の観察事例ではすでに紹介した2人の子ども、ネルとジェイソンが登場する。まずネルがジニーに教え、ニックがジニーに手順を尋ね、ニックがジニーのために絵の具の付いたビー玉をスプーンですくってやることで責任の一端を担うというマーブルペインティングのエピソードである。

観察1

教えること、今の状況を説明すること、質問をすること、どこが難しいか知らせること。

　ネル（最近、マーブルペインティングの箱の作り方をジェイソンから教えてもらった）が、ジニーに教えている。（そしてジェイソンは、面を切っていいのは箱の「上の方だけ」という彼が発見した大事な注意事項を繰り返し説明している）

ネル　　　：まだやれないよ、ジニー。箱を作らなくちゃ。ハサミがいるんだよ。箱を取ってきて。このくらいか、あれくらいの大きさの箱だよ。そしたら最初に箱を切るの。
ジェイソン：待って、上の方だけ切るんだよ、こっちじゃなくて。
ネル　　　：そう、横のところは切っちゃだめ。
ニック　　：その箱どこから持ってきたの？
ネル　　　：分かんない。棚の上にあったよ。
ニック　　：中にビー玉2つ入れるの？
ネル　　　：そうだよ。
ニック　　：それでどうなるの。そのビー玉……
ネル　　　：もようができるんだよ（同時に）。
ニック　　：絵を描くの？（同時に）
ネル　　　：そうだよ。ビー玉が描くんだよ（ビー玉が転がる音）
ジニー　　：こっちは緑の入れものだね。
ジェイソン：外は風が吹いているの、トレバー？（トレバー？：んー）（ジェイソンは少し前に凧を作っていた）
ネル　　　：そしたら緑の入れものの中にその絵の具を少し入れるんだよ。（ビー玉が転がる音）
ニック　　：それはかんたん？
ネル　　　：かんたんだよ。
ニック　　：ぼくもやってみていい？
ニック　　：これを少しこの中に入れるの？
ニック　　：ビー玉入れるのやってもいい？……
ニック　　：もうちょっと絵の具を入れてみてもいい？……
アリソン（教師）：（ビー玉が落ちる音）あら、すごい高いところから落としたのね。
ニック　　：そう。でもちゃんと箱の中に落ちたよ。
アリソン　：まあねえ。

　この事例の中の（27の発言のうち）18の発言は全て「橋渡し」の発言、すなわち今の状況を説明すること、質問すること、どこが難しいかを知らせること

のいずれかであった。ネルはなぜジニーがマーブルペインティングをすぐにできないかを先回りしてジニーに説明し（彼女は箱を作らなければならない）、それから4つのポイントを教えた。ジェイソンは予想される困難さについて注意を促し（「上の方だけ切るんだよ」）、その注意点をネルも確認した。次にニックは手順について質問をすることで（そのビー玉が絵を描くの？／それはかんたん？）、責任を分かち合い、自分がやってもいいかを尋ね、それからジニーのために作業を行った（そうしてもかまわないことを彼女に確認して）。観察ノートには、「ニックは今、熱中してやっている。彼はアリソン（教師）に作ったものを見るよう頼み、彼らはビー玉が角のところを曲がったときにできた跡について話をした」と記録されている。

観察2
他者の参加を組織化する。

　ニックはその場にいるみんなにとって満足いくよう、話し合いによる歩み寄りを探って交渉している。彼はレイチェルとトニーと一緒に「ままごと」コーナーにいる。ニックとレイチェルはパーティに出かける用意ができている。レイチェルはトニーに **[彼は]** この遊びに入っていないと言う。トニーが立ち去らないので、彼女は（少し）イライラして彼は「わたしたちのパーティに来てない」と重ねて言う。ニックは、自分たちがパーティの食事の準備をするとき、トニーのための夕食を準備するよう提案する。そうすることによって、トニーはパーティに行くことはできないけれども、遊びの一員になることはできるという形で、2人の意見を結びつけようとしている。

ニック　　：今晩のパーティの、おいしいミートボール。
トニー　　：じゃあ、ぼくも作っているところね。
レイチェル：だめ、トニーはこれに入っていないわ。
トニー　　：えー？
ニック　　：だってこれは、ぼくたちのパーティのやつなんだ。
トニー　　：ぼくも、パーティのために何か作る。
レイチェル：だめ、トニーはわたしたちのパーティには来ていないもん。

ニック　　：違うよ、トニーはぼくたちがパーティに持っていく食べ物を作っているんだよね、そうでしょ？
トニー　　：それで、ぼくも一緒に行ってもいい？
ニック　　：それはだめ。
レイチェル：だめ。
ニック　　：トニーはぼくたちが持っていくご飯を作っているんだ。それならやっていいよ。それと、トニーの晩ご飯用にこれを半分切ってあげるよ、それでいいでしょ？
トニー　　：でも、ぼくは……。
ニック　　：でも、そうしないとトニーの分の晩ご飯がなくなっちゃうよ、ねえレイチェル？
レイチェル：うん、そうよ。
ニック　　：だからトニーの分をちょっと切ってあげよう。
トニー　　：ぼくが切るよ。
ニック　　：いいよ。それじゃあそれを冷蔵庫に入れといて。それそれ。そのピザ。それはピザだよ。ね？

4　モーリーとマイラの女友だち言葉

　キリワイトゥトゥの観察事例のうちの1つは、幼児が、自分が所属する、あるいは所属したいと願う社会的コミュニティに対応して発達させていく言語様式の複雑さを描くものだった。モーリーとマイラは、ニックやネル、ジェイソンらと同じ保育機関に通う4歳児である。彼女たちは、この保育機関では女児たちだけに見られた——筆者が「女友だち言葉」と名づけた——言葉づかいの「達人」であった。その一例は第3章で紹介したが、そこではエミリーが[ローラ、ネルとの会話の中で]、ネルの作品を賞賛するふりをして、実際のとこ

ろはローラではなくネルを欺こうとしているのを見た。この保育機関では女児の多くが会話の複雑な約束事を作っており、「心の理論」あるいは他の人々の心に関する理論を使いこなしていた。他者の行動にはその人の信念や考え方、感情が影響することを理解していたのである。

そのネルはエミリーとエミリーの兄弟の名前について話をしている。「マーギー〔ネルの姉妹〕はあの子のことボビーだと思っているの」。ローラは、彼女の兄弟が、海賊の衣装と剣と海賊船が手に入りますようにとお願いごとをして、「それがプカプカ浮いてあそこの川のところまでくるんだって思ってるみたいなの」と言った。筆者が観察したところでは、4歳児はしばしば、他者が何を「知らない」かを指摘する。例えばマイラはモーリーに「わたしがデイケアに行ってたの知らなかったでしょう」と言い、リンダはメグに対して不機嫌な調子で「でもさ、わたしのもう1つの名前がどういうのか知らないでしょう」と言っている。筆者の観察には次のような「女友だち言葉」が登場する。

● 他者が**必要としているもの**について話す
　レイチェル（帽子に飾りをつけるための材料や道具に関してウェンディに）：それができたら、次にいるのはね……。（飾りつけた帽子をつり下げて乾かすために、ウェンディに）：「届く？」。（ウェンディ：うん。簡単よ）

● 他者が**望んでいること**について話す
　マイラ（彼女はモーリーが黄色の絵の具で描くことが好きだということを知っている。そのモーリーに、一時期行方不明になっていた黄色の絵の具がついたビー玉を、その後教師が見つけたことを受けて）：これで黄色がやれるね、モーリー。

● 他者が持っている**知識**について話す
　（ⅰ）リンダ：（メグに）あなたはわたしの名前をどう書くのか知らないでしょう。あなたはわたしの名前をどう書くかも知らないのね。
　　　　メグ　：あなただって**わたし**の名前をどう書くか知らないじゃない。
　（ⅱ）ブリジット：この子はメグ。わたしの……。わたしのもう1人の友だち。でもわたしがどこに住んでるか知らないけど。

●他者の信念について話す
 エミリー：わたしたちは本当はそんなの好きじゃないもんね。
 ローラ　：（大きめのささやき声で）そうそう、ほんとはうそなんだよね。
 ローラ　：（自分の兄弟について話しながら）それでね、それがプカプカ浮い
　　　　　てあそこの川のところまでくるんだって思ってるみたいなの。

●話が続くように、話し手が自分は相手の話に耳を傾けているということを示したり、他者に参加してほしいと思っていることを知らせたりする等の様々な方略を組み合わせる。例えば、物語の筋が通るよう誘導すること、助言や手助けをすること（相手が何を求めているかを理解したり想像したりすることを意味している）、互いに注目し合うことを求めたり、その状態を維持しようとすること、賛同や賞賛を求めること、今の状況を説明すること、やり方を教えること、質問することである。
　ここでは、モーリーとマイラが会話している事例を挙げる。1つ目の会話は、誰が何を知っているかということに関するものである。2つ目の観察はモーリーとマイラが話が続くように様々な方略を駆使している事例である。3つ目の観察は、ニックの1つ目の観察と同じように、理解を橋渡しし、参加を組織化している事例である。

観察1

他者の知識に関して話し（あなたはわたしがデイケアに行ってたの知らなかったでしょう）、**物語の筋が通るよう誘導する**（そうだったの？　いつ？）。

マイラ　：あのこと知っている？　モーリー。
モーリー：何のこと？
マイラ　：あの女の子のこと。わたしは知ってる。ペニーって言うんだよ。
モーリー：わたしも知っている。
マイラ　：なんでわたしが知ってるかっていったら、一緒に遊んだから。えーっ
　　　　　と、デイケアで一緒に遊んだんだもの、わたしは今は幼稚園だけど。
モーリー：そうだったの？

マイラ　：わたしがデイケアに行ってたの知らなかったでしょう。
モーリー：いつ？
マイラ　：うーんとね、この前の年。でも今はここにいるの。

観察2

互いに注目し合うことを求めたり、その状態を維持したりすること（互いの名前を使ったり、「……ね？」と言ったり、より直接的に「見て」「……を見て」と言ったりすること）、**相手が何を求めているか理解したり想像したりして助言や手助けをすること**（「モーリーも……金色のライトをつけるといいのに」）、**賛同や賞賛を求めること**（わたしのかわいいでしょ、ね？）。

この事例はテープ録音されたもので、モーリーとマイラが円筒形の帽子をいろいろな素材で装飾し、正面には「ライト」を取り付けた「ライトがピカピカする」帽子を作っている。

マイラ　：モーリー、これがピカピカするライトよ。（モーリー：へえ。）わたしのかわいい帽子を見て。かわいいライトもつくのよ。金色に光るの。ピカピカライトのスイッチを入れるわよ。ピカピカするライトを見て、モーリー。真ん中の金色のところを見て。
モーリー：わたしのはマイラのよりもっとかわいいんだよ。もっといっぱいついてるの。この小さいのがライトになるの。
マイラ　：金色のライトが光るのを見て。金色のライトがついているから夜でも見えるんだよ。モーリーも夜見える金色のライトをつけるといいのに。この光るライト使ってもいいよ。わたしは小さい光るのを持ってくる。
マイラ　：（別の子に）やりたいなら、帽子を作っていいよ。わたしは今作っているところ。何を作っているの？（モーリー：お姫様の帽子を作ってるの）わたしは違う。お父さんのジョージの帽子を作っているんだよ。
モーリー：わたしのかわいいでしょ、ね？
別の子　：でも、それどこにくっつけるの？

モーリーが「わたしのかわいいでしょ、ね？」と言った時、マイラは返事を

しなかった。おそらくモーリーは自分のを「マイラのよりもっとかわいいんだよ」と言った後だからであろう。この会話の記録には競争心が顔をのぞかせているが、にもかかわらず子どもたちは互いに助け合っている。後にマイラは、モーリーのために自分の大事な金色の紙を取っておくということもしていた。

観察3

今の状況を説明すること(「ビー玉がとまんないよ」「見て、ジグザグになってるでしょ？」「紫と黄色が」)、**指示すること**(多分自分自身に対してと思われるが「また箱に戻すのね」「見せて」)、**質問すること**(「どこにあるの？」「どこ？」「どうしてまたやってるの？」)マイラはマーブルペインティングをやり終えたが、モーリーはまだやっている最中であった。マイラが自分のビー玉に絵の具をつけているとき、黄色用のビー玉が見つからなかったので、彼女は紫でしかやれなかった。アリソン(教師)がその時、黄色のビー玉を見つけて、モーリーは2つのビー玉と2つの色でマーブルペインティングをやった。

モーリー：うわぁ。ビー玉がとまんないよ。(笑う)それじゃあ、それじゃあさ、
　　　　　ビー玉を出してもう一回絵の具をつけて、また箱に戻すのね。
マイラ　：わたしのは紫だよ。
モーリー：どこにあるの？
マイラ　：その中にあるよ。
モーリー：どこ？　見せて。
マイラ　：(ちょっと離れたところで)ここよ。
モーリー：そうなんだ。じゃあいくよ、ビー玉。わぁ、見て(笑う)……
マイラ　：どうしてまたやってるの、モーリー？
モーリー：だってやりたいんだもん。
マイラ　：これで黄色がやれるね、モーリー。
モーリー：(マイラと教師のアリソンに)見て、ジグザグになってるでしょ？
アリソン(教師)：わぁ、すごい。
モーリー：あそこで。紫と黄色がね(何が起きたかの説明)。
アリソン：なるほど、それは何(……)？

モーリー：見て。色がね（何があったかの説明）。

　ここからはいくつかの女友だち言葉の要素を見出すことができる。例えば、名前を使って注意をひいている（2回、マイラから）。マイラの意見「これで黄色がやれるね、モーリー」は、黄色がモーリーのお気に入りの色だという彼女の知識から出てきた発言である。

5　5人はどのように「他者とコミュニケーションをはかる」構えと「自ら責任を担う」構えを育んでいったか

　他者とコミュニケーションはかることと、自ら責任を担うことに関するこれまでの事例は、大方の予想通り、大部分が社会的コミュニティのレベルで生じている。これらの事例は、子どもたちが、自分がそのコミュニティの一員であることをより確固たるものにするための様々な方法（独特の言葉づかいを用いることを通じて）や、会話が続くようにしたり直面している課題に取り組むにあたってグループのつながりを維持したりするためにどんな方略をとっているかをとらえている。そこでは、課題を成し遂げたり物語を演じたりするために、互いの理解の**橋渡し**やその場にいるみんなの参加を維持する**組織化**の方略が駆使されていた。ごっこ遊びにおいては、子ども同士が対等かつ協同的にやりとりする様子がよく見られ、その中から、複数の意見を組み合わせた、たいていは似通った筋書きができあがっていった。これらはまさに、第2章で紹介した**パワーウィズ**の関係——つまり話し合い、協同、相互のやりとりといった相互主体的な大人と子どもの関係や子ども同士の関係——の実例となっている。
　これらの事例は、集団の中で子どもたちが他者とコミュニケーションをはかったり、責任を担って行動したりすることに、自ら進んで取り組み、その機会をとらえ、それに必要な能力を持っていることを示している。そうしたもの

をとらえるためには、社会文化的な文脈を踏まえる必要があるということはきわめて明白である。本章で見てきた乳幼児期のコミュニティはいずれも、子どもたちがその場にふさわしい方法で自ら進んでコミュニケーションをはかったり、責任を担って行動したりするよう促していた。

マオリ言語センターは、どんな活動や場面においても（絵を描くことも含めて）、相互に援助し気遣い合い協同し話し合うことへの構えを育む環境となっている。一方、保育園や幼稚園のいずれにおいても、全ての活動が相互的な理解の橋渡しや参加の組織化、あるいは相互援助という特徴を備えていたとは言えないが、少なくとも複数の活動はそうしたものであった。自分の考えを伝え、他の人の意見を聞くという、共同注意のエピソードにおけるロージーの構えは、応答的で双方向からの関わりが多く見られる保育園の環境とよく合致したものであった。そこにいる大人も、ロージーが自分で成し遂げようと努力していた橋渡しや組織化を率先して行うモデルとしての役割を果たしていた。ごっこ遊びにおける協同的な筋書きづくりは保育の場でよく見られたのに対して、他の活動や場面においては同様な協同的なやりとり（ニックの幼稚園におけるマーブルペインティングはその一例である）はそれほど見られなかった。グループでの活動を方向づけしようと、子どもたちが発達させている様々なコミュニケーション（ほとんどが音声言語によるものだったが）の方略や相互理解は、こうした事例の中に明確に見て取ることができる。

6 事例から引き出されるアセスメントのガイドライン⑦

本章において、いくつかの事例を通して見てきた学びの構えにとって、学びの**場**、つまり構えを育む環境は決定的に重要な問題であった。これらの事例から、さらにもう1つのアセスメントのガイドライン——すなわち、アセスメントは学びの共同体としての保育の場を守り、発展させるものである——が引き

出される。

ガイドライン⑦
アセスメントは、学びの共同体としての保育の場を守り、発展させるものである

　私たちが探究している「媒介手段による行為の中にある学び手」のアセスメントにおいては、その場において活用し得る媒介手段という観点が必要である。保育の場や教室を、学びの共同体としてとらえた事例は、様々な文献でも紹介されている。イタリア北部にあるレッジョ・エミリア市の保育プログラムは、地域に住んでいる芸術家や職人たちを保育に参加させたり、子どもたちと取り組んでいるプロジェクト活動を地域社会の中へ持ちこんだり、地域のプロジェクトを保育の場に取り入れたりすることによって、コミュニティへの参加というものを保育の中に組み入れようと意識的に取り組んできた。レッジョ・エミリアの保育プログラムにおける学びのドキュメンテーションは、学びの共同体のあり方を反映したアセスメントの一例である（Dahlberg/ Moss/ Pence 1999）。例えば「小鳥の遊園地」と名づけられたプロジェクトは、ジョージ・フォアマンとレイラ・ガンディーニによる同名のタイトルがつけられたビデオ（George Forman/ Leila Gandini 1995）に詳細に記録されている。3歳から4歳の子どもたちが、小鳥のために遊園地を設計し、建設したものである。そこでは、噴水と水車を観察し、その図面を描き、模型を作り、建設する活動が展開されている。大人たちは、そこでの「イマージェントカリキュラム（emergent curriculum）」のプロセスを、壁への展示やビデオや写真を使ってドキュメントしている。プロジェクトと、[地域の]参加と、個々人の成長は、密接不可分の関係にあった。学び手へのアセスメントとプロジェクトの評価は同じプロセスの中で行われていたのである。

　構えを育む環境を浮かび上がらせるアセスメントとしてここで紹介したいもう1つの事例はアン・ファイラーによるもの（Ann Filer 1993）である。彼女はまず、4歳のピーターの話すことと聞くこと（英国での学校教育の達成目標）に関する、小学校での1年目と2年目に行われたアセスメントを分析し、直接

自身（研究者）もピーターを観察した上で考察を行っている。

　1年目を担当した教師は、ピーターの語彙が不十分であるとアセスメントし、彼は授業を聞いているように見えるけれども聞いたことを理解できていないとコメントした。彼女はピーターを就学移行クラスに戻すことをすすめていた。それに対して2年目の教師は、彼が良好な生育環境と年齢にふさわしい十分な知識を備えており、話し合いに貢献し、「グループの中でよくやっている」とアセスメントした。彼女の結論は「特記すべき問題はない」というものだった。この2つのアセスメントの差異について分析したファイラーは、それはピーターの飛躍的な成長によるものではないと結論づけた。彼女自身一年生のピーターと何度も話し合いをしてきたが、その際彼は常に「言葉を自在に使って会話の話題を発展させていた」からである。

　彼女は2つの教室の環境を、教師の子どもへの接し方や教えるべき知識の枠組みという観点から分類した。「型にはまったもの」とされた1年目の教室では、学習カードを使うことや目に見える数値的な形で成績をつけることを基本にしていて、型にはまらない探究的な活動や遊びはほとんどなく、教えられるべき知識は教授的なやりとりという枠の中に閉じ込められていた。子どもたちの目に映っている家庭のことや子どもたちが関心を持つ文化に関わる話題は、教室から排除されているように見えた。教師は知識を持つ者としての立場を堅持していた。これに対して2年目の教室では、教師は、はるかに多様な状況に臨機応変に対応し、生徒たちとたくさんの関わりを持っていた。そこでは、1年目の教室に特徴的であった質問に対して回答するというやりとりとは異なり、率直に「感情を表現する雰囲気」があり、教室での話し合いは子どもたちの関心から生まれ、その話し合いはより予測不可能な形で進められ、うちとけた対話が繰り広げられていた。ファイラーは、1年目と2年目の教室においては、教師によって全く異なる言語環境が作り上げられていたと結論づけた。そして教室というものを、「子どもたちに**異なった**作用を及ぼし得る社会文化的な文脈」（p.208）ととらえ次のように述べた。

　アセスメントの**内容**にとらわれる――つまり、「達成目標の一覧表」なるものにしたがって掲げられた細々としたチェック項目、あるいはそれに類す

るものに注目する——ことによって、アセスメントの**プロセス**の中で起こっていることから私たちの目がそらされてしまうことは明らかである……。（アセスメントの結果を）数値として表示することの難しさや、構えと知的能力とを切り分けたり、社会階層によるバイアスがかかった教師の期待の影響と、自己成就的予言[*]による影響とを区別する難しさが、アセスメントを一筋縄ではいかないものにしている要因であることが明らかになってきている（ファイラーは本書で紹介していない数多くの参考文献を付け加えている）。

ロージー、キリワイトゥトゥ、ニック、マイラとモーリーらの観察事例、レッジョ・エミリアの事例、そしてファイラーの研究は、アセスメントは、そこでの学びの共同体のあり方を反映するものだということを示唆している。これまでの4つの章で概説してきた枠組みに照らして考えるならば、私たちの新しいアセスメントは、関心、熱中、困難ややったことがないことに立ち向かうこと、他者とのコミュニケーションをはかること、自ら責任を担うことを育む環境が必要となるということである。次章では、私たちがそうしたアセスメントをいかにして実践していくかを探究していくために、これまでの4つの章から得られた示唆とガイドラインをまとめて提示していくことにする。

---

[*] self-fulfilling prophecies　The Oxford English Dictionary (2nd ed.) によると「ある予言または予測が、その実現をもたらすような人間の行動を引き起こす性質をもっていること」であり、社会学者マートンは「状況についての誤ったとらえ方が、その当初の誤ったとらえ方が現実となるような、新たな行動を引き起こすこと」と定義した。教育の分野では、子どもが抱く自己の可能性についてのとらえ方が（例えばそれがポジティブなものであれば）、その後の子どもの成長や行動に大きな（ポジティブな）影響を与えること等を指して使われる。
——訳者

第6章　「学びの物語」アプローチの枠組み

1 新たなアセスメントのための9つのガイドライン

　第3、4、5章では、学びの構えの領域に関する事例を提示し、それぞれに登場する子どもたちとその子どもたちの学びに焦点を当てて分析する中から、こうした学びをアセスメントするためのガイドラインを引き出してきた。本章では、学び手としての子どもからアセスメントする人としての教師へと視点を転じ、アセスメントのプロセスそのものを見ていくことにする。もちろん両者は密接に結びついており、ある構えを育む環境において「構えを獲得している」学び手であるその子どもを見ていくという枠組みに変わりはないが、主役はここでは主として大人である。この視点からこれまで検討してきたアセスメントのためのガイドラインを改めて示し、それに新たに2つを加え、その上で

実践者たちが実践に移してきた新しいアセスメントの方法——「学びの物語」について概説することにする。

以下は、「関心を持ち、熱中し、困難に立ち向かい、他者とコミュニケーションをはかり、自ら責任を担う」子どもたちをとらえた事例から浮かび上がってきたアセスメントのガイドラインである。これらは、スキル＋知識＋意図＋社会文化的な営みやその人々＋道具＋モチベーションの集積である参加のレパートリーをアセスメントするための手がかりとなるものである。

①アセスメントは事前に予測することのできない発達をとらえるものである

発達とは事前に予測することのできないものであることを踏まえ、このアセスメントは、順序よく１つのステップから次のステップへと進む「発達の階段」モデルには依拠しない。植物にたとえて言うなら、発達と学びは、地下に茎ないしは根をはりめぐらせ時折地上に花を咲かせるスズランやアイリスのようなものである（例えば、ペティ・ラーザー(Patti Lather)は1993年、「地下茎」的発達観の妥当性について書いている）。このような性質を持つアセスメントには長期にわたる事例研究が適切である。

②アセスメントは学び手の視点を探究するものである

学び手には世界がどのように見えているかを探究することは容易ではないし、常に可能なわけでもない。しかし、しばしば地下にもぐっていて目に見えにくく、学び手のモチベーションが不可欠であるという学びの性質を考慮するならば、子どもたちは発言する権利を持たなくてはならないことは明らかである。カリフォルニア州のある１年生の教室において、サラ・メリットとアン・ハース・ダイソンは書き取りの授業をアセスメントしているが、そこで綴られていた子どもたちの日記には、正しく書くというスキルが発達しコミュニケーションが複雑さを増していったということだけでなく、互いの友情が育まれていく様子も映し出されていた（Sarah Merritt/ Ann Haas Dyson 1992）。

③ナラティヴ・アプローチは、計測可能な指標を使うよりも学びをより的確に映し出すものである

　これまで第3、4、5章において紹介してきた事例は、物語として、多くは長期間継続する複数の物語として展開された。そうした物語には周囲の環境についての記述が含まれている。また長期間にわたる物語に盛り込まれる豊かなデータは、解釈という作業を可能にする。ジェローム・ブルーナーは、ナラティヴとは思考の1つの様式であるとともに、意味を作り出すための媒体であると書いた（Jerome Bruner 1996, p.94, 邦訳p.52）。時にはスキルや知識が前景化されることもあり得るが、ナラティヴ・アプローチを使うことによって、学びの構えは過度の断片化から守られるだろう。

④集められた観察事例を協同で解釈することは有益である

　アセスメントは、計測可能な指標ではなく典型的な実践事例を手がかりにして行われ、教師たちは、学びをとらえる構成概念（例えば「このアランの事例は困難に取り組むという観点からとらえてみてはどうか」などと検討し合う）や参加のパターンのとらえ方を話し合いによって一致させていく。第3章で紹介した、学校のカリキュラムのアセスメントにおいて合意を目指す試みを通じて典型事例を蓄積していった経験はその一例である。

⑤多くの場合、手応えのある活動そのものがアセスメントとなる

　アセスメントする者は大人であるとは限らない。むしろ多くの場合、文化的道具や活動、社会的コミュニティそのものが、学び手自身に「成し遂げた」「うまくやった」という手応えをもたらし、事態がどんなふうに推移しているかを判断していることから、アセスメントとなっている。文化的道具や活動、仲間関係等は、子どもにとってその目標が明確だったり、子ども自身によって目標が設定されたりした場合には、子どもに何らかの手応えや喜び等の内的な報酬をもたらす。そうしたものには、例えばジグソーパズル、名前を書くこと、作ったり組み立てたりする活動、そして遊びに参加すること等が考えられる。

⑥アセスメントはそれ自体、子どもたちの学びの構えの形成に貢献する

「進んでやろうとする気持ちがあり、適切な機会をとらえ、することができる」の組み合わせである学びの構えは、学びの経験が頻繁に現れると同時に、それが支持され、認識され、注目される時に育まれるものである。アセスメントにおいては、子どものやっていることや長所に焦点を当てるという信頼モデルが前景化されなくてはならず、学び手がこの先「必要になる」であろうスキルや知識が不足しているところに焦点を当てる「問題点モデル」はほとんど使われなくなる。アセスメントは、ある場所におけるある場面を対象に行われるものであるが、それにもかかわらずそれ以外の場所でも参加を広げるような力強い構えを育てることを目指している。例えば英国のペン・グリーン保育センターでは、子どもと家族のために用意されたポートフォリオには、子どもたちが成し遂げたことが記録され、それらを大人が喜びをもって肯定的にとらえている。

⑦アセスメントは学びの共同体としての保育の場を守り、発展させるものである

アセスメントは、その保育機関が1つのコミュニティとして学びをどのように定義しどんな学びを提供しているかに即して、学びの共同体としての保育機関を守り、発展させるものでなくてはならない。アセスメントは、参加に関するものであり、行為の中の学び手が、その場所でこそ活用可能な媒介手段を用いた参加をとらえるものである。レッジョ・エミリアにおける保育のドキュメンテーションは、プロジェクト全体の進展についての評価と、それらのプロジェクトにおける子どもたちの参加の進展に関する評価とが、同じプロセスであることを示す一例になっている。

以上の7つのガイドラインは、具体的な事例から引き出されたものであるが、それらの事例の多くは、実践者が記録づくりのために特に十分な時間が保障されている保育や、その保育機関の中で他に何の責任を持たない研究者が観察者として入っているような調査研究から集められた。こうした具体的事例は、重要なガイドラインや原則の内容を分かりやすく説明するという点で示唆に富んでいるが、これらの事例はそれぞれの保育の場の現実に応じて読み取り

活用していく必要があるだろう。アセスメントにおけるこのような現実との照合は、実際にアセスメントにたずさわる大人のものの見方を尊重することを意味している。この点で、さらに次の2つのガイドラインが重要となる。

⑧アセスメントのプロセスは忙しい実践者にとって実行可能なものでなくてはならない

数年前に行った50人ほどの保育者を対象とした保育のアセスメントに関するワークショップを思い出す。初めに私は、学問はつねに新しい、なじみのない言葉を教えることを好むものだと説明した。そして「あなた方に慣れ親しんでほしい言葉が1つあります」と言って、ホワイトボードに「昼食時間」と書いた。このアイディアは、笑いと共感的なざわめきで迎えられた。解釈的方法を用いるアセスメントの困難の1つは、膨大な時間をかけて長期にわたる観察を記録することよりも、その同じ時間を子どもと過ごすこと（あるいは昼食をとること）に使った方が有意義だと保育者に思われている点にある。実際、実践者たちの目から見てアセスメントに費やす時間が有意義な時間となっていない現実が多々ある中では、このように思われるのも無理はないのである。運営管理部門や外部機関はしばしば実践者に記録づくりについて過大な要求を突きつける。それに対する1つの対処法は、数値化された尺度やチェックリストを使うことで記録にかかる時間をできるだけ短縮することである。しかし、アセスメントが真に子どもの学びを援助するものでなくてはならないとしたら、これまで述べてきたガイドラインが示す原則からみて、そうした対処法はむしろ弊害をもたらすものとなる。プロセスを的確にとらえるために必要な時間や労力をかけつつ、そうしたやり方が実行可能になるように、またそれ自体が興味深く楽しい営みとなるように、解決策が見出されなければならない。

⑨アセスメントは実践者にとって役に立つものでなくてはならない

グレイの哀歌を通常とは異なる文脈で引用し、再び植物の比喩を用いるなら、アセスメントというものは「恥らって人目にふれず咲く花は数知れず、色香をば、むなしくも荒野に散らす*」と表現できるかもしれない。分析もさ

れず使われもしない観察の記録やランニング・レコード**が、数え切れないほどのポートフォリオや記録用の冊子、書類棚の中に目を向けられることもなく埋もれている。私たちは、アセスメントが進行中の教育的働きかけと学びのプロセスにとって有益な情報をもたらす（inform）とともに、そのプロセス自体を形作っていく（form）要素ともなるという意味で形成的なもの（formative）となること、そして実践者に役立つようになることを望んでいる。

2 「学びの物語」で子どもの学びを丸ごととらえる

　これまで第3、4、5章において、行為の中に現れた学びの構えを構成する諸領域を、多くの子どもについての**物語**を使って説明してきた。それらの物語には、子どもを取り巻く文脈、さらには大人や仲間との関係が含まれていることが多い。また、活動あるいは目の前の課題に焦点が当てられるとともに、物語には、語り手による解釈もつねに含まれていた。ここで言う語り手とは、子どもたちをよく知っていて、関心、熱中、挑戦、コミュニケーションと責任という学びの構えが新たに現れたり継続し発展したりしていることを示す証拠に注目してきた大人を指しており、いくつかの事例ではそうした解釈の証拠をリストアップすることができる。例えば、共同注意のエピソードにおける自ら責任を担うことに関するいくつかの事例には、「［理解の］橋渡し」と「［参加の］組織化」という共通点を持っていた。
　一方、他の事例では、解釈とは、子どもをよく知るということであり、とりわけ発達には「地下」に隠れている性質があるということが明らかになった。

＊ 18世紀の英国詩人トマス・グレイの代表作『墓畔の哀歌』からの引用。福原麟太郎訳『墓畔の哀歌』岩波文庫、100頁、1958年。——訳者
＊＊ running records　アセスメントのための観察記録の1つで、一定の時間、子どもが何をし、何を言ったかについての詳細なナラティヴ記録。——訳者

サリーが悲しみに耐えていた事例はその一例である。これらの物語の多くは、長期にわたる一連の出来事の一部であり、大勢の語り手が関わって、書き手と協同して解釈を行った（モーゼズの両親、ロージーの保育園の職員たち、アランの教師たち等）。

　物語という方法によって、状況に埋め込まれた学びの方略にモチベーションという要素も加わった複雑な様相をとらえることが可能になる。ジュディ・ダンによる子どもの人間関係に関する研究（Judy Dunn 1993）は、物語が、社会的なものを認知的なものや感情的なものと統合していく様を浮かび上がらせた。さらに、物語は子どもの声を組み入れることができるという点については、スー・ライルの研究（Sue Lyle 2000）が示している通りである。彼らは、参加と文化という概念を重視し、ジェローム・ブルーナーのナラティヴに関する研究に依拠して、学びを理解するための枠組みとして物語を活用している。メアリー・ビーティ（Mary Beattie）は、イェイツの詩「小学生たちのなかで」（W. B. Yeats、邦訳p.241）を引用して、物事を一体のものとしてとらえるという物語を使ったアプローチの特徴を強調している。

　　おお、橡（とち）の木よ、大いなる根を張り花を咲かせるものよ、
　　おまえは葉か、花か、それとも幹か。
　　おお、音楽に揺れ動く肉体よ、おお、輝く眼ざしよ、
　　どうして踊り手と踊りを分かつことができようか。

「学びの物語」とは何か

　物語という方法を用いることで、私たちが大切だと考える学びの成果をとらえることができることに気づいた筆者と多くの乳幼児に関わる実践者たちは、従来のアセスメントに代わる新たな方法を試行し、発展させ、必要な修正を重ねていくよう導かれていった。私たちはそれを「学びの物語」アプローチと名づけた。「学びの物語」は、第3、4、5章で提示したナラティヴな方法を用いた観察と似ているが、それらをより構造化したものである。それは日常場面

で行われる観察である。目標とする学びの構えの5領域のうち1つ以上が一人ひとりの子どもたちの姿の中に現れた場面を生きいきととらえた「スナップ写真」あるいは臨場感のある記録を継続的に積み重ねていけるようデザインされている。

学びの構えの5領域は、次のような行為として言い換えることができる。すなわち関心を持つ、熱中する、困難ややったことがないことに立ち向かう、考えや感情を表現する、自ら責任を担う、あるいは他者の視点に立つという5つの行為である。この枠組みは、アセスメント・プロジェクト［序文参照］の一環として1995年から数年かけて開発されたものである。プロジェクトに参加した5種類の保育の場の職員たちは、個々の子どもたちとそれぞれの保育プログラムに即して、何を基準にこうした行為に該当すると判断したらよいかについて討議した。そして実践者たちはこれらの行為のうち1つ以上を明瞭に示している「決定的な出来事」（Gettinger/ Stoiber, 1998）を集めていった。1人の子どもについて長期にわたる一連の「学びの物語」が集められ、それらの物語の特徴が丁寧に分析された。子どもたちの物語は、しばしば写真、子どもたちの作品のコピー、子どもたちによる説明とともにフォルダーやポートフォリオに保存されていった。

以下は、ショーンという4歳の子どもの「学びの物語」である。彼は（第3章に登場した）アランと同じ幼稚園に通っていて、扉プロジェクトの一員でもあった。彼のポートフォリオには彼が木工用のきりを使っているところを撮ったポラロイド写真が収められている。写真には、教師の1人であるアネットによって書かれた以下のような短い「学びの物語」がつけられていた。それは、ショーンが「行き詰まった（stuck）」時でも、難しい課題に粘り強く取り組んでいる場面を描いている。その一部を紹介する。

「アネット先生、きりの先が少し小さすぎるよ、もっと大きいのをちょうだい」。私たちは、まず穴をあけて、それからねじを差し込むためにきりを使う。「どんなねじ回しが必要かな？」「平らなやつだよ」。ショーンは正しいねじ回しを選んでそれを使おうとした。「動かない（stuck）なあ」。彼はどんなに難しくてもめげずにがんばり続けた。

この場面について記録された文章と写真は、翌日、ショーンと教師が話し合う時の手がかりとして有効に活用する上で十分な具体性を備えていた。この物語は、ショーンが自分で選んだ難しい課題を成し遂げたというような類似の場面を伝える他の事例とともにファイルされた。大半の保育機関には、同様の目的のために考案された「学びの物語」の独自の書式がある。教師は定期的にこれらの物語を振り返り、様々な方法でその子の成長を促すための計画を立てる。例えば、ショーンの幼稚園では、困難に取り組むという領域には次のものが含まれている。計画を実行する（そして計画を修正する）、困難な課題あるいは複雑な課題に取り組む（選ぶ、取り組む、あるいはやり遂げる）、間違いあるいは問題を認識する（そしてそれを解決するために計画を立てる、あるいは実際に解決する）。

　ショーンの場合、困難に取り組むということに焦点が当てられていたように、多くの「学びの物語」の取り組みは、学びの構えのどれか１つの領域に焦点を当てることから始められた。しかし、その後２つのプロセス——すなわち重なり合うことと連続して現れること——を通じて、学びの構えの５つの領域が統合されていく。

学びの構えの各領域の重なりと連続性をとらえる

　重なり合いというのは、関連する複数の領域が互いに影響し合って現れることである。関心と熱中はしばしば同時に生じ（とはいえ熱中することなしに関心を持つこともあり得る）、また創造的な問題解決は（いつもそうとは限らないが）しばしば熱中と困難への取り組みの双方に現れた。困難に取り組みやり通そうとするモチベーションを持つ子どもたちは、しばしばその過程で自分の考えや感情を表現する。共同注意のエピソードには、自分の考えや感情を表現し、他者の視点に立って見ること（自ら責任を担うこと）が含まれる。一方、エミリーの場合は、彼女が他者の視点に立って見る力を身につけていったことには、自分は正しいと見られたいという思いや、誤りを犯すことに対する不安とが関連していたことが考えられ、他者の視点に立って見ることと困難に取り組

図6-1　学びの物語の連続性

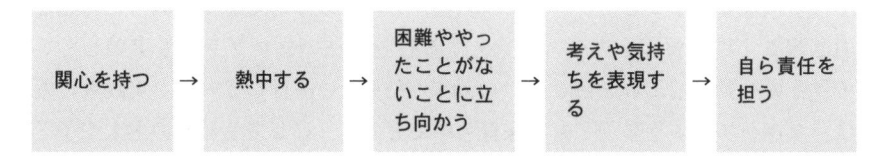

関心を持つ → 熱中する → 困難ややったことがないことに立ち向かう → 考えや気持ちを表現する → 自ら責任を担う

むこととの間には相反する関係が見られた。ある研究によれば、自ら選択することと主体的に行動すること（自ら責任を担って行動すること）によって、生徒の関心や達成感が高まることを示している（Yair 2000, p.205）。

　もう1つのプロセスである**連続して現れる**とは、学びの構えの領域のこうした統合を、行為の連続として見るということである。ダニーの困難への挑戦は、関心と熱中に引き続いて現れた。ごっこ遊びの中でロージーが進めた交渉ごとは、関心、熱中、困難への取り組み、自分の考えを表現し、他者の視点に立つということの積み重ねであった。［**学びの構えの各領域に対応する**］行為の連続性については図6-1に示している。

3　「問題点モデル」から「信頼モデル」への転換
　——ブルースの「学びの物語」

　ブルースは保育園に通う4歳児である。「学びの物語」アプローチをアセスメントとして導入する以前には、園ではチェックリストが使われており、子どもに身につけさせるべきスキルに、できたかできなかったかの印と日付が記入され、できないとされた項目が取り上げられ検討されていた。教育的介入は、スキルと問題点に着目するアセスメントのシステムの一環として計画されていたのである。ブルースのチェック表にはいつも社会的スキルの項目に×印が記

入されていた。彼はしばしば攻撃的になり他の子どもたちに恐れられていたので、不機嫌であることが多かった。職員たちは、攻撃的で怒りに満ちた行動を引き起こす環境要因をアセスメントする行動療法のプログラムも実践していて、その行動の前ぶれと働きかけの効果（結果）に注目していた。実践者たちは、ブルースのような子どもが保育の中でどのようにしてまわりの大人や子どもたちの注意をひこうとするのかということしか知らなかった。それに対して現在では、「学びの物語」の枠組みとなっている学びの構えのカテゴリーを念頭に置いて、ブルースが何かに関心を持ち熱中している時のことや、彼が困難に立ち向かい、他者に受け入れられるような方法で自分の考えを表現し、自ら責任を担おうとしている時のことを記録に残すようになった。そうした中で、彼らは未だにブルースの攻撃的行動を統制しなければならないことはあるものの、一方で以下のような物語も現れ始めた。「学びの物語」は、他者に受け入れられる方法でコミュニケーションをはかることや、話し合いや人との関わりの中で自ら責任を担うことに対して、ブルースの中に現れつつある「進んでやろうとし、機会をとらえ、することができる」姿を記録し、励ましている。

学びの物語1

　ルイーズとブルースは日なたになっている小山の上にマットレスをいくつか広げ、それぞれがどちらのマットレスに横になるか話し合っている。

ブルース：（ルイーズに）ぼくがお父さんになるよ。
ルイーズ：だめ、ジーニーがお父さん。
　　　　　ブルースがジーニーに近寄り、じっと彼女の顔を見つめた。
ジーニー：わたしがお父さんよ。
ブルース：お父さんが2人いてもいいんじゃない。
ジーニー：だめよ。
ブルース：じゃあぼくは友だちになるね。

　これはジーニーとルイーズには受け入れられたようで（彼女たちは「イヤ」と言わない）、彼らはしばらくの間、仲よく一緒に遊んだ。

この「物語」は、ルイーズとジーニーが今ではブルースに対して「だめ」と言えるようになったという事実もさることながら、ブルースが友だちと交渉できる力を持っているということを浮かび上がらせている（「お父さんが２人いてもいいんじゃない」「じゃあぼくは友だちになるね」）。今のところこうした力の発揮は、ルイーズを巻き込んだごっこ遊びに関する物語に限定されているが、職員はこうした力が他の場面においても発揮されるだろうという楽観的な見通しを持っている。以前の彼は、たいてい相手を押したりたたいたりして自分の考えを表現していたのである。

学びの物語2
　ブルースは、エイミーが自分をひっかいたと思っている（多分事実である）。彼は、それはイヤだと彼女に伝え、彼女を追いかけ、ミリー（教師）に自分は彼女（エイミー）をぶっていないと説明する〔ミリーももう１人の教師もそれを肯定的に受け止めた〕。

　これはブルースが自分の行動を自分で意識的に統制しようとした姿が観察された最初の頃の事例の１つである。ここでは、彼に期待されていた、何らかの形で自ら責任を担う行動というものが見られる。教師の応答には、このことを認める発言が含まれていた。

学びの物語3
　ブルースはアニーに自分が積み木と動物の人形で作ったものを見ていてくれるよう頼み、彼女はそうしようと試みる。ある段階で彼は言う。「アニー、いいよ、もう大丈夫だから！」。
　ブルースは、大人の注意をひきたいときには、これまでのように受け入れがたい出来事を引き起こす代わりに、大人を呼んだり大人のところへ行ったりし始めている。

学びの物語4
　今朝、ブルースは宣言する。「ぼくは良い海賊だ」「そしてみんなを助けるんだ」。

混乱や妨害から他の子どもたちを守ることやブルースに注意を払うことに大人たちは今なお多くの時間を費やしている。しかし今では、ブルースが相手から受け入れられるような方法でコミュニケーションをはかり、自分の行動に責任を持つような数々の物語の方に注目するようになっている。そして彼らは職員会議でこうした物語を検討し、ルイーズとの遊びを積極的に促したり（このことでのルイーズの心地よさが損なわれていないかにも注意を払いつつ、可能な場合は他の子どもも巻き込んで）、彼の海賊の物語を（剣で人々を殺したり人質を取ったりするよりも、人々を助けたり宝物を見つけたりするようなお話で）再構成することを引き続き援助したりすることによって、こうした機会が増えるような計画を立てた。余裕のある日には、彼が赤ちゃんのような行動をとったときはすぐ寄り添ってあげられる体制をとる。職員たちはまた、彼が本当に大きくなったことを彼自身に思い起こさせる。例えば、こんなふうに——彼はベラ（教師）に砂で作ったものを見せる。「ねえ、キミーは小さいのを作ったけど、ぼくは大きいのを作ったよ」〔ベラ「そうね。キミーは小さくてあなたは大きいからね」〕。

　大人たちは、彼が作ったものがこわされないように、いつも見ているわけにはいかない理由を、彼のことを尊重していることを伝えながら、他の子どもたちのそばにもいなければならない責任があるということを分かりやすく——ここは誰もが他の人たち全員に対して責任を持つ場所であると——説明している。興味深いことに、他の子どもたちもブルースに対するこうした保育のカリキュラムに対して、自らも責任を分かち合って行動している。ブルースが筆者（訪問者）の頬をジグソーパズルのパーツでたたいた時、ロージーは筆者に「『そんなことはしないで、ブルース。そんなことされたらイヤよ』って言うのよ」と教えてくれた。アンディはブルースが穏やかに行動することを励ますという役割を次のように果たしていた。アンディはブルースが聞いているところで大人に次のように言う。「ブルースが（ぼくが道を作れるように）トラックを動かしてくれてよかった」。大人「そうね、ブルースがトラックを動かしてくれてよかったわね」（ちなみにその後ブルースがジーナに飛びかかり彼女を泣かせた時には、アンディは「それはおかしいよ、ブルース」と言った）。またその後アンディは、思いきり砂を投げつけているブルースから年少のポールを遠ざけ

て、「目に砂が入るから気をつけて、ポーリー［ポールの愛称］」と言った。
　職員会議では、ブルースの一連の物語や探究的行動は、強い人間でありたい、そして認められたいという彼の関心を反映しているように見えるという意見が出された。それらは、縄張りといったものに関わる場面でよく見られるという。彼はジャングルジムを「自分の」馬だと言い、砂場も「自分のもの」で、（彼がそこにいない時でさえ）限られた少数の者しか行ってはいけないと主張した。海賊のお話はもちろん彼のお気に入りである。そしてしばしば父親役としてごっこ遊びに参加したがったが、他の子どもたちは、大人もその遊びに参加して自分たちを守ってくれる時以外はブルースが関わることには警戒的だった。大人を自分のお供や聞き役にできることから、大人が脇役を務める物語もまたとても楽しんでやっている。理由は分からないが、白雪姫と七人の小びとの話もとても好んでいる。お家ごっこのコーナーでは、彼が大人や子どもたちのまわりに囲いを作った時、そのごっこ遊びは楽しく盛り上がり、長く続いた。その遊びは、まずブルースが虎になるところから始まり、ブルースが他の虎たちを守って囲いを作るというふうに展開していった（虎たちはままごとに熱中していたのだが、幸運なことにこの遊びを進めるブルースにとってそのことはさほど重要なことではなかった）。その日のもっと早い時刻には、彼は積み木コーナーで野生動物のおもちゃのまわりに囲いを作っていた。

学びの物語5
　ブルースが積み木コーナーにいる。
　彼は野生動物のまわりに囲いを作る。
　とても熱中している。

学びの物語6
　お家ごっこのコーナーでブルースはまず虎になった。私（教師）は、自分も虎になるから自分たち全員を囲うような大きな囲いを作ってはどうかと彼に持ちかけた（私は彼が今朝、野生の動物のまわりに囲いを作っていたことを知っていた）。他の子どもたちは台所で「朝食を作る」遊びをしており、ブルースに注意を向けていない。彼は私たちみんなのまわりに囲いを作る。

3　「問題点モデル」から「信頼モデル」への転換　　167

大人たちは彼がこれらの物語を作り上げ、穏やかに交渉し、他者の安全に対して責任を担うよう援助している。彼らは物語の建設的な展開を促し、それを記録し、さらにその物語を同僚にも、そしてブルース本人や家族にも繰り返し語り伝えた。

4　いかに学びを読み取るか──「学びの物語」の4つのD

　ブルースは、この学びの環境に参加するか否か、またどのように参加するかに関わる多くの判断を暗黙のうちに下していた。彼の関心をひく活動（動物や人々や建物を囲い、安全な区域を作ること）や社会的コミュニティ（ルイーズや大人たち）はいくつもあった。私たちはその理由をただ推測するしかないが、彼は様々な昔話を演じることを楽しんだ。彼はこうした環境を安心できる場であるととらえ、自分が参加したり感じていることを話したりしても大丈夫だと考えるようになってきたようだった。彼は、保育園におけるグループ活動の場面で、自分には、みんなに受け入れられ納得してもらえる方法で責任を担うことができる力があることに気づき始めた。そうした中で「学びの物語」は、どこに注意を向けたらいいかを職員に示して、教育的な働きかけをしていく基盤を提供するとともに、ブルースの学びに寄与し、ブルース本人と彼の家族にとってこうした行為が持つ意味を浮かび上がらせた。

　このようなアセスメントを行うにあたって職員たちは次の4つの方法で学びの読み取りを進めた。

　第1に、職員は、その場における学びの機会という視点とともに、ブルースの視点を踏まえて、ブルースの関心、熱中、挑戦、コミュニケーション、自ら責任を担うという行為として現れる**学びをとらえた**。第2に、ブルースの行為の全てについてではなく、その中からいくつかを選び出して**記録し**、第3に、職員会議において、別の関連する物語も思い起こしながら──それらの中には

互いに合致する場合もあれば、逆に意味合いの異なる場合もあるが——**話し合った**。そして第4に、「学びの物語」は、子どもとどう関わったらよいかの指針となり、それをもとに明文化された計画としても日常場面の中でも、**次にどうするかを判断した**。

以上の取り組みは大人たちの判断によって進められる。(とはいえ、子どもたちは可能な限り参加することとされている)。筆者はこれらをアセスメントの「4つのD」と名づけた。つまり学びをとらえること（Describing）、記録づくり（Documenting）、話し合うこと（Discussing）と、次にどうするか判断すること（Deciding）である。

学びをとらえることと次にどうするか判断すること

「学びの物語」は、事前に予測することのできない性質を持った発達をとらえるにあたっても、参加のレパートリーをとらえる**とともに**より豊かにしていく際にも、十分に幅の広い視野を持ったものであった。実践者が「学びの物語」をどのように使って学びをとらえたか（第7章）、そして保育を次にどうするかを判断したか（今後のさらなるの学びの計画を立てる）（第10章）について詳しく描き出すことで、「学びの物語」の次のような可能性を明らかにしていく。

●事前に予測することのできない性質を持った発達をとらえる
●子どもたちの学びの構えの形成に貢献する
●学びの共同体としての保育の場を守り発展させる
●計測可能な指標を使うよりもより的確に学びを映し出す

「学びの物語」は、参加の変容を促す（さらに発展した深い学びを育む）、学びを狭めることを防ぐ、教室の文化をその参加者へ伝達する、日々生まれている物語を新たに再構成するという点で教育的な手段である。

参加の変容を促す

　参加の変容、つまり発達は、「学びの物語」を書くことによって、次の4つの道筋を通って促すことができる（第10章ではこうした発達のために計画を立てる実践者の事例を紹介する）。頻度、時間の長さ、深さ、広がりという4つの道筋である。第1に、ある共通のパターンをたどる**類似したエピソードがより頻繁に見られるようになり**、時折現れるに過ぎなかった行動がはっきりとした1つの傾向となる。第2に、エピソードの中に図6－1で示したような行為が連続してより多く現れるようになるという意味で、**物語は長くなっていく**。ジェイソンの行為は当初、熱中しているということと困難に取り組んでいるという特徴を持っていたが、ジェイソンが他の子どもたちに教え始めたことで、物語はどんどんつながって展開していくようになった。第3に、**物語はより深くなっていく**。そして、学びはより複雑になっていく。ショーンが通う保育機関では、多くの子どもたちにとって、困難に立ち向かうという行為は、1つの計画を作ることから、次第に複雑になっていく計画に基づいて作ったり、それをさらに修正したりすることへと発展していった。そして第4に、**物語が現れる場面が広がっていく**。ネルは、人間関係における困難を巧みに解決していく一方で、技術的な困難が含まれているような場面を避けようとする子どもであった。しかしマーブルペインティングの箱を組み立てる際には、困難に立ち向かい始めた。

　キャロライン・ギップスは、学びとは**参加**であるという見方を参照しつつ、社会文化理論の枠組みから見れば「アセスメントは、外的で形式的な取り組みというよりもむしろ、教育の過程において不可欠なものであり、教室における社会文化的な生活に根ざしたものである」（Caroline Gipps 1999 p.378）と述べた。またヴィゴツキーの研究に言及しながら、彼の「発達の最近接領域」概念と同様、アセスメントもまた他の人々や道具に支えられた時、**最もよく達成される**と示唆した。そして教室における社会文化的生活に深く根ざしたアセスメントを行うためには次の3つの方法があると述べている。第1は、広範囲にわたる行為や活動を丁寧に記録しながら学びの過程を一定期間にわたって映し出すポートフォリオを用いる方法である。第2は、協同的な取り組みに参加している生徒たちをアセスメントする方法である。ときには生徒たちが協力して問

題についての考えを深め解決策を探っていかなくてはならないようなやり方、つまり責任を担わなくてはならないような方法を工夫して、そうした場面におけるグループ内の人間関係ややりとりを観察する方法である。第3は、自分たちの学びに対する学び手自身の見方を取り入れたり、アセスメントについての話し合いや自分でアセスメントすることに参加させたりする方法である。ギップスは「この分野の仕事の大半はまだ研究途上である」と付け加えた。「学びの物語」は、そうした仕事を研究の世界からひっぱり出して、日々の実践の中へ持ち込もうとするものである。一方で研究は、アセスメントの目指すものとガイドラインとのつながりを探究し続けていかなければならない。今やそうした研究の多くは、教師たち自身によって進められるものとなり、実際すでにそのようにして進められつつある。

学びを狭めることを防ぐ

　（メアリー・ジェイムズとキャロライン・ギップスがより高度のスキルと「深い学び」について論じた（Mary James/ Caroline Gipps 1998）際述べたように）「学びが狭くなることを防ぐためにアセスメントの裾野を広げる」ことが重要だと考えるのであれば、私たちはより複雑なアセスメントの方法を解明しなくてはならない。「学びの物語」はそうした方法の１つである。筆者は、第１章で、保育のアセスメントにおいては、研究者が実践現場における複雑な学びを研究する際に解釈的で質的な方法を選択するのと同様、解釈的で質的なアプローチを用いるべきだと述べた。それは行為の中の学び手、あるいは関係の中の学び手というより広い枠組みや、モチベーションを含む学びの成果の集積に関心があるからである。

教室の文化をその参加者へ伝達する

　「学びの物語」は、「今、ここにある」学びの文化を記録する。すなわち、「われわれが今、ここでしている」こと、そして「今、ここではわれわれが価値あるものとしている」ことを記録するのである。教育における物語というものは通常、教師が語る物語であり、教師についての物語である（例えばジーン・クランディニンとマイケル・コネリー、メアリー・ビーティらの研究（Jean

Clandinin/ Michael Connelly/ Mary Beattie)、またスー・ミドルトンとヘレン・メイによる教師の物語（Sue Middleton/ Helen May）を参照）。それらの物語は、文化や共同体としての教室や保育機関がどんなことに関心を払っているかを反映している。シグラン・グドムンズドティは、カリキュラムにおける物語的構造に関する記述の中で、物語というものは「教えるための媒体」(Sigrun Gudmundsdottir 1991, p.212) であると説明している。ジーン・レイヴとエティエンヌ・ウェンガーは、実践共同体 (community of practice) での伝承においては、物語を語ることが重要な役割を担っているとして、次のような事例を紹介している。メキシコ・ユカタン地方に住むマヤ族においては、将来産婆になることとされている少女たちは「難しいケースや奇跡的に成功した結果など」の物語を聞くことでやがて本当の産婆となっていくというのである (Jean Lave/ Etienne Wenger 1991, p.68、邦訳p.47)。

日々生まれてくる物語を新たに再構成する

　ブルースの事例が示しているように、「学びの物語」は、問題点に着目する方法を取ることから生まれる悲観的な物語を新たなものへ再構成することができる。カウンセリングに関する文献においては、回想を繰り返していくそうした営みを説明するのに**ナラティヴ**という用語を用いることが必要不可欠になってきている (Monk/ Winslade/ Crocket/ Epston 1997)。カウンセリングで用いられる「ナラティヴ・セラピー」アプローチにおいては、カウンセラーは問題を解決する専門家ではなく、患者は共に患者の経験を「物語る」人とされている。通例、治療という文脈においては、こうしたナラティヴはある種の束縛となり始め、患者はそれを変えたいと望むようになる。セラピストと患者は、これまでとは異なるナラティヴが立ち現れてくるのを探し求める。彼らが「輝かしい瞬間 (sparkling moments)」と名づけるものである。無力感と絶望に彩られたナラティヴが、有能感と楽観主義にあふれたナラティヴに変わっていく。問題点とされていたものが、変えることができる社会の構造的な問題として解釈されるようになる。こうした楽観的な物語はこれまで他者によって読み取られることはめったになかったが、人生という物語において、読み手という存在は、その再構築に貴重な影響を及ぼし得る重要な役割を担うものなのである。

話し合うことと記録づくり

「学びの物語」は、4種の関係者、すなわち職員や子どもたち、家族、外部評価担当者にとって分かりやすく、利用しやすいものとされてきた。第8章と第9章では、「学びの物語」に取り組む実践者たちが、様々な方法で話し合ったり記録したりすることによってアセスメントを共有していく経過を詳しく描き出すことで、「学びの物語」の次のような可能性を明らかにしていく。

- 学び手の視点を探究できる
- 集められた観察結果を協同で解釈することができる
- 手応えのある活動そのものがアセスメントとなる

アセスメントにおいて、学びについて子どもたちと話し合うことが重要であることについては、すでに第2章で事例を1つ引用して述べた。ハリー・トランスとジョン・プライヤーの報告（Harry Torrance/ John Pryor 1998）によれば、就学移行クラスに参加して2日目の4歳児エロイーズは、ベースライン・アセスメントのために行われた教師との話し合いの中からすでに、教室の中の力関係やそこで価値があるとされる学びについての明確なメッセージをくみとっていたのであった。ローナ・ワインスタインは、子どもたちは大人が期待していること——そのメッセージが言語的なものであれ非言語的なものであれ——を敏感に感じ取っており、とりわけ教師の期待は、自らの学びに対する子どもたち自身の期待が形作られる上で決定的な影響力をもっていると主張している（Rhona Weinstein 1989）（第9章で教師の期待の高低がもたらす影響についてより詳細に論じる）。トランスとプライヤーはさらに、エロイーズの数ヵ月後の成長について教師が行ったアセスメントを紹介しながら、教師と子どもの初期の関係のあり方はその後も継続し、将来に及ぶ相互の関係をも枠づけていくことがあると指摘している（Harry Torrance/ John Pryor 1998, p.81）。このエロイーズと教師の関係は、**パワーオン**［power on 教師が子どもに対して一方的に

力を及ぼす]の関係を示す事例として前に紹介した(第2章参照)。数ヵ月後、その教師は依然としてエロイーズの学業の向上ではなく、彼女の順応性に主たる関心を持っていたという。

　これに対して、この節の冒頭に挙げた3つのガイドラインは互いの力を共有し合う関係に関するものである。「学びの物語」によってアセスメントするということは、[保育者が]学び手の視点を探り、[解釈を行う際には]他者の解釈を取り入れ、そして文化的道具や活動や社会的コミュニティが媒介となって学びをもたらしている環境を描き出すことである。それは、学びと教育的働きかけとの間にパワーフォー[power for 支持的]でパワーウィズ[power with 対等]な関わりを打ち立てることと表裏一体となっているようなアセスメントである。それらは、学び手が自ら責任を担う構えを育む環境の不可欠な要素としてデザインされている。

5 小括——枠組みは実践の場において変更が加えられていく

　本章では、前章までに行った学びに関する理論的な分析を振り返りつつ、第1章で掲げたアセスメント実践に関する問い——すなわち、私たちは、乳幼児期の学びの成果をどのようにアセスメントしたら、子どもの学びを守り、促すことができるだろうか？——に対する回答に着手してきた。第3章～5章では、複雑な学びの成果の発展を支えるアセスメント実践のための7つのガイドラインを提案した。さらに、アセスメントは実行可能で実践に役立つものでなくてはならないという実践者の声を受け止めて、さらに2つのガイドラインが付け加えられた。これら全てのガイドラインはそれぞれ次章以降にも貫かれていくことになる。本章では、これらのガイドラインを用いて、「学びの物語」という名のアセスメントの枠組みについて論じてきた。次の4つの章はその実践に目を転じていく。「学びの物語」の枠組みが、多様な保育の場でどのよう

に実施され、それぞれの学びの場や具体的な場面に即して「学びの物語」の枠組みにどのような変更が加えられてきたかを論じていくことにしよう。アセスメントのプロセスにおける4つのD、すなわち、学びをとらえること（Describing）、話し合うこと（Discussing）、記録すること（Documenting）、次にどうするか判断すること（Deciding）が、次章以降の論題となる。

第7章　「学びの物語」アプローチの実践プロセス①
学びをとらえる

　本章から第10章までの各章は、主として、アセスメントの方法として「学びの物語」アプローチを取り入れた5種類の保育の場における保育者たちの経験から得られた知見を拠りどころにしている。事例やコメントもまた、アセスメント・プロジェクトをきっかけに「学びの物語」を実践してきた保育機関から得られたものである。実践者たちは、従来とは異なるこの新たなアプローチに果敢に取り組む中で、学びとアセスメントに関してそれまで固く信じてきた見解の多くが問い直されることになった。つまり、彼らは、筆者が第1章で述べたのと全く同じような経過をたどって自分たちが前提としていた考えを疑うようになっていったのである。同時に彼らは、この新しい取り組みが自分たちの保育にとっても役立つものとなる方法を探究していった。

　こうした「学びの物語」を使ったアセスメントの様々な実践を4つのプロセス、つまり学びをとらえること（本章）、話し合うこと（第8章）、記録づくり（第9章）、そして次にどうするか判断すること（第10章）にわけて考察してい

くことにする。学びをとらえることとは、学びを定義することであり、それぞれの場で提供されている学びの機会に即して、学びを構造的にとらえる視点を発展させたり見直したりすることである。話し合うこととは、ある解釈を見出し、またそれをめぐって議論を深めるために、他の職員、子どもたち、家族との間で話し合うことである。記録づくりとは、アセスメントしたものを何らかの方法で——例えば文章や写真、または保存しておいた作品等を用いて——記録に残していくことである。次にどうするか判断することとは、具体的な手立てを決定することであり、その場に即応して行われる日常的な応答、あるいは明文化された計画のことである。

　実際のアセスメントのプロセスは、必ずしもこうした順番で行われるとは限らない。ある学びを、例えば「これは責任を担うという事例である」などととらえ、話し合いや記録を経ないまま、どのように対応するかを判断することもあるだろう。記録づくりに至らないアセスメントは多いし、全てが他の人々との間で話し合われるわけではない。また記録づくりの後でその事例が話し合いを発展させるきっかけとなることもある。4つのプロセスは、図が示しているように、かなりの程度重なり合っている。詳しくは後に述べていくことになるが、話し合いは、しばしば学びをとらえたり次はどうすべきかを判断したりすることであるし、記録づくりは話し合いの話題を提供するものであり、家族の

＊政府の補助金を受けているニュージーランドの保育機関は、何らかのアセスメントを記録することとされている。1996年に出された改訂版『望ましい目標と実践』(DOPs=Desirable Objectives and Practices) には、アセスメントに関して次のように書かれている。(ⅰ) 教育者は、一人ひとりの子どもの学びと発達の状況について分かっていること、了解していることを明確に示し、個々の子どもの学び目標を見極め、この情報を、カリキュラムの要綱を計画し、評価し、改善する基盤として用いなければならない。(ⅱ) 教育者は、次のような点を踏まえて、カリキュラムとアセスメントの実践を行わなくてはならない。(a) 子どもが学ぶ過程の全体を反映する、(b) 子どもと他の人々、そして学びの環境との間の相互的な関係を反映する、(c) 両親／保護者、適切な場合にはファナウ〔拡大家族〕を巻き込む、(d) 子どもたちの、自分は役に立つ人間で、有能な学び手であるという感覚を高める。(ⅲ) 教育者は、両親／保護者、適切な場合はファナウが、……彼らの子どもの成長や関心、能力そして基本的な発達のための諸領域について、具体的な観察に基づく証拠を共有しながら、公的な場でも非公式な形でも、話し合う機会を提供しなくてはならない (ニュージーランド教育省、1996ｂ)。これらのDOPsは、1998年に義務となった。——著者

図 「学びの物語」アプローチの実践プロセスにおける4つのD

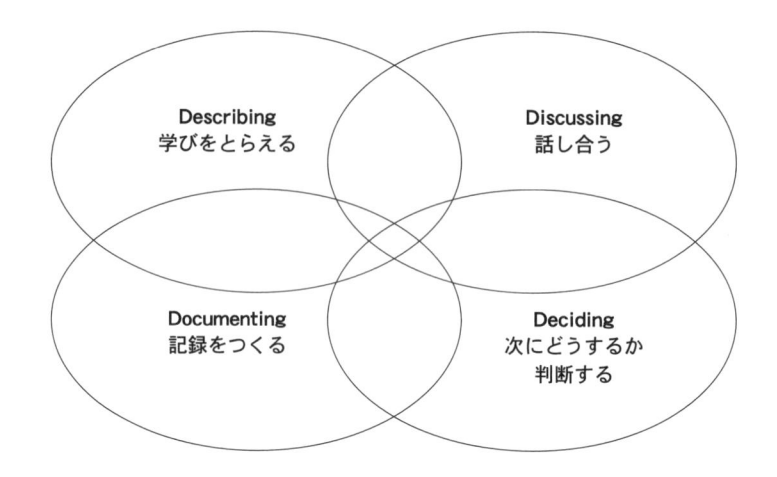

```
         Describing              Discussing
         学びをとらえる              話し合う


         Documenting             Deciding
         記録をつくる              次にどうするか
                                 判断する
```

意見も加えて記録をつくっていくことは、話し合いときわめて似かよったものである。

　本章では、それぞれの保育の場の実践者たちが、子どもたちの**学びをどのようにとらえ**（describing）、学びの構えの領域に関わる枠組みを適用していったか、そしてそうした過程でどのようにアセスメントの典型的事例を豊かに蓄積していったかについて述べていくことにする。**学びをとらえる**というプロセスの中で、それまで抱いていた前提の問い直しをせまり、特に強く関心をひいた点は以下の通りである。

- 子どもたちがやらなかったことに関心を向けるのではなく、子どもたちを信頼しそのやっていることに焦点を当てること
- それぞれの場における学びの機会や保育プログラムを反映して、観察する際の視点の構造を発展させること
- 進んでやろうとすること、機会をとらえること、することができることを、前景化したり背景化したりすること

1 子どもを信頼し、そのやっていることに焦点を当てる

　「学びの物語」は、関心を持つこと、熱中すること、困難ややったことがないことに取り組むこと、考えや感情を表現すること、そして自ら責任を担うことという各領域において、何かをやろうとしたことに関するエピソードを描き出す。筆者は前に、意欲 (inclination)、あるいは**進んでやろうとすること**を前景化することから、子どもを信頼するという信頼モデルは、学びの構えの形成的アセスメントに適した方法であると述べた。何かをやろうとする意欲は、子どもの参加のレパートリーの不可欠の一部となり、学び手としての自己像の獲得につながっていく。ジェイソンにとっての学び手としての自己像は、学校に行く頃には、自分の得意分野であれば他の人たちに教えることができる有能な（困難に取り組み、おもしろがるような）問題解決者として自分を見るというものとして形成されていた。より多くの保育機関がアセスメントの方法として「学びの物語」を試していく中で、彼らを最初にひきつけるのは、子どもたちを判定したり、何かが欠けている存在と見なしたりしないというような、このアプローチの学びをとらえる視点が持つ**子どもを信頼する**という本質なのではないかと筆者には思えるようになった。これは保育における自分たちの役割をどうとらえるかにも関わってくる問題であった。他方、時折彼らは、このアセスメントの一連の内容は、子どもの悪い行動を不問に付すよう実践者に求めるものなのではないかという不安も表明した。そうした意味において彼らは、それらの視点は、学びの構えを育むために必要なものだということを理解する必要があった。

　[アセスメント・プロジェクトの] 初めの頃、ある保育の場での実践者たちとの会話からは、何を学びとしてとらえるべきかについての困惑や、アセスメントとは子どものニーズや問題点をとらえるために行うものだという考え方が前

提となっていることが感じられた。さらにそうした考え方には、アセスメントを行った後には、問題点を直すための教育（一方的に教えることが想定されている）を行わねばならないというもう1つの前提が結びついていた。こうした当初の考え方は、それゆえ、いかなるアセスメントも行うべきではない、などという形で表明された。

「そうはいっても、私たちは子どもたちを評価したくないんです。目の前の子どもたちが大事なんですから」
「だめです、個々の子どもを評価するのではだめです」
「いや、違うんです。それ〔アセスメント・プロジェクト〕は役に立たないのです。それはこの園にとっても、誰にとってもです」
「私たちの保育の目的は、子どもたちに何か特定のことを達成させようとするものではないのです。その意味でそれを行うことは有益ではないのです」
研究者「みなさんは実際に自分たちの保育プログラムについては何らかの評価を行っていますね？　そこでは何を評価するのですか？」
「私たちが行う評価は、……私たちが方針に掲げた遊びの様々な領域をもれなく実践できているかどうかをみるものです。それは……」
「全ての子どもたちが参加しているかということです」
「全ての子どもたちが参加していて、自分でやりたい活動を選ぶことができていて……それを試してみる機会があるか……ということです」
「なぜなら、私たちは何かはっきりした目標をあらかじめ決めているわけではないからです」
「そうなんです。私たちは、何か特定のスキルや目標を特定の子どもたちに獲得させようとしてはいないし、そうしたいとも思っていないんです。ただ、彼らができることを何であれ学べばいいと思っているんです」
「そうです。だから、（私たちが）立てられる唯一の計画は、子どもたちが自分で全てをやり通すことができるような、自分の力で次の段階に到達することができるような機会を提供することです」

　こうして、何ができるか、何を目標とするかという観点から学びをとらえる

という考えは（子どもたちが失敗することがあるかもしれないので）、大人の役割として否定された。アセスメントとはそもそもそういうものだと考えられていたのであった。しかし、後になって、彼らとの会話の内容は、学びをとらえる際の［子どもを］「信頼」するという性質に向けられるものへと変化した。

「（その評価は）『彼はできる』『彼はできない』『彼はそれはできるけど、これはできない』とは言わないのです」
研究者「それは、あなたが避けたいと思っていることですか？」
「ええ、そうです。それはじつのところ本来の評価ではないのですね」
研究者「そうです」
「それは単なる観察。そうじゃなくて……振り返ってよく考えてみることで、評価ってできるんじゃないかな」

　保育園の職員は、「学びの物語」は子どもの経験を文脈から切り離さないという点を好んだ。そして、問題点モデルを用いるのではなく子どもの肯定的な面に注意を向けるということに、当初、彼らの関心が集中した。

ラーラ　：私はそのような観察方法（「学びの物語」）が他のやり方よりも（断然）気に入っている。たぶん私が無知だっただけなのかもしれないけれど、他の評価用紙を手にした時はすっかり途方に暮れてしまっていたんだもの。
ジェイン：でも、私が思うには、あまりに情報が多すぎたんじゃないかしら。注意して取り組まないと、いとも簡単にそういう問題点や否定的な面に目を向ける観察のやり方に陥ってしまうわ。

　パットはこのような焦点の当て方が重要だということを、親としての自分の経験を振り返りながら次のように語った。「私の娘Tは、問題点じゃなくて自分の持っている力に着目して勉強を励ましてほしかったのに、（学校では）ほとんどいつも問題点から働きかけるのよね。それを目の当たりにしたとき、やっぱり私はこちらのやり方の方がいいと思ったわ」。ブルースと関わった経験（前章参照）はさらに彼らのこうした考えを強めた。

アセスメント・プロジェクトが終わる頃には、多くの実践者が、（問題点よりもむしろ）子どもを信頼することを重視するというこの魅力的な発想を、育ちつつある学びの構えに関わるより複雑な概念と結びつけてとらえるようになっていった。後者は前者にさらに力を与え、子どもを信頼し、そのやっていることに焦点を当てることの重要性は、「学びの物語」をめぐる実践者たちの議論の中心的な論点となった。

2　それぞれの場に即して観察する際の視点を構造化する

　実践者にとっての最初の段階が**肯定的な経験を記録し共有すること**の意義を認め熱心に取り組むことであるとすれば、第2段階は、それぞれの場のおける学びの機会や保育プログラムの特質を考慮に入れつつ、観察する際の視点を構造化することである。とはいえ、これははるかに困難なプロセスであった。多くの実践者は「優れた社会的スキルを持っている」「集中力のある活発な学び手である」などという決まり文句を用いて要約したり、よく見られるような構造化も分析もされていない詳細な「ランニング・レコード」を書いたりしていた。彼らは学びの存在を示す証拠を具体的に挙げていくというこのプロセスには不慣れであった。実践者の1人は次のように述べた。

　子どもが絵を描いているのを見ながら、（ランニング・レコードを手にして）「……子どもが、絵筆を左手でつかんで、絵筆を横向きに動かしたり、丸く動かしたりした」と説明することがあるでしょ。その時に、私は気がついたの。(「学びの物語」では）同じような場面について、この子はこれまであまり丸を描かず、ただ上下に動かしていただけだったって心の中で考えて、「見て！　この子はいろいろな方向へ描くことができるということが分かって、ぐるぐると円を描いて絵筆を動かし始めているのよ」と言うこともできるのよ。なかなかいいでしょ……集中もしているしね。

学びは、それぞれの場が提供する学びの機会との関連でとらえられ始めた。保育園がいい例である。保育園の職員は、密接に関連している２つのカテゴリー——チャレンジすること、そして困難が生じた時に粘り強く取り組むこと——を含む様式を使って「学びの物語」に取り組み始めた。他のカテゴリーは、今、ここにあるものに関心を持つこと、熱中すること、他者の視点に立つことであった。３ヵ月の試行の後、彼らは「他者の視点に立つ」というタイトルを、「自ら責任を担う」に変え、「チャレンジすること」と「困難が生じた時に粘り強く取り組む」を１つにまとめた。さらに、彼らはもう１つ、子どもたちが自分の考えや気持ちを様々な方法で表現していることを、学びをとらえる側面として、このアセスメントのプロセスの中で重視したいと考えた。アセスメント・プロジェクトはこれらの考え方を採用した。「責任を担う」については、互いに世話をしたり耳を傾けたりするだけでなく、歌やお話を選んだりどんな活動をするか決めたりなど、様々な方法で保育プログラムに責任を持つことも含めることで、その範囲を広げた。特に他者の幸福に対して責任をある行動をとることは、職員からも子どもたちからも高く評価され、数多くの「学びの物語」によって記録された。また、保育園の職員は、「関心を持つ」ことと「熱中する」ことをとらえたときには、変化に慣れ対応するという側面を強調した。これにはここで行われている保育プログラムならではの特徴、つまり全日の保育であること、２歳未満児の保育から２歳以上児の保育への移行とともに、家庭から保育園への移行があることを反映していた。以下では、こうした保育園の職員たちが、自分たちの園に即して参加のカテゴリーをそれぞれのようにとらえていったかをさらに具体的に分析していくことにする。

「関心を持つこと」をとらえる

　一部の子どもたちは１つの活動から他の活動へとすぐに移ったり、じっと見てはいるが次の段階の「熱中」に進んでいくことをしぶったりしていた。そこで職員は子どもたちがどんな話題や活動（人々を含む）に関心を向けているのかを見つけ出そうと試みた。彼らが探し求めたのは、次のようなものであった。

●関心のある事柄
　5つの「学びの物語」は全て、ジェームズがトレーラーをつないだり、トラックやトレーラーやトロリーバスに何かを積むなど、トラックやトレーラーに特に関心を持っていることを示していた。

●関心のある話題
　1人の男児が、「天の父」と「地上の母」の物語に特に関心を持った。教師の1人がたくさんの本を持ってきて、数日にわたってそれらを読んだ。教師は、彼の発言と特に関心を持っている点を書き留めた。職員会議で教師は「彼の記憶力にびっくりした」と言った。

●一人ひとりの特性に関する手がかり
　ロバートは、手の汚れる遊びに関心を持ったが、衣服を汚したり濡らしてしまうかもしれないことを嫌がっていた。職員は、どのようにしたら彼が熱中して取り組めるかについて話し合った。職員は彼と一緒に（あたたかい）フィンガーペイントを用意することによって、それまであまりやったことがないどろんこ遊びに対するロバートの不安を軽減できないかと考えた。計画はうまくいった。

●活動
　シェリーは、2歳以上児の保育プログラムに移ったばかりで、1つの場所から他の場所へ「うろうろ」しているように見えた。職員は、関心から熱中への彼女の移行を記録したいと考えた。彼らは、それぞれの活動にどのくらいとどまっているか時間を計った。数日以上にわたって記録したところ、彼女が一番長くとどまっていたのは水遊びであった。

　第3章で筆者は、文化的道具と活動と社会的コミュニティという視点から関心というものを分析した。アセスメント・プロジェクトでは、このうち社会的意図あるいは社会的アイデンティティとの関連が明確な関心はあまりとらえられなかった。すぐに実践者の目にとまった関心は、むしろ文化的道具や活動に関連するものだった。

「熱中する」をとらえる

　最初に取り上げたこれらのカテゴリー（関心を持つことと熱中すること）は、しばしば保育の場に慣れることの一部であるとされ、2歳未満児あるいは2歳以上児の保育プログラムに初めてやってきたときの子どもたちの経験をとらえる際にも重視されることが多かった。「入園したばかりのころは、離れたところに立っていて、参加したがらない」とある職員は説明した。一部の「古株」の子どもたちでさえも、その環境が信頼できるものだと繰り返し安心させる必要があった。よって、2歳以上児プログラムに進級したばかりの子どもたちは頻繁に2歳未満児プログラムの慣れ親しんだ環境に連れ戻された。職員が探し求めたのは、次のようなものであった。

● 参加することへの躊躇
　ロバートもランギも手の汚れる遊びに関心を持ったが、汚くなるのを嫌がった。
● 安心の拠りどころとしての特別な衣服やおもちゃや儀式
　2歳に近いテリーは、レインコートを着るか、それがそばにないと安心できなかった。「学びの物語」は、彼がコートなしに物事にうまく対処する力が増していく様子を記録した。職員の1人であるアダは、次のように述べた。「彼は自分の小さいレインコートを誰かに触られるんじゃないかって気が気じゃなくて、それを着るか腕の下に抱え込むかしなければならなかったの。……そしてもし本当に誰かがコートに触ろうものなら泣き叫んで……。それが今では、それほどでもなくなってきたんです。……する（聞き取れない）くらい安心できるようになって……、あれこれ不安になることがほとんどなくなってきたってことなんじゃないかって思うの」。
● 子どもたちが最も熱中しているように見える活動の特徴
　シェリーの水遊びへの熱中を引き起こしたもの——それは水だったのか、そばにいる親しみを感じる大人だったのか、特に親しい友だちだったのか？

2　それぞれの場に即して観察する際の視点を構造化する　185

一部の子どもたちは大人数での活動を楽しむことができなかった。レイについての「学びの物語」を話し合っていたとき、職員の1人が次のように言った。「大人数というのが、彼女にとってあまり居心地のいいものではないと思うの……。大人と同じように。大人だって（大きな集団の中にいるのは）好きじゃないと思うんだけど」。

● **子どもたちがチャレンジし続けること**（「学びの物語」の次の段階への移行）
ロバートはハサミで切るという課題にチャレンジする心の準備ができていた。それは、できたことがすぐにはっきりする「子どもにとって見えやすい」活動である。ビリーはほんの少し「危ない」、技能を要する活動（彫刻と大工仕事）に長時間熱中し続ける。

● **特別な人の存在**
タニアは、自転車遊びに熱中し続けるには、そばにファーン（職員）がいるという安心感が必要だったのかもしれない。ファーンによって書かれた次の「学びの物語」には、**関心を持つ→熱中する→困難に立ち向かう→自分の考えを表現する→責任を担う**という学びの構えの5領域の全てが連続して現れている。

タニア

　タニアは、自転車に乗っている年長の子どもたちと外で遊んでいる。彼女は使っていない自転車を見つけるとそれに乗ろうと走って行く。彼女がその自転車のところに到着する前に他の子どもがそれに乗って走り去る。タニアは、その自転車をとってきてほしいと、私の方を見る。私は、すぐに彼女の順番になるからしばらく待っていること、そして別の自転車を探すように伝える。彼女は別の自転車を手に入れて乗り、他の子どもの一挙手一投足をじっと見ながら後ろにぴったりついて行く。その子がとうとう止まって降りる。タニアは自分の自転車から飛び降り、他の子が乗っていた自転車に乗る。彼女は私を見てほほえんでから、その自転車に乗って走り去る。

「困難に取り組む」をとらえる

　困難ややったことがないことに取り組むことは、様々な方法でとらえられてきた。紙を切る、釘を固定する、ジグソーパズルを完成する、ボールをバスケットボールのゴールに入れるなど、子どもも大人も成功を容易に認識できるような活動がよく取り上げられた。職員が探し求めたのは、次のようなものであった。

- 一人ひとりの子どもにとってどんな**事柄が困難**、あるいはやったことがないことだとされていたかということ。(「熱中する」のとらえ方との関連で言えば）間違ったり失敗したりしても「大丈夫」とするような文脈。
- **チャレンジを促す方法**。大工仕事のエピソードにおいて、ロバートとジョディは、うまくいかない理由は道具を扱う自分たちにあるのではなく、道具そのものが悪いせいだと考えた。
- その子どもの保育プログラムの中に**チャレンジや困難ややったことがないことを取り入れる方法**（関心を持つことや熱中することに関連する過去の情報に基づいて）。

「考えや意見を表現する」をとらえる

　保育園の職員たちがこの領域における学びをとらえる際の特徴の1つは、彼らがそれを楽しんでいる点にある。ある職員会議で、2つのクマのぬいぐるみを自分の「双子」に見立てるごっこ遊びに夢中になっていた子どもの「学びの物語」が語られた。その子どもに、そのクマたちはどこからやってきたのかと尋ねると、「セールで買うというわけにはいかないじゃない」と答えたという（大笑い）。職員が探し求めたのは、次のようなものであった。

- 子どもたちが考えや気持ちを伝えるときに使う「**百の言葉**」(レッジョ・エミリアで考え出された概念。Edwards/ Gandini/ Forman 1993)。言葉や韻、図形、身ぶり・手ぶり、歌、数、美術、文学等。リンは、ケートに関する次のような物語を書いている。「5人の子どもたちがベンチに座っていた。……『3人の女の子と2人の男の子がいるよ』とケートは言った（なるほど！）」。
- **これらの言葉の難易度**。職員は、Aのために同韻語や韻をふんだ言葉の本について新しいアイディアを出し合い、韻に対する彼の関心が発展していく筋道に注意深く耳を傾けた。
- 乳幼児期本来の創造力や想像力をかきたてるような言葉やコミュニケーションに対する**思慮深く創造的なアプローチを明るみに出す物語**。

ケニーとマリアに関する「学びの物語」は、困難に立ち向かうことと自分の考えを表現することの双方をとらえている。

ケニー　困難に立ち向かう→自分の考えを表現する

　ケニーは、パットの事務室で彼女の椅子に座っていた。
　「ケニー」と私は言った。「ここをどいてくれない？　ここはパットの事務室で、彼女の椅子はあなたには大きすぎるわ」。……（その後で）私はパットの事務室の扉が再び開いているのに気がついた。中をのぞくと、ケニーが小さな椅子（明らかにドアを開けるのに使った）の上に立って、パットの机で穴あけパンチで遊んでいた。パットの椅子〔「大きすぎる」椅子〕は窓の方に押しやられていた。

マリア　困難に立ち向かう→自分の考えを（図形で）表現する

　半円の積み木を取り出し、円にするために2つをくっつける。より長い曲線の積み木を取り出し、それにくっつけようとし、それから小さな半円の積み木をくっつけようとする。しばらくして戻って来て、2つの半円をくっつけ、拍手する。小さな積み木を積んで山を作り、崩れると笑う。その後、長方形に組み上がっていくよう注意深く積み木を組み立てる。

「自ら責任を担う」をとらえる

　保育園では、この領域は共同注意と責任の分かち合いのエピソードだけでなく、保育園というコミュニティに属している一員として子どもたち自身が責任を担っているエピソードをも含むように拡大されていった。この園では、大人と子どもが共同で何かを企画するという「学びの物語」はごくわずかで、子ども同士の協同活動のエピソードに関する話し合いも少数だった（職員会議でのジョセフについての話し合いでは「彼は、〔順番を待つ〕とかいろいろなことについて、人とやりとりするスキルを持っていない。他の2歳児たちはどうしたらいいか分かっている」という発言があった）。一方、子どもたちが互いの幸福と心地よさに対して責任を担うという出来事は数多く見られた。職員は「責任を担う」ということを以下のような方法でとらえ、こうした「学びの物語」を促すような文脈を探究した。

- ●共同の課題における大人と子どもの協同。
- ●共同の課題における子ども同士の協同。例えば、ケイトとジェームズが、一緒に椅子で作ったバスの中で共に運転手になっている事例、砂場で協力し合っている事例、ブランコでお互いに押してあげる事例、テントウムシを一緒に観察している事例が見られた。
- ●子どもたちが他の子どもたちの幸福に対して責任を担う。シャリは、ビリーの痛めた指に貼る絆創膏を手に入れるためにビリーを連れて行く。一方彼は傷口を水で洗うことの大切さを彼女に説明する。フレディはマイクが昼食をとるのを手助けした。母親が病気でしばらく園を休んでいた友だちのことを理解し気遣う。年下の子を手助けする。悲しんでいる友だちを慰める。

シャリ

　ビリーが大声で泣いているのを心配して、彼女は彼に尋ねる。「キャメロンがあなたをハンマーでぶったの？」「違うのよ。ビリーはのこぎりでけがをしたの」と私は

2　それぞれの場に即して観察する際の視点を構造化する

説明する。彼女は「私がビリーに絆創膏を持って来るわ」と言った。彼らは一緒に歩いて行く。ビリーは、まず傷を水で洗ってから絆創膏を貼る必要があると彼女に説明する。

●**子どもたちは保育プログラムに対する責任を担う**。シャリは訪問者に子どもたちを紹介する。子どもたちは責任を持って各自でトイレをすませる。フローラは描画活動を準備する。エリカは草花に水をやるチームを作る。ケイトは体操の時間をとりしきる。

保育の場によって異なる学びのとらえ方

［学びの構えの］各領域は、他の保育の場では、しばしば異なるとらえ方がなされた。

例えばある幼稚園では、焦点は扉プロジェクトへの参加に当てられていた。アランが熱心に参加するようになったそのプロジェクトでは、職員と子どもたちは、園庭を前側と裏手とにしきっていた柵の隙間をふさぐ扉を作ることを計画した。扉の図面を引いている子どもたちや、木工や設計の作業をじっと観察している子どもたちが関心を高めていることが見てとれた。教師たちは、子どもたちが引いた図面は彼らを一層熱中させ、考えを深めるものだと感じていた。5月、教師たちは、このプロジェクトが、ジェニーが創造的に作業することをいかに促したかを議論している。教師の1人は、プロジェクトが「彼女を動かし始めている」と言った。別の教師は、「おそらく図面を引いたということも、そのことと大いに関係があったと思う」と言った。

研究者：その点をもう少し話してくれない？
教師　：そうねえ……、私たちはこれまで、何をするか子どもたち自身に計画させるなんてことはなかったのね。子どもたちがやろうとしていることについて落ち着いてじっくり考えるというようなことはね。でも、計画について

の子どもたちの発言を読んでみると、子どもたちは本当によく考えているということが分かったの。子どもたちに「この部品はなんだと思う？」って聞くと「今、考えてるとこなの」って返ってきたりするわけ。子どもたちは聞かれたことに答えを見つけようとしているだけじゃないんだと確信したわ。……子どもたちは、自分たちがしていることについて真剣に考えることを学んだのよ。そして、もっと細心の注意を払うようになっているのよ。……大工仕事も同じで……子どもたちは何をしたいか本当によく考えていて、自分で物置に行って目当ての木片を探し出してきたりする。今までだったら、特別得意な子以外は、その辺にある２つの木片をくっつけるくらいのことしかしなかったのに。　　　　〔５月16日チーム会議〕

　このプロジェクトには、子どもたちが互いに、同じ、あるいはよく似た問題（柵の隙間にぴったり合う扉をデザインする）に取り組んでいたという側面があった。そのために彼らはしばしばアイディアを求めて互いのことをよく見ていた。このことからこのプロジェクトは、共同注意が網の目のようにつながったものとして、あるいは協同的な問題解決や話し合いという視点から分析することもできる。先の保育園において、そこでの保育プログラムの性質ゆえに、**責任を担うこと**と他者の視点に立つことのとらえ方が変わっていったのと同様である。

　一方、親による共同保育の場では、「困難に立ち向かうこと」は「新たなことを試みようとする」こととしてとらえられた。親たちの会議の場で、１人の親が次のような物語を話した。

　みんなが踊っていました……彼女もやってみようとしていました……一生懸命に。彼女は、ただ見ているだけという（それまでの）段階を越えて、（今では）試し始めていました。……そしてそこには、自分の腰に手をあてて踊っている子どもたちのグループがいました……彼女は長い時間ただ彼らを見つめていましたが、それから突然、彼らのそばに近づいて（行きました）……彼女は勇気を出してすぐそばまで行って、その輪の中に飛び込んで手をたたき始めました、彼らが拍手を始めたから

……。新しいことを試みようとすること、これこそが困難に立ち向かうということではないかしら。

そして、「困難」や「問題」という表現は避けるべきなのだろうかという、問題とチャレンジとの違いについて注目すべき議論があった。粘土で何かを作っていた子どもに関する「学びの物語」を議論していたとき、ある人が次のように言った。

「困難というのは、この場合には強すぎる言葉だわ。……問題というよりはチャレンジね」
研究者「それでは私たちが問題だと定義しようとしたものは必ずしも問題という必要はないのかしら？」
「何か悪いことが起こった時みたいな意味ではね」
「問題は問題なんだけど、私たちは通常問題というと、何か悪いことのように考えているわ」

この議論は、筆者にある「研究報告」誌に掲載されていたメアリー・ジェーン・ドラモンドの論文を思い起こさせた。イギリス・ハートフォードシャー州のある小さな小学校での学びについて書かれていたその論文には、次のような事例が紹介されていた。教師のアナベルは、「道具的言葉（tool-words）」と名づけられた様々な言葉をめぐって授業の大半を組み立てている。

彼女の教育において、まず重要になったこの種の言葉は、「問題（problem）」であった。彼女は数年前、子どもたちの語彙の中にこの言葉がなくては、子どもたちが実際に問題に出会った時に、自分たちに起こったことを的確に理解することはできないことに気づいた……。ひとたび子どもたちが、自分たちが直面した問題（友だちとの意見の相違、ブロックを組み立てる際の技術的困難、自然界の不思議な現象）は、彼らの創意工夫する力量に対するチャレンジであると理解することができ、そのチャレンジを楽しみ、探究し、最後には解決することができると分かったならば、彼らは問題から逃げようとした

り、プロジェクトを投げ出したり、あるいは自分たちの間の意見の相違を大人の権威で解決したりするようなことはしなくなるだろう（Mary Jane Drummond 1999, p.11）。

「学びの物語」の枠組みの目的の1つはまさに、アナベラが言うところの「道具的言葉」、すなわち、関心、熱中、困難、やったことがないこと、責任という言葉を、子どもたちと大人たちに導入することにあった。

ある家庭的保育の場では、そのネットワークを運営するチャイルド・サービス・トラストに加盟するための要件の1つは、その保育者が、「子どもの記録帳」に毎日記入することであった。これは、「親／保護者と保育者との情報共有」のためと説明されており、子どもと共に家庭と家庭的保育の場の間を毎日行き来する。

幼児期の子どもたちについて求められる記載事項は、（ⅰ）医学的な情報と事故について（これらの記録は、公式の「投薬の記録と事故に関する保育者の記録」としても保存される）、（ⅱ）日々の情報、具体的には（a）保育中に食べた物と飲んだ物に関する短い記録、（b）必要であれば睡眠の記録、（c）親／保護者が関心があると思われるその日の活動や出来事、である。この最後の項目は、アセスメント・プロジェクトにとっても関心のある事項であった。

事例研究に加わっていた家庭的保育の場の保育者であるジョージーは、その日の活動を毎日記入した。以下のものは、マシュー（研究開始時に3歳10ヵ月）とジル（研究開始時に2歳11ヵ月）の記録帳からの引用である。この家庭的保育の場では、困難に立ち向かうことは、目標が明確な活動としてとらえられており、例えば以下のような子どもたちの物語として描かれた。

●**物事について考えをめぐらす**——たくさんの質問をする。

マシュー　5月16日

（バラ園で）彼は私に、小さな雄牛の彫像についてたくさんの質問をした。「それはどうやって作るの？」「最初にコンクリートを敷くの？」。彼はそのことに興味をひ

かれ、長い時間そこにいた。

マシュー　5月20日

　マシューは尋ねた──「ぼくが40歳になったときパパは何歳になるの？」「77歳」「ぼくが40歳のとき、ジルは何歳になるの？」。いろいろ話し合った結果、彼は自分で39歳だと算出した。

マシュー　5月27日

　「リバリー」に車で出かけて──「恐竜たちはなぜ死んだの、ジョージー？」不意をつかれて困り、内心"助けて！"と叫びながら「寒すぎたのよ……それで恐竜たちの食べ物がなくなったんじゃないかな」と答えた。ジル「それじゃあ恐竜たちはもう戻ってこないの？」「そうね。（恐竜がいるのは）絵とかビデオとか映画の中だけだよ」。

●**考えをめぐらす**──これから起きることを予測する。解答を見つける。大人の質問に答えるために物語やエピソードを使って類推する。

ジル　8月11日

　昼食後、寝椅子でだっこされながら本を読んでもらっている。図書館から借りた新しい本で、そのうち1冊は赤ちゃんの誕生を待っていることについてのものである。「おばちゃんはこんな大きなぽんぽんになって、それで赤ちゃんは……（適当な言葉が出てこない）。そこで私たちは、「男の子？」「違う」「女の子？」「違う」……「知っているでしょうジョージー、それはララの赤ちゃんなんだけど、わたしの……」……とやりとりを続けていくうちに、「ああ、いとこね」とついに私は突き止めた。「そう、そう」。彼女は自分の血縁関係についてよく分かっている。──「おばあちゃんの息子と娘は誰？」もほとんど理解していた。私が「双子」と言ってみたら、彼女は「わたしのお父さん」と答えた。

●**やったことがないことに対処する**──マシューが幼稚園に行き始め、そして落ち着くまでの過程についてもたくさんの物語がある。以下はジルと彼女の

心配に関する2つの物語である。

ジル　5月28日
　子どもたちはすてきな人形劇を演じ、全員が主役を交代した——本当にすてきだ。ジルはねずみのお面をつけた。1ヵ月くらい前まではそれをこわがっていたので、それは驚くべきことだった。——しばらく見ていたが、それを身につけたとたん、彼女の不安の程度が急速に高まった。

ジル　5月19日
　〔ジルは、自分と同じ名前の赤ちゃんに出会うという不思議な状況に頭を悩ます〕赤ちゃん（生後8週）のジルは、私たちが編んであげた自分の帽子をつかんだ。私たちのジル〔もうすぐ3歳〕は、非常に当惑していた。「その赤ちゃんはわたしじゃないよね？」「この子わたしみたいに大きくなるの？」「赤ちゃんにはわたしと同じようにパパとママがいるの？……でもわたしのパパとママじゃないよね？」。

　親による共同保育の場では、その表現のほとんどが非言語的である幼い子どもたちが「意見を表現する」ことをどのようにとらえているかについて論議があった。顔の表情はメッセージを適切に伝えるものとして認識された。「子どもたちは何かを発見した時、彼らの顔は輝いて、それでほほえむの。分かったっていう顔をするのよね。まるで『なるほど！』って言ってるみたいに。全てが顔に現れるのよ」。ジーナ「何人かの子どもたち（それほど多くのコミュニケーションをはからない子どもたち）は、前学期以来、伝えたいことがよく分かるようになってきたんだけど、それは本当にすばらしいことだと気づいたの。それで私は彼らと彼らの発言について物語を少し書きました……。まず年長の子どもたちの物語をいくつか記録した後、いろいろ考えさせられて、今度はもっと小さい子どもたちの物語を記録しようと思って、年少の子どもたちの物語を2つ記録しました……。彼らの表現や自分を表現する方法は、本当にあの学習曲線のようにぐんと伸びるのね」。

　家庭的保育の場では、自分の考えを表現することや責任を担うことは、ここ

でマシューとジルとサラ（ジョージーの娘、2歳）がよく遊んでいる想像的なごっこ遊びの中でしばしばとらえられた。

5月13日
　想像遊びのすばらしい時間。私が物入れの中を少しかきまわしたくらいで、大人は必要なかった。子ども同士の協力があったからである。ずっとごっこで、医者、復活祭のウサギ、お母さんとお父さん、パン焼き、誕生日、買い物、ビデオ鑑賞と、1つのテーマから次のテーマへと移っていった。誰もリーダーではなかった。

6月27日
　ピーターパンが遊びの大半をつなぐ糸になっている。私たちはマシューのピーターパンの本を読み、あちこちを飛び回った。ピーターパンがコックになり、ティンカーベル（S[**サラ**]）とウェンディ（J[**ジル**]）とフック船長（私）が幸運な食べる人になって、町一番のジェラートとピザとカプチーノをレストランでごちそうになった。それからフック船長は入院した。

7月29日
　マシューとアダム（他の子ども）がボウリングをして遊んでいた。ジルは仕事に出かける間、私に赤ちゃんの世話をさせた。彼女の仕事はボウリングを監視すること。「給料はいくら？」と聞くと、J[**ジル**]は「1分あたり7ドルよ」と答える。

　家庭保育の場では、**責任を担うということ**は、家族や友人とのネットワークを築くことをも意味していた。ジョージーはいつも、日中、会ったり訪問したりしてきた人々について、その名前と関係とを合わせて記録していた。

5月26日
　母親からのノート：忙しい週末だった……落ち葉をトレイラーに詰め込むGを手伝った。Mからの返事：落ち葉を集める熊手と「かわいい小さなジョー」のことをたくさん聞いた。私は、そのジョーというのは、「芝生でトイレをするために外に出た」「時々、ハリーとバービーのところに行くんだけどそこには子羊がいるんだよ」

という話を聞くまで、小さな子どものことだと思っていた。母親はノートに、「ハリーとバービー」は誰で、どこで働いているのか、子羊たちはどこに住んでいるか、ジョーはパグ犬であることを説明している。

4月11日

　プードルがそばを歩いて行くのを見た。「あれは、おじいちゃんのところにいるミティみたいだ」とマシューが言った。

　そしてあるマオリ言語センターでは、ある「学びの物語」が、表現力に富む言語は子どもたちがよく知っている行事や日課の中で発達することが多いということを浮き彫りにしていた。

　今日は特別な日で、センターの子どもたちは、特別の遠足に出かけた。教員養成大学への遠足は、新しい環境でその分野の専門家と一緒に粘土を使って活動するためのものであった。朝、とても忙しかったので、いつもの日課の1つであり、子どもたちにとってとても大事なものとなっていた朝の軽食が忘れられた。昼近くになって、わずか生後20ヵ月のある子どもが、スプーンをいくつか見つけて、それを握って私に近づいてきて、「エ、トゥ、マトゥ、マツア」と言った。それは「創造主」へのカラキア・カイ（食べ物を感謝する祈り）の最初の一文である。私たちはすぐに、朝の軽食がまだであったことに気がついた。彼女の行動は、「そうだ、わたしがカラキア・カイを始めたら、食べ物が出てくるかもしれない。だってわたしはお腹がすいているんだもの」ということを意味すると解釈された。私たち大人は、日常的に繰り返されている言葉（その言葉は、実生活において意味を持って繰り返される文脈の中で表現された）の重要性とその言葉が持っている子どもの発達における重要性をはっきり理解した。

　最後に、ずっと後になって「学びの物語」を導入したある保育機関では、公平であることに関する物語が現れてきた。以下の物語はその要約である。

　今日の午後のひととき、デーヴィーがとてもしょげていた。私は「どうしたの

デーヴィー？　どうしてしょげているの？」と尋ねた。彼は、海賊船ごっこに入れてあげないと言われたので悲しいのだと私に話した……。ヴィクトリアもまた、仲間に入れてもらえなかったと言う。私は、「あの船にはもっと帆が必要ね。もっと帆を作るのを手伝いたい人はいるかな？」と言った（教師と２人の子どもたちが、柱に布地をホチキスで留めて飾るという作業を一緒に行うと、さらに数人の子どもたちが参加してきた。それから彼らはひとかたまりになって、海賊船にその新しい帆を立て、「誰でもこの海賊船に乗れます」という立て札を掲げた）。

翌日、教師は書いている：私は、今日、排除のエピソードが少なくなっていることに気づいた。そして私が見た範囲ではデーヴィーは仲間はずれにされていなかった。デーヴィーは船の上で、うれしそうに遊んでいた。

3　視点の前景化と背景化の実際

　学びをとらえることには、第２章で紹介した前景化することと背景化することというプロセスが含まれている。このプロセスについて、ここでは幼稚園の保育プログラムを例に挙げて改めて論じることにする。幼稚園での扉プロジェクトは、教師が子どもたちに対する次のような３つの学びの成果に焦点が当たるように保育プログラムの見直しを行っている時に展開されたものである。すなわち、（a）問うことと困難ややったことがないことに立ち向かうこと、（b）様々な手段を幅広く使って考えを主張する（自分の考えを表現する）経験やそのための知識、（c）協同（自ら責任を担う）の３点である。教師たちは、学びの構えの３つの次元、すなわち、進んでやろうとする（意欲）、機会をとらえる（保育プログラムと結びついていること、この場合は扉プロジェクト）、することができる（子どもたちが獲得しつつある知識とスキル）、の全てに関心を持った。この枠組みを使ってこのプロジェクトを分析した結果は、表７−１に示した通りであるが、次に紹介する子どもたちのプロジェクトは、この分析を

表7－1　扉・プロジェクトの分析
　　　　──進んでやろうとする・機会をとらえる・することができる

	進んでやろうとする	機会をとらえる	することができる ──知識の蓄積	することができる ──スキル
関心を持つ	子どもたちは質問をし、プロジェクトに参加し、自分なりの意味づけをした扉（例えば、仲間の扉、電動扉など）をデザインする（後には組み立てる）ことによって扉を自分たちで作る。 学び手は、関心を持ち、以前の知識とのつながりを作る。	子どもたちは大工が柵を設計し、デザインする様子を観察した。扉がここに必要なことが明白になる。プロジェクトは「ここで私たちがやる」という重要な特色を有する活動となった。その「学びの物語」は、家族の関心をひきつけ、子どもたちには自分たち自身の扉のデザインを発展させる機会が与えられた。	扉と戸に関する知識。すなわち、その素材と機能、他の扉からの類推、大工仕事に関する情報源。	設計図や各種図版を読み取り、絵や写真の中にある重要な特色を認識する。
熱中する	子どもたちは来る日も来る日もプロジェクトに戻る。ある子どもたちは何日にもわたって同じ扉に取り組む。ある子どもたちは、彼らが進める時に生じる同じ問題や新しい問題を解決するために、次々に扉を作る。 子どもたちのグループは、他の子どもたちに参加を求める。 学び手たちは、一定の時間継続して参加し、創造的なアイディアを発展させる。	子どもたちは、一定の時間にわたって、様々なレベルの複雑な活動に熱中することができる。「学びの物語」は、この熱中ぶりを記録した。このテーマは、子どもたちが自分の発想や関心をプロジェクトに持ち込むことを可能にする。	大工道具を安全に使うこと、設計、大工道具、材料に関する知識。多様なデザインとその目的に関する理解．たとえば対角線の筋交い。ちょうつがいと掛けがねのデザインと機能。	釘打ち、ねじ込み、筋交い、連結、計測、設計、のこぎり引き……。 細心の注意を払うこと。対称性やバランスをとってデザインしたり組み立てる。 創造的なデザイン（例えば仲間の扉）を発展させる。
挑戦したり、困難やったことがないことに立ち向かう	子どもたちは、間違いに気づき自分たちのデザインに変更を加えながら、問題を探し、問題を解決する。 学び手は困難ややったことがないことに立ち向かい、問題の創造的な解決を展開する。	解決されるべき多くの興味ある問題がある。すなわち、デザインする、強度を高める、計測する、ちょうつがいでどう取り付け、掛けがねをかける、上げることと下げること（鉄道の遮断機）。 子どもたちと大人たちは、しばしば壁に張り出された「学びの物語」を使って、問題解決のアイディアを分かち合った。	起きるであろう様々な興味深い問題に関する知識．そしてコミュニティではどのようにそれらの問題を解決しているかに関する知識．例えばちょうつがいや掛けがね。 解決にはしばしば計測の理解が必要だった。	間違いは、良い結果をもたらす問題解決に至る道の一部であると認めること。 身近な材料を改造して問題を解決する。（例えば革のひもからちょうつがいを作る）
考え、感情や意見を表現する	デザインや機能に関する自発的な話し合いが進められたことがプロジェクトの特徴である。 学び手は多様なやり方で自分のアイディアを表現する。	子どもたちは自分自身の特別な「言葉」を話の中に織り込むことができた。すなわち、色、平面に絵を描く、木材や針金やボール紙の筒を使って構成すること、議論し交渉することである。アセスメントはこれを浮かび上がらせる。	大工や設計者の仕事ぶり、すなわち扉を作った大工や、子どもたちの扉の最終的なデザインを手助けした設計者によって実地に示された仕事。	言語的なスキルと他の言語、及び様々な材料を用いて描いたり作ったりすることを含む、徐々に複雑になっていく表現の様式。
自ら責任を担う、相手の立場に立つ	子どもたちはグループの中で解決法について話し合い、互いの意見に耳を傾ける。彼らはアイディアを分かち合っている。 学び手は自ら責任を担い、他の人の意見に耳を傾ける。	職員はグループによるプロジェクト活動とアイディアの分かち合いを促進する。 壁に張り出された記録は、この場における様々な見方を示している。子どもたちは自分のポートフォリオに何を入れるべきかを話し合い、写真や設計図につけるコメントを書き取らせる。	女児たちも大工になることができる（この文脈における公正さのとらえ方）．協同する機会と、アイディアを共有することの値打ち。	他の人のアイディアやスキルを尊重し、助言に耳を傾けそれについて考える、という協同するスキル。

3　視点の前景化と背景化の実際　　199

理解するのに役立つかもしれない。

　ある朝、4歳のチャタが、その後「仲間の扉」と呼ばれるようになった設計図を描いた。このデザインにはたくさんの縦の線、上部には横線、その横線に沿っていくつもの楽しそうな顔が描かれていた。それから彼女は、ボール紙の筒でこの扉を作り上げるために、3人の他の4歳児（そのうちの1人は彼女の妹）と一緒に作業を進めた。彼らはマスキングテープを使って、その筒を格子状につなげ、貝殻と羽毛で作られた顔を取り付けた。ジェニーがやってきた時、チャタは「もうわたしはあなたの友だちよ」と言って彼女を受け入れた。教師と研究者は、子どもたちとその活動について話し合った。チャタは大人たちに、自分たちは「わたしたちの仲間のための扉」を作っているのだと言った。彼女は、「みんなは立っているの」、もしみんなが落ちてしまったら「水の中では口をあけていたら死んでしまう」と述べている。彼女は、「それが仲間よ」と付け加えた。

「進んでやろうとする」を前景化する

　チャタと彼女の妹（最近、移民してきたばかり）にとって、子どもたち（「わたしたちの仲間」）が扉から落ちたらおぼれて死んでしまうということは重大問題だった。子どもたちは、様々な想像を複雑に組み合わせて、扉を作るというアイディアを個性的で一風変わった手の込んだやり方で発展させていったのである。

- **困難に立ち向かう**。チャタはそれまで扉を作ったことがなかった（もっと普通に見える扉の設計図を描いたことはあったが、結局それは作らないことにした）。これは決められた活動ではなかった。自分で選んだ、自発的で独創的な活動であった。
- **コミュニケーションをはかり自ら責任を担う**。他の子どもたちのうち3人としばしば一緒に活動していた。そしてジェニーはこの3人には含まれていない新しいメンバーであったにもかかわらず、チャタは彼女を歓迎し、役割

図7-1 チャタによる「仲間の扉」の設計図の一部

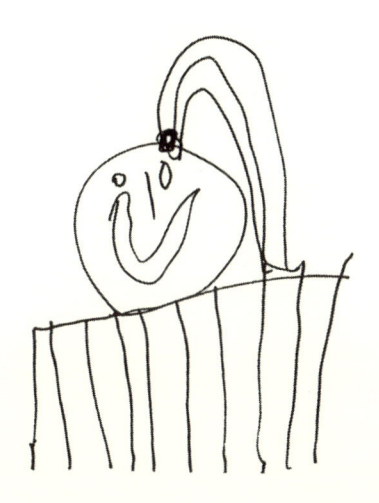

を与えた。

「機会をとらえる」を前景化する

2つのことが同時進行している。すなわち想像的な物語を作っていくことと複雑な構成活動の2つである。

- **関心と熱中**。幼稚園にあった様々な素材は、作業をより複雑にし子どもたちの関心を持続させた。最終的に扉は、笑っている顔が上部に取り付けられた複雑な構造をしていた（顔は園内で子どもたちが見つけた大きな白い貝殻に描かれ、髪の毛や帽子として小さい羽毛がつけられている）。
- **困難に立ち向かう**。大人の目から見ると、これは、設計図に沿って作ったり

長さを測ったりという構成作業を含む難しい課題であった。この活動に関連させながら持続的に物語の筋書きを発展させることもまたチャレンジであった。
- **コミュニケーションをはかり自ら責任を担う**。これは協同で話の筋書きを作り、協同でモノを作る活動であった。そして双方向のやりとりを必要とした。

「することができる」を前景化する

- **コミュニケーション**。教師たちはチャタが、数学的な──この取り組みでは測ったり、設計図に沿って作ったりという点で──工作の技術や描画、ごっこ遊び、物語を作ることだけはなく、第二言語等のスキルを高めていったことについても記録した。一方、この活動において交渉やグループでの計画づくりがどのように進められたかという観察を踏まえた記載は特にない。

4 小括──様々な保育の場における学びのとらえ方の独自性と共通性

これらの「学びの物語」が明らかにしていることは、どのような点に着目して学びの構えの領域をとらえていくかは、学びの場あるいは構えを育む環境によって違ってくるということである。このことは、特にどんなことが「自ら責任を担う」こととしてとらえられていたかに非常に明白に現れていた。保育園では、他者の幸福に気を配ることや保育のプログラムに責任を持って関わることが、プログラムの中で「責任を担う」こととして高く評価された。幼稚園では、教師たちは、子どもたち同士が考えや活動を共有することや集団で取り組まれるプロジェクト活動にとりわけ関心を持った。共同保育の場の親たちは、協同的な遊びのエピソードに注目した。また家庭的保育の場では、そうしたエ

ピソードは、精巧に作り上げられていくごっこ遊びのシナリオの中によく見られた。コハンガ[マオリ言語センター]においてカイアコ[**教師**]が関心を持ったのは、コミュニケーションをはかることと自ら責任を担うことの両方に関わるもので、年上の子どもたちが小さい子どもたちの世話をするときに用いる普段とは異なる言葉のジャンル、つまり「赤ちゃん言葉」であった。家庭的保育の場においては、友人や家族の間のネットワークが広がっていく物語が特徴的だった。そこでは、互いに関わり合うコミュニティが、家庭的保育の場そのものを越えてより広く築かれていた。以上の事例を通じて見てきたように、アセスメントは、様々な学びの場における参加の姿をとらえていた。同時に、創造的で多様な扉の取り組み（その多くが幼稚園の柵としては決して適さなかった）が示しているように、子どもたち自身も、自分たちのやり方でものごとをとらえていた。

　実践者たちは、**子どもを信頼する**という肯定的な見方で学びをとらえていた。職員によって学びの構えの5領域において子どもたちが成し遂げたものがとらえられ（そして記録された）のは、これらのエピソードがもっと頻繁に現れて、主体的に学ぶ意欲や態度が育っていくことを職員自身が望んでいたからである。全体として、進んでやろうとすることが前景化されたが、チャタの「仲間の扉」の事例が示しているように、背景にある文脈や、知識やスキルの獲得にも光が当てられていた。

第8章 「学びの物語」アプローチの実践プロセス②
話し合う

　話し合うこと（discussing）は、「学びの物語」を使ったアセスメントにおける４つのＤの２番目である。本章の主題は、実践者が、子どもたちのアセスメントや彼らの学びについて、他の職員や子どもたち、そして家族と話し合うとはどういうことかということである。アセスメントについて話し合うということは、それが公式であれ非公式であれ、「私たち」（保育園や幼稚園あるいは一年生の教室の構成員）が、今、ここでどのような学びの共同体を作り上げているかを確認するのに役立つものである。私たちが子どもたちと、彼らの行動や活動について話し合う方法は、必ずしも「アセスメント」しているようには見えない。しかしそこには、何が大切な学びであり価値あるものであるか、困難への取り組みが適切なものであるかどうか、そして権限と責任を持っているのは誰かについてのかなり強力な判断が含まれていることが多々ある。話し合いはまた、様々な判断やアセスメントを公にすることを意味している。次章の主題である記録づくりは、アセスメントを公にした上でさらにそれを半永久的に残

るものにする。アセスメントは、その保育の場の中の社会的コミュニティに向けてなされるものである（外部の機関がこれらのアセスメントの記録を見ることもあるだろうが）。それゆえ、学びの構えを弱めたり壊したりすることなくむしろ高めていくようなアセスメントの公開の仕方を探究することが重要である。

　事例研究が行われた5種類の保育機関における「学びの物語」についての（職員同士や子どもたちや家族との間の）話し合いは、主に次のような目的を持つものであった。

- ［学びの構えの］構造をとらえる視点の一致を目指す
- ここで価値あるとされる学びとは何かを子どもたちに伝える
- 自分たちの学びを子どもたちがどうとらえているのかを探究する
- 家族を巻き込む
- 次にどうするかを判断する（第10章の主題）

本章ではこれらの目的のうち最初の4つについて考えていくことにする。

1　学びの構えの構造をとらえる視点の一致を目指す

　前章の中でも、「学びの物語」を使ったアセスメントにおける［学びの構えの］カテゴリーをめぐって行われた職員間の話し合いについて言及してきた。保育園では、「変化に対処する」ことが、「関心を持つ」ことの鍵となる要素であるということや、他の子どもたちの世話をすることは「自ら責任を持って行動する」ことの重要な現れであるということが職員間の共通認識になっていた。もともと保育園における職員会議での話し合いの多くは、これらの具体的なとらえ方についての意見を一致させるために意識的に計画されたものではな

く、資料として「学びの物語」を使いながら、保育の計画を検討し立案することを目指して行われたものだった。しかし実際にはそれだけではなく、職員たちは、「学びの物語」の枠組みにおける学びの一般的なとらえ方についても、実際に自分たちの目の前の個々の子どもたちに即した学びのとらえ方についても、さらには自分たちが提供している保育プログラムに即した学びのとらえ方についても、理解の共有化をはかり定着させていったのである。以下は、職員たちのそうした話し合いからの紹介である。

「関心を持つこと」と「熱中すること」に関する話し合い

　職員間のある話し合いでは、最初の頃、2歳のロバートの成長が話題になった。それまでの職員会議では、ロバートに関する数多くの「学びの物語」が議論され、まとめられてきた。ロバートのことは第2章で紹介したが、彼はそれまで何かの活動に熱中するということがなく、特に「手の汚れる」フィンガーペインティングは、見ていることは好きだったものの参加しようとはしなかった。ある職員がフィンガーペインティングの準備にロバートを誘うと、彼はそれに参加することに決めた。そしてその後計画から振り返りまでの2週間にわたって彼はいろいろな「手の汚れる」遊びや砂場遊びに参加し続けた。話し合いでは次のようなコメントが出された。

「彼は以前より自信を持って参加するようになって、自分で自分のことを決めるようになったのよ」
「彼は今でも、まず最初にジュリー（職員の1人）を探しているわ。彼はあなたといるのが本当に心地いいのね」

　職員は、ロバートが保育園に登園してきた時、まず誰と接触しようとするかについて話し合った。「……何人かいるそうした職員のうち誰かと一回接触すれば、もう彼は大丈夫」なのだった。それまではロバートとなかなかコミュニケーションがはかれないと感じていたある職員が「非常に楽しそうにおしゃべ

りしながら通り過ぎていく」という最近の彼の様子をとらえた物語を語った。ロバートにとって熱中することとは、遊びに加わるという行動とともに、自分で自分のことを決め、安心して一日を始められる拠点としてのジュリーを探すということ、そして安心できる大人の範囲を広げることを意味していた。こうした話し合いは、暗黙のうちに、彼が参加することができると感じる「安心できる」環境とは何かに関する話し合いになっていた。

同じ会議では、職員たちの関心をひいた別の2歳児についての話し合いも始まった。「今日の彼女はおもしろかったわね」。昼寝の時間に、自分の靴をはいたり脱いだりしたがったことについての物語が多くの笑いとともに語られた。彼女は自分で靴の着脱ができるようになったばかりだったのである。

「困難に立ち向かうこと」に関する話し合い

話し合いはケニーのことになった。職員たちは彼にはチャレンジが必要であると感じていた。職員の1人が述べた。「彼の長所はユーモアのセンスだと思うの」。別の職員が言った。「そうよね。でもあなたはその長所にどのように働きかけようと思っているの？」。職員たちは、この点についてしばらく話し合い、ケニーのユーモアのセンスは「水平思考」［lateral thinking　従来の考え方にとらわれず自由に発想する］──（例えば彼はこんなふうに考える）「それが正しいか間違っているかはともかく、どうにかして違ったやり方でそれをやってみたい」──につながっていく可能性があるとの結論に達した。

職員たちは、他のやり方や選択肢があることを強調することによって、物的環境におけるチャレンジの機会を広げることにした。彼らはこの点をどのようにしていったらよいかを話し合っていた時、ある職員が以前訪問した近くの保育園について発言した。「その園に行ってみるとね、ここみたいな古い建物で、園舎の外の敷地は平坦で何の変哲もないのだけれど、いろんな工夫がこらされていて本当にびっくりしたの。板が同じ高さに何枚か配置してあって、その下には樹皮が敷きつめられていて、全てがよく考えられて設定されていたのよ……どれもただの廃材なんだけどね。そこは、のぼり降りができる廃材置き

場だったのよ」。彼らは、以前戸外に作ったことのあるアスレチックやその取り組みについて思い出し、どんな問題点や長所があったか出し合った。ケニーの担当保育者が言った。「なるほど。チャレンジの機会を広げるような物的環境をもっと工夫してみないといけないということね。(何か書き留めながら)板とはしごを使ってアスレチックのデザインを変更して、クアドロ(戸外の構成ユニット)を違った形にしてみましょう」。

またある時職員たちは、ジョセフが2歳以上児クラスへ移行するための保育計画を話し合っていた。その時ジョディ(担当保育者)はとても積極的だった。彼女は彼のことをよく知っているし、彼の姿を正確にとらえようとしていた。そして、次のようなことを言った。「他の人と話し合うというのはとてもいいと思うわ。だってぴったりくるいい言葉が見つからないとき、誰かがそのことについて話すのを聞いて、『ああ、それそれ、それが言いたかったの』ということがよくあるから」。彼女は、ジョセフが自分で問題を解決しようとしないように思えるということを何とか表現しようと試みていた。そこに誰かが口を挟んできて、彼には試行錯誤の**方略**が身についておらず、大人が手助けするのをただ待っているのではないかと言った。こうして「試行錯誤の方略」は、困難に立ち向かうことを語る際の重要な言葉の1つになった。

「自分の意見を表明すること」と「自ら責任を担うこと」についての話し合い

話し合いはその後ビリーのことに移った。誰かが言った。「今日の午後、ビリーが今夜から週末にかけて出かける場所のことを(私に話しかけてきて)……(そして最後にこう言った)『説明するのが難しすぎるよ』」(笑い)。そしてさらに1人の職員がロージーが責任ある行動をとったことについての物語を語った。

ニールがビリーの足をひっかき、ビリーがロージーと一緒に私のところにきたの。「ニールがぼくをひっかいた」。小さな傷でたいしたことはなくて………それで私が「そうね。上に行って傷に冷たい布を当てる必要があるわ。私は一緒に行け

ないけれど」。「ロージー、あなたがビリーを上に連れて行ってくれる？」「(ロージーの声をまねて）さあおいでビリー」などと言ってから、2人はお互いに相手の体に腕を回しながら、階段を上って行ったのね。

　他の職員が物語の続きを話した。「彼女は彼のために冷たい布をもらってきて、それを彼の顔に当てて……」。3人目の職員は付け加えた。「それで2人はテーブルのそばで立ち止まって、私に何が起こったのかを話してくれたわ」。ビリーの世話をするというロージーのこの責任ある行動の物語は書き留められなかったが、今では園の子どもたちについて共有されている物語の1つとなり、「責任を持って行動する」ことについてのここの職員たちの共通理解がつくられた。

2　ここで価値あるとされる学びとは何かを子どもたちに伝える

　家庭的保育の場における「記録帳」は、そこで価値があるとされる学びとは何か——例えば、クレヨンを誰かと一緒に使う、他の人を手助けする、パンを焼くとき助言をする、人の話を聞いたり何かを試みたりする等——を明確な形で子どもたちに伝えるという役割を果たしていた。一方、数多くの「学びの物語」が示しているように、日々のやりとりを通じても、子どもたちの学び手としての有能さに関する大人の期待や価値ある学びの構えとはいかなるものかということが子どもたちに伝わっていく。

　マオリ言語センターでは、木工テーブルのところで、タフ（あるいはカイアコ［いずれもマオリ語で教師の意］）がピキに、注意深く見ているように促し、それから今度はピキ自身が自分でやってみようとするのを励ます次のような物語がテープに録音されていた。

タフ：これはあなたのよ。それをやるのはあなたよ。あなたはどうしたらいいと思う？（間）……それをやるのはあなたよ。

メアー・スケレット・ホワイト（Mere Skerrett-White）はこの物語について次のようにコメントしている。

この「学びの物語」は全部でおよそ１時間に及んだ。ピキは、他の子どもや大人との様々な関わりの中で、この課題に粘り強く取り組み、忍耐、コミュニケーション、問題解決のスキルを発揮した。そして鉛筆で木片に線を引き、接着剤で車輪をくっつけたりして、確固たる意志を持って自分の車を継続して作り続けた。

ピキはこの作業の途中で車を立たせてみた時、一方の車輪は正しい位置、つまり車体の下部に取り付けたが、他方の車輪は間違った位置、つまり車体の屋根のところに取り付けられていることに気づいた。彼はしばらく考えていた。それから彼は、車の２組の車輪が正しい位置になるように、１組の車輪を片側から取り外して、新しい車輪を選び、再び（タフが注意深く見守る中でグルーガン**［接着剤を溶かしてつけるためのピストル状の道具］**を使ってしっかりと）取り付けた。ピキは、こうしてこの課題をやり遂げ、車を立たせた。この時タフは、ピキが他の大人たちにも自分の作った車をよく見るように求めるのを見て、この「学びの物語」に注がれた努力の大きさを認識した。

他の大人の１人：そうだね、両側に２つ車輪がある。
もう１人の大人：本物の自動車みたいだね。

それからピキはその車を木工テーブルの向こう側に走らせていって、塗装に取りかかった。

3 自分たちの学びを子どもたちがどうとらえているかを探究する

　次に見ていくのは、第7章で紹介した扉プロジェクトにおける大人（筆者）と4歳児のハリーとの間の話し合いである（このプロジェクトについては扉を作るアランの事例を紹介した第3章でもふれている）。私たちは彼のポートフォリオを広げ、彼自身による説明が添えられたいくつかの写真を見ているところである。ハリーは、自分が経験した困難について話すことができるし、教師たち（及び研究者）が彼の根気強さに価値を認めていることも知っている。

筆者　：（1枚の写真を指さして）〔次に作る扉は〕ちょっと小さいのにしたから、一日で作れたんだと言ったわね。どのくらいの大きさなの？
ハリー：アランは大きいのを作るって決めたけど、ぼくはあんなに大きくしないよ。
筆者　：アランのほどは大きくないの？
ハリー：うん。アランはぼくのより、ぼくの大きいやつよりもっと大きいのを作ったんだよ。
筆者　：そうなんだ。アランはそれを作るのに苦労していたのかしら？
ハリー：アランはね、作らなかったの……はしっこになにもつけなかったんだ。（間）きっと忘れたんだよ。
筆者　：きっと忘れたんだ。
ハリー：ちがいないよ、忘れたんだよ。
　　　　（ハリーはアランの扉を絵に描いて説明し、それから両はじに部品を描き込んだ）
筆者　：分かったわ。あなたは扉の両はじに部品をつけるために、定規を使って線を描いているのね。もしあなたがそれを作るとしたら、最初に何をするの？　十字形のところを最初にやるの？
ハリー：ええと、うーん。ぼくはうまく作れるよ。これを作った時もうまくできた

　　　　　よ（前に彼が作った扉を身ぶりで示して）。
筆者　：そうね。そちらの方ね。
ハリー：それをやったときはね（私：うんうん）、それをやったときは、えーと、最初にはしっこを作った。
筆者　：なるほど、そうしたのね。そうね。じゃあ、あなたはそれが一番いいやり方だと思う？
ハリー：それが一番いいやり方だよ。難しくなかったよ。そこはそんなに難しくなかったんだけど、他のところが難しかったよ（私：へえ）、釘を打った時だよ。
筆者　：釘を打つところが一番難しいところなのね。なるほど。なるほど。

　また別の機会に、ハリーは、上部が曲線になった2つ目の扉のデザインを描いた。その扉には掛けがねと筋交いと2つのちょうつがいがついていた。彼は家でこの2つ目の扉を作り、それを幼稚園に持ってきて柵の隙間にはめようとした。彼はちょうつがいを取り付けるのがいかに難しいかを説明し、もし別の扉を作るなら「もう少し小さいやつだったら、今日一日で作れるはず」と言った（他の扉は作るのに7日間かかった）。さらに（上部が平たい扉を指して）「こんなふうに平らなのをつけることにした」「ショーンのもう一個のやつ……ショーンが最初に作ったやつにちょっと似てるよ」と言った。さらなる設計図が描かれた。今度のは針金製だった。彼はこの針金を使った扉のデザインに取りかかったが、どこに曲線部分を入れたらよいか分からなくなった。「ぼくはもう疲れちゃった。あした仕上げることにするよ」。そして実際に彼はそうした。
　子どもたち自身が学びをどうとらえているかは、子どもたちが大人に対してアセスメントを書くように要求した時、特に明らかになる。例えばハリーとアランは、彼らのポートフォリオに収められている写真やデザインに（自分たちなりの）注釈を書き込むよう要求した（第9章のアランのコメント参照）。また家庭的保育の場では、ジルはある日、自分の「記録帳」にその日の保育の出来事について、自分が見ていた時に起こった出来事を細かく説明しながら書き取るよう要求した。

6月12日　ジルがとらえたこの日の出来事。〔母親に書き取らせた〕

　わたしたちは体育館に行った。そこで遊んだの。風船を取ってきて飛ばした（彼女がやって見せてくれた）。（頭の上で腕を振りながら）ぽんぽんと風船をたたいて投げ上げたり、風船をしっぽにしてウサギのダンスをしたりしたの。ジョージーが、体育館でわたしの風船をふくらませたの。

　お出かけするまでわたしたちはいっぱい、いっぱい、いっぱい……やった。（母親はより多くの「いっぱいいっぱい」を示すために、ここに点々を書き込んだ）。わたしたちは「チャートウェル」〔ショッピングセンター〕にミルクを買いに出かけた。マシューとわたしはおりこうさんにしてたけど、サラはダメ。サラはちっちゃい子みたいにお行儀が悪かったから、サラのママはとても困ってたの。マシューとわたしはおっきくてちゃんとしてるのよ。私たちはジョージーの家でテディベアのゲームをして遊んだの。

　〔翌日の記録帳にジョージーからかなり上手に出来事をまとめているとの返事があった〕

　ジルはここで4つの出来事を説明している。1つ目のエピソードは体育館、2つ目はジョージーの家（「わたしたちはいっぱい、いっぱい、いっぱい……やった」）、3つ目はショッピングセンター、そして4つ目のはジョージーの家に戻ってから（「テディベアのゲームをして遊んだの」）。3つ目の物語は特に興味深い。そこでの主題は、「お行儀が悪」くて「ちっちゃい」サラ（ジョージーの2歳の娘）にくらべて「マシューとわたしはおっきくてちゃんとしてる」ことにある。ジョージーは、他の物語では「ジョージー」なのに、ここでは「サラのママ」と呼ばれている。その前の日のワゴン車の中で、マシューが「2つの名前があるんだね。ジョージーとママって」と言ったので、その時彼らは、息子たち、孫たち、娘たちについてひとしきり話し合ったのだ。彼女はその時の会話から得られた新しい知識を自分の物語に組み入れている。最後にジルは、大人の様子を「腹を立てる」ではなく「困っている」と表現した。

　ジュディ・ダン（Judy Dunn）は、幼児はよく知っている環境の中では他者の立場に立つことができるとしたが、この事例はまさにその能力を明らかにしている（この物語を書き取らせた時、ジルはまだ3歳になっていなかった）。こう

した能力は、「記録帳」によって、言い換えれば記録づくりそのものによって発達させられたものであることを過小評価することはできない。記録の中には子どもたちの感情だけでなく、大人の感情についての記述もしばしば登場する（例えばある日の記録の中でジョージーは、体育教師のメアリーが、子どもたちがやり続けようとしないことを「悲しんでいる」と書いている）。第2章でも引用したように（「[ある出来事は]周囲の人との間で**社会的に共有されて初めて**ひとまとまりの物語として語り継がれるようになり、また自分や他者にとっての意味も明確になる」）、キャサリン・ネルソン（Katherine Nelson）は、様々な出来事を**社会的に共有すること**が認知及び言語発達において重要な役割を果たしていると指摘しているが、こうした指摘は先程の結論[**他者の立場に立つことができるという能力は、記録されることによって発達する**]に支持を与えるものとなっている。

確かに、子どもたちが学びをどうとらえているかを究明すること、その目標を明確にすることは、子どもたちが自意識過剰になる危険があるとも考えられる。例えば困難に立ち向かうことが、（子ども自身のモチベーションから立てられた目標ではなく）「結果」目標になってしまうことがあるだろう。しかしジルにとって家庭的保育の場における「学びの物語」は、人々が互いに相手に注意を向ける物語が価値あるとされるような、ケアリングの文化のモデルとなっていた。そしてジル自身の「学びの物語」は、彼女がこのモデルのうち少なくともいくつかの側面を自分のものにしていることを示していた。

4 家族を巻き込む

保育園の職員たちは、家族が「学びの物語」のプロセスに、より積極的に参加することができるためのしくみを探り始めた。アセスメントを家族との間で伝え合うことについては、当初は系統的には取り組まれていなかったとはいえ、常に園の長期的な計画には盛り込まれていた。焦点化された観察を書き留

め、それを計画づくりに生かしていく力を飛躍的に進歩させてきた職員たちは、そうした観察を親との間で分かち合うことにどんな価値があるかについて話し合った。ジェーンは彼らの以前のアセスメントについて次のように述べた。

　私たちがこれまで長い間取り組んできたアセスメントは、実際には（親たちを参加させることを）ちゃんとやれていなかったわよね。親は、アセスメントが終わってから、運がよかったらその結果を見ることができるというものだった。それも、私たちはあなたのお子さんをアセスメントしました、これこれこうでした、という感じ。それがアセスメントの実情だった。これじゃあ全然役に立たないわよね。

　園に自分の子どもを通わせている職員は、自分の子どもの「学びの物語」を読むことがどんなに楽しいかを語った。また別の職員ジュリーは、入園してきたある親が、職員が子どもたちの記録を取っているかどうかを尋ねてきたと言った。その親の説明によると、以前いた園では、「小さなノートがあって、彼ら（職員）は何か起こるとすぐに書き込んでいって……園の外に持ち出せるし、いつでも見ることができるようにしてある」ということだった。ジュリーは、「学びの物語」とはこうしたものと同様、家族にとっても職員と同じように関心を持つことができるものだとして、若い頃、わが子についてのこのような記録をどれほど欲しいと思っていたかを語った。そして私たちはビデオテープについて次のように話し合った。「自分がいない間、自分の子どもたちがどんなふうにしているかを見られたら本当にすばらしいでしょうね。だって親は、自分が仕事に出かける時に子どもたちがわっと泣き出したら、子どもたちが一日中ずっとぐずっているんじゃないかって考えるものだからね」。家族は「学びの物語」に大いに関心を持ち始め、保育園はその後、家族がどんなふうに考えているかを知るために質問紙を送った。ある親は次のように書いた。

　「学びの物語」は私の子どもの学びと発達に対する洞察に富んだ記録です。私が日中見逃している「貴重な瞬間」も記録されているので、そういう点から見ても興味深いです。それらはまた、職員が状況の中のホリスティックな学びについてよく考えていて、息子の成長をしっかりと追求した保育プログラムを行っているというこ

とを私に確信させてくれます。その上、それらは子どもの成長についての親と職員の話し合いを活発にするきっかけにもなっています。私は「学びの物語」が気に入っています。「学びの物語」はとても時間のかかるものだということは分かっていますが、それはとても重要で価値あるものだと思います。

別の親は次のように書いている。

息子が今持っている力や関心を寄せていることに目を向けるようになったことで、私は家でも、息子にやりたいことをもっとさせてみようと思えるようになりました。園でどんなことがあったのかについての会話も増え、園でやっていることを家庭でさらに発展させることができます。私たちがこの園に「所属している」という感覚をもたらしてくれます。

これらの親たちの大半がフルタイムで働き、送迎時に立ち止まって話をする時間がほとんどないにもかかわらず、アセスメントに多くの人々が関わるようになり、園と家族を中心とするより幅広い共同体が作られていった。

親たちによる共同保育の場では、多くの親が、自分の子どもについて他の人たちが書いた物語を読むのが楽しいと述べた。グリータは、大人は子どもたちの発達に介入すべきではないという考えを持っていたが、彼女の娘が他の大人たちと話し合う力が育っていることをとても価値あるものととらえていた。

グリータ：自分の子どもが何をしているか、どのように他の人と関わっているか、まるで自分の目で見ているようです。……親にとってもそれ〔「**学びの物語**」〕はとてもうれしいものよ。だって……それは子どもを手助けしているって感じるでしょ。子どもたちを発達させているのではなくて、遊びの中で子どもたちと一緒に活動しているという感じね……。それは本当におもしろいです。この間の学期中だけでも、リーア（娘）が、他の親たちと話す力をすごくつけてきたっていうことも、手にとるように分かったわ。すごくうれしかったです。

もう1人の親、ジーナは、それは彼女に限ったことではないが、自分の娘の学びに対して新たな敬意の念を抱くようになった。

ジーナ：正直、ルー（娘）はすごく成長してこのプレイセンターを卒業したと思いました。娘について書かれた物語を読んでいてね、私が思っていたよりもかなりたくさんのことを学んでいるんだなということに気がついたんです。

　レイは、彼女が価値あることと考えていることが大切にされているので、「学びの物語」を楽しみにしている。

レイ：わが子の「学びの物語」を読むことは楽しいです。私は自分の子どものことは知っていますが、他の人たちが彼女のことをどう見ているのかは知りません。だから他の親たちが私の子どもをどのように見ているかを読むことを母親として楽しんでいます。学校に通う息子は、成績に重点が置かれた通知表を受け取りますが、3歳の娘には、どのように友だちと協力して遊んでいるかという「学びの物語」があるんです。それは、読むのが本当に楽しいんです。私がいない時の様子、私なしで彼女はどうしているのかが分かります。読むのが楽しい物語は誰もが好きです。私にとって、他の人が彼女をどう見ているかを知ることは本当に有益です。私は彼女のはさみの握り方や鉛筆の持ち方は気にしていないし、関心もありません。「学びの物語」は、いろいろな人たちが自分の子どもに関心を持っていることを示してくれます。

　彼女は、もっと小さい子どもたちの学びについて考察する上でも「学びの物語」は有益だと付け加えている。

レイ：もっと小さい子どもを持つお母さんたちは、私たちがついにその子たちについての「学びの物語」を書くことができた時、本当に喜びました。もっと小さい子どもたち、赤ちゃんたちの育ちをどんなふうに見たらいいのか私たちは分からないことが多いのです。

共同保育の場のある親が、踊りを踊っている年上の子どもたちのグループに加わろうと努力している子どもの物語を語った時、彼女が「新たなことを試みようとすること、これこそが困難に立ち向かうということではないかしら」と付け加えたことについては、前章でふれた通りである。

　前節で挙げた事例で見たように、家庭的保育の場の「記録帳」は、話し合いを促す良いきっかけとしての役割を果たすとともに、保育者のジョージーと子どもたち、そして家族との間の対話の記録にもなっていた。記録と話し合いとが同時に進行していたのである。家庭的保育の場、そしてそこにいる人々は、いわば拡大家族のようなものになっていた。「子どもの記録帳」は、ジョージーと家族（通常は母親がコメントを書くが、父親、きょうだい、祖父母みんながそれを読んだ）と子どもという三者間のコミュニケーションの場であった。
　その「記録帳」を通してジョージーは、しばしば子どもに向けてメッセージを送った。1日の終わりに親はよく子どもと一緒に「記録帳」を読み、その日の出来事について話し合った。何をして遊んだかや話し合いの様子、何をどう達成したかということについて詳しく読んでもらうことで、子どもは、どのような学びを保育者や家族が価値あるものとしているかを感じ取ることができるだろう。家庭で子どもたちが、そうしたことを思い出し、振り返り、話し合うことができるように、その日の学びが子どもにも分かる形で提示された。同様に、家庭的保育の場でジョージーが、子どもに情報を提供し、思い出し、振り返りや話し合いを行うことができるように、家庭での出来事も書き留められた。
　価値ある学びは、どんな出来事やコメントが選ばれ書き残されたかによっていかなる学びが価値あるものとされているかが間接的に伝えられていたが、次のような場合はもっと直接的に伝えられていた。(a) 直接その子どもに向けて伝えられることによって、(b) その子どもをほめることによって、(c) その子が特に関心を持っていることについて子ども自身が説明したり思い出したりできるよう、その手がかりを家族に伝えることによって。ここにいくつかの事例を挙げる。

(a) 子どもへの直接的コメント

3月25日 マシューのクレヨンでお絵かきをした。貸してくれて本当によかったわ。マシュー、ありがとう。

4月28日 家でマシューは私たちに自転車に乗って見せてくれました。とっても上手だったわ。

7月21日 ジルの母からの記録。Jは自分の自転車をみんなと一緒に使うことを少し嫌がっているので、このことがあまり問題を引き起こさずに解決するといいのですが。

7月22日 ジョージーからの記録。すてきな自転車をありがとう。幼稚園に行く前にみんながちょっとずつ乗れたわ。みんなに貸してあげられるなんてすてきね、ジル。

(b) 子どもをほめることで家族に間接的にメッセージを送る

3月12日 マシューは女の子たちがページをめくるのを上手に手助けします。(「真っ暗闇のお話」の物語のテープの片面には、ページをめくる合図の音が入っていないので)。

5月19日 体育館。もうちょっとで4台の消防自動車を見られたのに。体育館のアラームが誤作動して、そんなこんなで開始が遅れ、体操の時間の準備をするメアリー(プリスクールの体育コーディネーター)を助けなくてはなりませんでした。跳んだり体を左右に振ったりしながら、前後に動いたりグルッと回ったりしました。メアリーは、マシューが話をよく聞きいろいろな技に挑戦していたと言っていました。彼はいつもどんなことにも積極的に取り組み、いつも上手にやり遂げます。揺れる縄跳びの縄を飛び越えるのを楽しんでいます。

5月26日 マシューはジルに、ボウルの中でパン焼き用の粉を混ぜるにはどうすべきか説明しました。彼女はとても小さなボウルを選びました。彼は「そんなにいっぱいだったらもっと大きいボウルを持ってこなきゃ」と言いました。とても論理的で実践的です。

6月4日　午前のお茶の時間にアルファベットについてたくさんおしゃべりします。といっても知らないことまででたらめにというわけではなく——とても賢いですね——3歳で小学校入学かも？！！！

（c）子どもに思い出させたり説明させたりするための家族への手がかり

5月20日　彼女に歌を歌ってと頼んでみて。ジルは歌詞とメロディーをすぐに覚えて、グループで歌ったり1人で歌ったりするのを楽しんでいます。

5月22日　〔マシューの記録帳〕幼稚園で昼食を食べました。私たちはマットタイムの間、幼稚園にいました。今週幼稚園では、手話をたくさん使った絵本『私は動物園に行った』をずっと使っていました。ライオン、サル、亀、ワニ、動物園、そして「私は知ってます」の手話を見せてと言って下さい。

5月22日　〔ジルの記録帳〕幼稚園でマットタイムの時間を過ごしました。毎日、少しずつ手話を増やしながら大型絵本『私は動物園に行った』を見ました。ジルは数え切れないくらいたくさんの手話を覚えました。子どもたちはライオン、サル、亀、ワニ、象と様々な色、「わたしは知っています」、動物園を手話でやりました。

ジョージーは、ドキドキするような様々な出来事を通じて、家族が子どもたちを援助できるように手助けしている。例えば、マシューが家族の結婚式において何かの役割を引き受けることや、ジルが自分たちの家の売却という事態に対処すること等である。

3月25日　マシューはスチュアートの結婚式に出ることとモーテルに泊まるということにとても興奮しています。……ファーマーズ〔デパート〕で買った黒い靴と服を身につけることだって……。良い週末を。あっ！　忘れるところでした。「ねえ、ジョージー、デールはきれいな服を着て、花嫁さんのお手伝いをする人をするんだよ」ですって。

8月11日　〔ジルの記録帳〕母からの記録。土地周旋業者が明日来る予定。ジルは、もしすてきな家を見つけた時、それが買えるように自分の財布（ちゃんとお金も入っている）を持ち歩き始めた。彼女は、他人が自分の寝室で寝るかもしれないということに対して、悲しい気持ちになり始めていました。ジョージーからの記録：興味深いです。ジルはおばあちゃんの新しい家にいる「すてきなおじいさん、トロール（ジルが祖父につけたあだ名）」のことばかり話しています。私が今日、彼女にそれとなく質問した時でさえ、家のことにはふれようとしないので話題を変えたくらいです。知らせてくれてありがとう。売却のことを乗り越えるために彼女と話ができるし、彼女を支えることができます。

「記録帳」は、乳幼児期のケアと教育を提供し、達成したことや成長の節目を喜び合い、さらなる学びを促すために、その子どもの2つの家庭が協力し合ったり話し合ったりしていることに関する愛情のこもった、そしてその多くが愉快な記録であった。話し合いは、そうしたケアと教育の営みの中で非常に大きな部分をしめていた。

5　小括——1日の疲れを忘れさせる温かな話し合い

　本章では、「学びの物語」のプロセスのうち、職員、子ども、家族が共に学びについて話し合うという部分に焦点を当ててきた。こうした社会的共有は、学び、学びの構え、さらには自分たちの子どもたちとの関わりについての理解を豊かにした。ある保育園の職員会議に出席した際の筆者のフィールドノートには次のような記録がある。

　これらの話し合いの質の高さや温かさについて十分に言い表すことはとて

も難しい。職員たちは、たいてい子どもたちと1日関わった後のとても疲れた状態で夕方の職員会議にやってくる。彼らは子どもたちの「学びの物語」を振り返り、保育の計画を立て始める。すると、書かれた物語に楽しいエピソードが補足して語られ、付随する物語が共有され、意見交換はしだいに活発で愉快で愛情のこもったものになっていく。否定的な物語も語られるが、それらに対する肯定的な解釈が他の人から与えられることも多い。

各保育の場では、話し合いを通じて、鍵となる要素——関心を持ち、熱中し、困難に立ち向かい、自分の考えや感情を表現し、責任を担う——がそれぞれの保育の場に即して独自に定義されつつ、学びの場が協同で打ち立てられていった。本章ではまた、子どもたちが、ここではどのような学びに価値があるとされているかを見つけていく道筋、さらに子どもたち自身の視点を探っていく方法について概説した。家族は、自分たちの子どもが学びについてより多くのことを理解するようになってきており、特に家庭的保育の場や親の共同保育の場においてはこの点についてはっきりとした意見を述べていた。他の保育の場では、職員がどのようにしたら家族がアセスメントのプロセスにもっと参加できるようになるかを考え始めていた。そして全ての保育の場で、家族は自分の子どもたちの「学びの物語」を熱心に読み、より豊かにしていくことにしばしば貢献していた。

第9章　「学びの物語」アプローチの実践プロセス③
記録をつくる

　4つのDの3番目にあたる記録づくり (documenting) は、学びの姿やアセスメントを書面として書き留めたり、他の何らかの方法で記録に残したりすることである。その中には、説明が添えられた子どもたちの作品等も含まれるだろう。本章では、「学びの物語」の記録づくりに目を向けることが子どもたちの学びの重要な側面をよりはっきりと浮かび上がらせ、そうした学びに対するオーセンティックなアセスメント*を実践する上での強力な支えになるということを論じるつもりである。そして実践者がアセスメントの書式や構成をより良いものにしていく際に参考になるような実際の記録の実例を紹介する。また、記録づくりには時間がかかるということは実践者にとって重要な問題の1つであり、それだけに、そうやって費やされた時間に見合うだけの教育上の有用さが感じられなければならないだろう。この問題については、記録づくりが楽しいものとなり、日々の実践と密接に結びつき、子どもたちの学びをより豊かにしていくことにも、家族との伝え合いにも役に立つものとなるとき、それに必

要とされる時間は価値あるものと見なされるようになるなどと語る実践者たちの言葉も手がかりに考えていくことにする。

　アセスメントが記録されることで、それらは公のものとなるだけでなく半永久的に保管されるようになるので、様々な立場の関係者が見ることができるようになる。ここで想定している関係者とは、子どもたち、実践者、家族、そして地域の機関という4者である。いずれかの関係者のために集められたアセスメントが、そのアセスメントにまつわる文脈やその時に行われた話し合いに関する情報を持たない他の関係者によって読まれ、別の解釈が行われたり何らかの判断が下されたりすることもあり得る。それに印刷されたものというのは、その性質上、話し合いの内容をそのまま逐一反映しているわけではない。さらにアセスメントは、保育の中で直接活用される期間を越えて他の人々に読まれることも十分にあり得ることである。

　家族や地域の側から見ると、これまで学校のアセスメントは通常、総括的なものであり、家族に向けて準備されるとともに、外部の機関が法令上の監査を行うために閲覧できるよう整えられてきた。しかし、学校ではこうした目的で行われる総括的アセスメント**が一般的だからといって、同じ方法を、保育プログラムを提供する人々が何の疑問も持たずに採用すべきだということにはならない。形成的アセスメントという別の方法から得られた証拠資料は、「内部」の2種の関係者（子どもたちと実践者）への情報提供となるだけではなく、「外部」の関係者（家族と外部機関）への説明責任を果たす上でも十分正確で現実に即したものと言えるだろう。ただ、関係者は様々に異なっているので、ある関係者に向けられたアセスメントが、別の関係者には不適切な場合もあるだろう。例えば、子どもたちは確かに関係者ではあるが、幼児や小学校一年生等である場合、文字でのみ書かれたアセスメントが利用できるとは考えにくい。

　［アセスメント・］プロジェクトに参加した乳幼児に関わる実践者が特に関心を持ち、議論になったのは、記録づくりのプロセスにおける次のような点であった。

●なぜ記録づくりに取り組むのか
●記録づくりが行為の中の学び手の学びにとって不可欠なものとなるにはどう

したらよいか
●自分たちに合ったアセスメントの書式を作り出す

1 なぜ記録づくりに取り組むのか

　多くのアセスメントは記録されていない。というのもアセスメントは、実践者が教育的働きかけのプロセスの一環として保育時間中や何かの授業の際に子どもたちと関わっている時——子ども／生徒の学びについて何らかの解釈と判断をし、それに基づいて行動しているまさにその時——にも行われているからである。そうしたアセスメントは、事前に計画されたものではなく、即応的であり、しばしば学び手によって主導される。それは、良い教育的働きかけといわれるものを構成する重要な要素なのである。デービット・プラットは、このことを次のように的確に指摘している。

　　豊かな学びの環境においては、生徒も教師も共に実験し、思いついたことを試し、危険を冒し、問題に取り組み、問題解決のために考えをめぐらせ、思考し、振り返り、相手の話に耳を傾け、話し合い、質問し、情報を探し出

＊ authentic assessment　チェックリストのように生活から切り離して子どもの知識やスキルをアセスメントするのではなく、子どもたちの生活文脈に即してなされるアセスメント。1980年代後半、「標準テスト」の作為性や儀式化を批判し、ウィギンスらによって提起された。「真正性の評価（アセスメント）」と訳されることもある。田中耕治『教育評価』岩波書店、2008年参照。——訳者
＊＊ summative assessment　実践の終了時、学期末、学年末に実施されるアセスメント。これに対して形成的アセスメント（formative assessment）は、実践の途上で実施されその情報は随時実践に返されていく「頻繁かつ対話型（インタラクティブ）のアセスメント」（OECD教育研究革新センター編著『形成的アセスメントと学力』明石書店、2008年、7頁）であると言われる。——訳者

し、自分もまわりも予想しなかったようなことを見出していく。そうした環境は様々なフィードバックの回路が存在していることによって特徴づけられる。参加者は、質問や励まし、確認、訂正等のメッセージを求め、受け取り、注意を払い、そしてそれらに応じる。こうした様々な形のフィードバックは広い意味でアセスメントに含まれる。アセスメントが形式的でなく、かつ最良の形で行われている場合は、そのアセスメントはクラスの活動や相互のやりとりの中にさりげなく織り込まれていく。一方アセスメントが形式的で、かつ最悪の形をとる場合には、アセスメントはクラスの環境や活動から切り離され、画一的で子どもを震えあがらせるような方法で実施される（David Pratt 1994, p.102）。

　こうしたフィードバック（が仮にあったとして）の何を私たちは記録として残すべきなのであろうか？　保育園の職員ポーリーンは、次のようにコメントした。「私は記録のための記録は好きではありません。何か〔のための〕意味あるものであるべきです」。この問いかけにこたえるには、地域機関、家族、実践者、子どもたちという4種の関係者の視点から考えていくことが有益である。1997年にブロンウェン・カウウィ（Bronwen Cowie）と筆者は、記録づくりへの賛否——「なぜ行うのか」と「なぜ行わないのか」——をめぐる論点を、これら4種の関係者の視点から整理し1つの表にまとめてみた。表9－1はその表を改めて作り直したものである。

　表にある通り、記録づくりへの**反対論**はもっぱら、アセスメントの文書は客観性が保証されていないという点を挙げている。記録は、前景化された成果に関するある特定の時点での部分的な説明を提供するものである。その場において参加が徐々に複雑になっていく経過も記録していくことはできる。しかし、前景化された成果のとらえ方が狭すぎる記録からは、これから直面するであろう困難や、今後何を達成していくかを見通していくことは難しいだろう。記録は、あくまでその文脈に依存しているものとして読まれるべきである。

　一方、家族からすると、アセスメント記録によって今後の見通しが得られることを望むことは自然であり、地域機関もまた同様の要求を持っているだろう。しかし筆者は、学校で成功するために就学前に身につけておくべきスキル

表9-1 なぜ記録し、なぜ記録しないのか――4種の関係者の視点から

アセスメントの関係者	なぜ記録するのか？	なぜ記録しないか？
地域の機関	説明責任のため、そして子どもたちや家族に応答するしくみが築かれ、子どもたちの幸福と学びが追跡されていることを保証するため。	外部機関は、効果的なシステムが存在しているという証拠さえがあればよい。換言すると、応答関係がどうなっているかについては（記録されていなくても）、別の方法で監視することができる。
家族	自分たちの子どもの幸福と学びに関わる何らかの応答を受け取るため。 カリキュラムについて家族に知らせ、家族がその発展に参加することができるようにするため。 子どもや他の家族のメンバーと共有したり話し合ったりできるように、子どもの1日について家族に情報を提供するため。	アセスメントが文書化されると、家族は、短期のアセスメントを、長期的な予測やレッテルとしてとらえる恐れがある。
実践者	子どもたちを良く知るために――観察したことを書き留めることでより焦点がしぼられる。 子どもたちを良く知るために――書き留められた観察は共同の話し合いを促進する材料となる。なぜなら、書き留められたアセスメントは、（記録されていないが）記憶され共有化された観察と、一致したり対立したりすることがあり得るから。 この子どもと共に活動した他の大人たちと、この子どもの学びについての情報を共有する――今後の方向性についての考えを共有し計画を立てるため。 価値観を共有して学びの共同体を確立するため――実践者が今、ここで何に気づいたかや、何を価値あるものとしてとらえたか、どのように子どもたちに応答したかを振り返る。	ある特定の時間に切り取って記録したアセスメントは、（客観性が）保証されていないと批判される恐れがある。 自由に討議され、表現された専門的な感想や判断は、書き留めた記録によっては正確に表現されず、抑制される恐れがある。 自発性が損なわれる恐れがある。 子どもと関わることは、学びの重要な部分であるにもかかわらず、記録し応答することの困難さによって、その大人と子どもの関わりの時間が奪われる。
子どもたち	自己評価（self-assessment）の機会――子どもたちはアセスメントの中の重要な担い手として参加する。 子どもたちは、今、ここではどんなことに価値があるとされているかにもっと気づくようになる。	子どもたちは「学び」に自意識過剰になり、結果志向になる恐れがある。 子どもたちは文字を読むことができない。

については未だ意見が分かれているということについて第1章でふれ、視点をより広げるべきだとして、学びの**構え**、及び参加のレパートリーの重要性について第2〜5章において論じてきた。さらに言えば、第2章で教育的働きかけと学びのモデルにおける双方向的で応答的な関係性について概説した際に指摘したように、何らかの予断を持つことで否定的な影響が生じる可能性もあるのである。

例えばピーター・ブラッチフォードらは、入学後の学業成績は、それぞれの子どもに対する教師の期待と強く連動していること（その子どもが実際に身につけている力の水準との関連は見られなかった）を明らかにした（Peter Blatchford 1989)。つまり、学業成績は生徒の**能力**からではなく、こうした教師の**期待**の高低から予測できるということである。またバーバラ・ティザードとマーティン・ヒューズによる1984年の研究（Barbara Tizard/ Martin Hughes 1984)は、ナーサリースクールの教師たちが、労働者階級の子どもたちに対して中産階級の子どもたちよりも難易度の低い質問をする傾向があることを指摘し、それはおそらくその教師たちが、子どもたちがより難しい問題に挑戦し答えることをそもそも期待していないためだとした。しかし家庭では、その労働者階級の子どもたちは、力量を要する複雑なやりとりに参加していたというのである。またスー・ブリードカンプとローリー・シェパードは、「親の期待の度合いは、その後の学校での子どもたちの良い成績を予測する最も強力な指標である」（Sue Bredekamp/ Lorrie Shepard 1989, p.22）と主張した。同様にパメラ・フロムとジャクリーン・エクルズらの学校における研究（Pamela Frome/ Jacquelynne Eccles 1998)は、通知表に記載されている成績よりも、わが子の能力と努力についての親の認識の方が、子どもが数学と英語における自分の能力や、課題の困難さをどう感じているかにより強く影響することを示している。このように、幼児期の総括的な評定には将来を予測する力があるとみなされるとき、そうした判定が書き込まれた記録は、鍵となる三者の関係者（実践者、両親、子どもたち）に否定的な影響を及ぼすことがあり得るのである。

［アセスメント・プロジェクトにおける］記録づくりをめぐる議論の大半は、子どもの今、ここにある成長とさらなる学びに寄与する**形成的**過程としてのアセスメントに関するものだった。そして、［そうしたものの1つである］「学びの

物語」に実際に取り組んでみた実践者たちの経験は、芽生えつつある、あるいは力強く育った学びの構えが前景化されるのであれば、そうしたアセスメントを記録していくことには様々な意義があることを示唆していた。こうしたアセスメント記録は、子どもたちのことをよく知り今後の方向性を計画するのに役立つような実践者同士の話し合いの材料を提供することができる。また実践者が価値観を共有する学びの共同体を構築していくことを助け、その共同体を家庭にまで広げていくとともに、根拠を持って引き出されたポジティブな期待と楽観的な見方を前景化する。

先の実践者ポーリーンは「その子にもっと近寄って見ようという気持ちになるのよね」と言った。またジュリーは次のように言った。「〔記録をとることで〕いろんなことが見えてくるの。それは前にも漠然と知ってはいたけど、それについて本当に考えたこともなかったから実際には何もしていないのと同じことだったのよね。でも、意識してじっくり観察していると、急にいろんなことがはっきりと見えてくるのよね」。リンも同じような考えを述べた。「子どもたちをもっと注意深く見るようになったから、もっと多くのことが見えてきたということね」。

親の共同保育の場での会議では、次のようなコメントが出された。「私たちが学んだ中で特に大事なことは、子どもたちを見るこの方法を通じて自分自身を向上させてきたという点だと思います」。誰かが鋭い問いを発した。「私たちは（そういうプロセスの中で）自分たち自身を評価していることになるのかしら？」。一方、エリーは次のように発言した。「子どもたちをただ見るということだけでは、子どもたちが学んでいることを正確にとらえることはなかなかできないわ。でも1枚の紙に子どもたちがしていることをありのままに書き留めていくことで見えてくるんじゃないのかな。学びのプロセスのことがだんだん分かってきたような気がする……。チャレンジ、まさにそう、そして熱中ね。こういうキーワード〔関心のあるものを見つける、熱中するようになる、等〕は全部、見たいと思っていたものを見るのに役に立つのよ」。

2 記録づくりが学び手にとって不可欠なものとなるにはどうしたらよいか

　多くの保育の場において、記録づくりは徐々に保育の実践にとって欠かせないものとなってきた。このことは、記録づくりは行為の中の学び手の学びにとって欠かせないものとなったことを意味している。そうした物語は、家族と保育機関にとって大切な文化的道具となり、それを書いたり読んだりすることは大切な出来事となった。そして子どもたちも物語を読んでほしいと繰り返し大人に求めるようになった。例えば、事例研究に協力した後に「学びの物語」が本格的に導入されたある保育機関では、マディーとアキラの物語が、しばしば引き合いに出される。以下はその内容（の要約）である。物語には写真が添えられていた。

　マディーは、幼稚園の戸外にある小屋の屋根の上に、オレンジ色の「卵」を見つけ出した。彼女は急いで先生に伝えに行った。何としてもその卵を屋根から下ろしたいと思っていたのだ。アキラがその会話を偶然聞いて、屋根から卵を下ろそうとする試みに加わった。まず、彼らは跳び上がって手を伸ばして卵を取ろうとした。あいにくダメだった。次に彼らは木製の椅子に乗って試みた。卵は手の届かないところにあった。他の子どもたちがやってきて、たくさんのアイディアを提案した。マディーとアキラははしごを使うことにしたが、卵にはまだ届かない。さらに話し合いがなされ、2人は先端にくさび形の留め具のついた一番長い棒で試してみた。さらに多くの話し合いと試みがなされたが成功しなかった。マットタイムの時に、マディーは他の子どもたちに、自分たち2人が卵を救い出そうとして取り組んだ経過を正確に説明した。彼女は自分の話していることにすっかり夢中になっていた。

　翌日、アキラは早く登園してきて、うまく「卵」を下ろすことができた（物語にはどのように下ろしたかは書かれていない）。その「卵」は、オレンジ色のプラスティッ

クの玉しゃくしだと判明した。マディーが登園してきたとき、アキラは彼女のところに飛んでいって、とうとう自分がやり遂げたことを知らせた。マディーはそれが玉しゃくしだったとは断固として信じなかった。彼女は、卵から雛がかえって、鳥になって飛び去ったに違いないと主張した。

それが本当にオレンジ色の卵だったのか、それともプラスティックの玉しゃくしだったのか、そしてもし卵だったとしたら、どんな種類の鳥が卵からかえったのかということは、その後も答えの出ない問題として問われ続けることになった。

他の幼稚園や家庭的保育の場、あるいはマオリ言語センターでの事例研究においても、記録は行為の中の学び手の学びにとって欠かせないものとなっていた。マオリ言語センターでは、多くの写真が撮られ、短い物語がつけられ、一人ひとりの子どもの本にまとめられた。写真は壁にも張り出された。物語の添えられた写真は、マオリ語で他者とコミュニケーションをはかることが主たる目的となっているこの保育機関において、言葉の資源——つまり子どもたちが話し合う材料——を提供した。同様に幼稚園でも、壁に「学びの物語」を展示していた。子どもたちはそれを使って互いの活動について話し合い、新たに何かを作っていくためのアイディアを得た。何かに熱中すること、計画を立てること、困難に立ち向かったり粘り強く取り組んだりすること、共に活動することに光が当てられた。こうした子どもたちの活動についての壁面展示は、家族にとって子どもたちの送迎の際に保育プログラムの概略を理解する1つの方法になっていた。教師の1人は次のように述べた。

彼ら（親たち）が写真を見ているのをよく目にします。……私はそれを見て、すばらしいなあと思います。親たちは、これは単なる遊びではないと考えているのではないかと思います。もっと言うと親たちは、彼ら（子どもたち）が本当に価値のあることをしている、そして何かを学んでいる、と感じていると思うのです。……子どもたちの何人か、例えばⅠやPは、より積極的に自分から自分が作ったものを親に見せたりしていました。

数ヵ月後、こうしたとらえ方が正しかったことが確認された。2番目のプロジェクト（家具づくり）の後に、ある母親が「ここの子どもたちが学んでいる内容に圧倒された」と言ったのである。彼女は、新たな自信を身につけた娘は、きっと学校でうまくやっていくだろうと安心したという。そして、プロジェクトが行われる前までは、家族は兄たちの学校での勉強の方に関心を持っていたが、今では祖父母も含めて家族全員が幼稚園で行われていることに関心を持つようになったと付け加えた。
　そして幼稚園では、アセスメント記録は一人ひとりの子どもの「ポートフォリオ」にもまとめられた。ポートフォリオは、幼児をアセスメントする有効な方法の1つとしてしばしば取り上げられるようになってきた。ポートフォリオは総括的な資料を集めたものにも、あるいは「進行中の活動」の記録をまとめたものにもなり得る。この場合のポートフォリオには次のようなものが含まれる。

● 大人と子どもたちによって選ばれ、そこで重視されているねらいについても言及されている活動の記録。
● 子どもたちの言葉を書き取ったもの。
● ポラロイドカメラで撮影され、その活動についての子どもたちの言葉や物語が書き添えられた写真。普通の写真も撮られた。
● 子どもたちの間の協同のやりとりを書き留めたもの。コピーされ、参加している子どものそれぞれのポートフォリオに入れられる。
● 写真や子どもたちの作品のコピー——原物は子どもたちが家族と話をすることができるよう家に持ち帰られる。

　子どもたちはしばしば、原物よりもコピーを家に持ち帰ってもいいかと尋ねる。チームの会議で1人の教師が次のように言った。

　今日、私はハリーが書いた設計図を取っておきたかったが、彼はそれを家に持ち帰りたがった。それで私は、いいわよ。それをコピーしましょう、一緒に来て。コピーするところを見せてあげる、と言ったの。彼はついてきて一部始終を見ていた

わ。サイズが大きかったので、コピーを2回とってつなぎ合わせなくてはならなくなって、彼につなぎ合わせられるかと聞いたら、彼は自分でやったの。そして、私がこのコピーをとっておくから、こっち（原物の方）をどうぞって言ったら、彼は結局、「いや、コピーの方が欲しい」と言ったのよ。（笑い）

　アランについては第3章で紹介した。彼のポートフォリオには以下のような物語が収められていた。

8月15日　最初の扉の設計図。コメント：アランの最初の設計図
8月28日　自然コーナーにあるアランの扉の写真。コメント：アランは柵の隙間に自分の扉をはめ込もうとしたが、その扉は「柵のてっぺんから地面まで届かないだろう」と考えた。彼は「柵と同じ大きさ」になるよう、より大きな扉を作ることを考えている。彼は、それを自然コーナーにあったくいに取り付け、高さを注意深く測ってからのこぎりで小さくしていった。ベーブが彼を手伝った。
8月29日　寸法が書き込まれた2番目の設計図のコピー。コメント：「アランは自分の扉の正しい寸法を調べるために柵の隙間を測った」。
9月2日　メモ：アランはボール紙で扉の模型を作った。彼の周囲に他の子どもたちがいたにもかかわらず、彼は静かに1人で作業を行った。問題の1つはどのように細長いボール紙をそれぞれ正しい長さにするかだった。もう1つの問題はどのように4つのちょうつがいを作って取り付けるかだった。
10月15日　寸法が書き込まれた最終的な設計図。コメント：アラン「扉は上から下に向かって縦の線が入っているの。ちょうつがいが3つ必要だ。柵には斜めの線が入ってるの。ここには鍵がついているんだよ。上に書いてある数字はここの幅が1メートルだってこと。柵と同じ高さなの」。
10月15日　3つのちょうつがいと錠前のついた大工さんのための設計図。

　このプログラムに取り組むまでは「その子に欠けているもの」に注意を集中させていた教師たちは、関心、熱中、チャレンジ（「難問」）と協同に関する

「学びの物語」に目を向けるようになった。プロジェクトはしばしば子どもたちが設計図や絵を描く活動等を含んでいたので、子どもたち自身も記録づくりに参加することになった。

3 自分たちに合ったアセスメントの書式を作り出す

これまで見てきたように、アセスメントを行為の中の学び手の学びにとって不可欠のものとしてとらえるようになった実践者たちは、アセスメントの書式を見直していくことに取り組み始めた。[**アセスメント・**]プロジェクトの最後の年くらいから、実践者たちは（しばしば専門性開発プログラムの教育担当者の助けを借りて）、アセスメントのプロセスが、（ⅰ）より効果的で、（ⅱ）日常の実践により調和し、そして多くの場合（ⅲ）より専門的に見ることができるように、アセスメントの書式を改良したり、自分たちに合わせて修正したりしてきた。乳幼児に関わる実践者たちと共にアセスメントの仕事をしてきた専門性開発のファシリテーターであるウェンディ・リー（Wendy Lee）は、「現場は活気に満ちている」と筆者に語った。

そうした「学びの物語」の中には驚くべきものがある。ＩＴ環境の整った保育機関の実践者たちは、物語をパソコンに入力し、写真をスキャンし、デジタルカメラを使っている。アセスメントの書式の改良と修正は、「学びの物語」が最初に試行された保育園から始まり、今では多くの保育機関で広く行われている。

まず初めに各保育機関では、片側に学びの構えの５領域が書かれたシンプルなＡ４の用紙を使っていた（図９−１、９−２）。図９−１の「学びの物語」は、実践者と子どもとのやりとり、具体的には砂場での想像遊びのやりとりをとらえている。その同じ子どもについての他の「学びの物語」は、友だちとのやりとり、そしてイアンが興味を持っている消防車と消防士を中心に展開した

図9−1　「学びの物語」アセスメントの書式——砂場でのイアン

子どもたちの経験をアセスメントするプロジェクト

保育カリキュラムにおける要素	学びの物語における判断の観点		「学びの物語」
所属	この場で関心のあるものを見出す	✓	イアンが私に1杯の紅茶——砂で満たされたプラスチックのカップ——を差し出すところからごっこが始まる。私は「ありがとう」「とってもおいしかったわ」等と言った。それから彼は何かの大きな丸いふたを見つけ、それをお皿だと私に言った。彼は「お皿」に砂を盛り、「プリシアのお誕生日ケーキだよ」と言った。私は「わあ、とてもおいしそう」「ろうそくはある？」と言った。イアンはもうひと山の砂を上に乗せて、「これがろうそくだよ」と言った。「火はついてる？」と言った。イアンは砂をひとつかみし、もう一方の手でそのひとつかみの砂（明らかにマッチ箱！）にマッチをすって、ろうそくに火をつけた。私は「誕生日おめでとうの歌を歌ってくれる？」と言ったら彼は誕生日の歌を歌い、私はろうそくを吹き消した。
安心	熱中する	✓	
探索	何かにチャレンジし困難が生じた時にも粘り強く立ち向かう	✓	
コミュニケーション	自分の意見を表現する	✓	
貢献	自ら責任を担う	✓	

名　前：イアン
場　所：砂場
日　付：98年8月26日
観察者：プリシア

ごっこ遊びについて記録している。図9−2は、リチャードにとって縫い物の活動が一日の始まりを安心して過ごす助けになっていることを記録している。またその物語は、彼の好きな色（赤）と読み書きの初歩的な力についても記録している。

　事例研究に協力した保育園の職員たちは、クリップボードにはさんだA4の「学びの物語」記入用紙に「学びの物語」を書き込んだ。彼らは、2週間単位で3、4人の子どもを選び、それぞれの「学びの物語」をフォルダーにまとめ、職員会議で「プランニングシート」に要約した。個々の子どもの担当保育者が中心になってこのプロセスを進めたが、他の多くの職員もその子どもたちについて様々な文脈から観察記録を書いた。観察したことを書くことは、当初

図9-2 「学びの物語」アセスメントの書式——リチャードの縫い物

学びの物語　観察用紙

名　前：リチャード　　　　　　　　　　　　　　　　　　日　付：2000年2月1日
場　所：外の裁縫テーブル　　　　　　　　　　　　　　　観察者：ナタリー

所属	この場で関心のあるものを見出す	リチャードは、ママが行ってしまうのを嫌がった。ナタリーが縫い物をすすめると、それはおもしろいかもしれないと考えた。
安心	熱中する	リチャードはナタリーに赤い毛糸が欲しいと頼み、縫い物に取りかかった。彼は穴に針を上下に通すことを知っていた。
探索	何かにチャレンジし困難が生じた時にも粘り強く立ち向かう	何か困ったことがあると、彼はナタリーに助けを求めることができ、完成するまで活動に粘り強く取り組んだ。
コミュニケーション	自分の意見を表現する	彼はナタリーに「自分の好きな色は赤だ」ということと、その日が彼の弟の誕生日だということを伝えた。それで彼は「誕生日おめでとう」と書いて、弟の絵も描くことにした。
貢献	自ら責任を担う	ナタリーは彼が一つひとつの文字を読み上げていくのを助け、彼は誕生日おめでとうと書くことができた。完成するとリチャードは自分の縫い物を自分の本に入れるためにナタリーに渡した。

難しいと考えられていた。ジュリーは、発言を正確に再現することが難しいと述べた。「それを書こうとする頃には、子どもがなんて言ったか忘れてしまっているのよ」と。観察を記録する方法が他にないかと職員と共に検討された。ジュリーはビデオが使えないかと考えた。特に親に向けて、一人ひとりの子どもの活動をいつでも記録できるようビデオテープを用意しておくというやり方である（ある園が後にこの方法を始め、職員はそうした映像記録に解釈や解説をどのように加えるか悩んでいた）。ポーリーンは、書き留めることも大切だが、「書くよりもテープに録音する方がもっと簡単でしょう。……ネットボール［バス

ケットボールに似た競技］を（コーチ）した時、そのやり方で記録してみました。何にも書き留めなかったわ」と付け加えた。しかし、彼らは次第に物語を書き留めることに自信を深め、これらの物語は「要点」が「伝われば」よいのであって、長く書く必要はないということが分かって安心した。

　新しいアセスメントの方法を1年やってみて、彼らは書式にもっと多くの手がかりが書いてあったらいいと考えるようになり、筆者は職員会議のときに新しい書式を作る手助けをした。それが図9-3である。図9-3は、マリアの積み木や図形、そしておそらく円を作ることへの関心を記録している。その形式では、物語を書くスペースはより小さくなっており（足りなければ裏に書き続けることができる）、そのかわり個々のカテゴリーの「手がかりと事例」があらかじめ印刷されている。その手がかりとは、

- 関心を持つ：この場所にある様々な話題や活動、役割等の中で興味をひかれるものを見つける。よく見知っているものに気づき、知らないものに出会うことを楽しむ。変化に対処する。
- 熱中する：一定の時間、注意を持続したり、安心感を持ち、他者を信頼する。他者と／あるいはモノを使って遊ぶことを楽しむ。
- 困難に立ち向かう：困難な課題を設定したり、選び取ったりする。「行き詰まった」時、様々な方略を使って問題を解決しようとする（具体的に）。
- 考えや感情を表現する：多様な方法で（具体的に）。例えば、話し言葉、身ぶり・手ぶり、音楽、造形、文字、数や図形を使う、お話を作って披露する等。
- 自ら責任を担う：他者、物語、想像上の出来事に応答する。ものごとが公正に運ぶようにする、自らを振り返る、他者を助ける、保育の進行に貢献する。

　この書式には、私たちが「短期の振り返り」と呼んでいるもの、つまり観察者がこの物語の何が重要だと見ているかを要約したものを書く欄が設けられている。この欄の手がかりには、「問い：ここでどのような学びが進行していると考えたか？（学びの物語の要点）」とある。この書式にはまた、「次にどうする？」の欄もある。これは短期的な保育方針を立てるためのもので、保育の計

図9－3 「学びの物語」アセスメントの書式──マリアの積み木への関心

子どもの名前：マリア
日　　　付：10月11日
観　察　者：

		事例または手がかり	学びの物語
所属	関心を持つ	この場所にある様々な話題や活動、役割等の中で興味をひかれるものを見つける。よく見知っているものに気づき、知らないものに出会うことを楽しむ。変化に対処する。	半円の積み木を出し、円を作るために2つをくっつける。もっと長い曲線の積み木を取り出し、それにくっつけようとし、それから小さな半円の積み木をくっつけようとする。
安心	熱中する	一定の時間、注意を持続したり、安心感を持ち、他者を信頼する。他者と／あるいはモノを使って遊ぶことを楽しむ。	しばらくして戻って来て、2つの半円をくっつけ、拍手する。

小さな積み木を積んで山を作り、崩れると笑う。 |
探索	困難に立ち向かう	困難な課題を設定したり、選び取ったりする。「行き詰まった」時、様々な方略を使って問題を解決しようとする（具体的に）。	その後、長方形に組み上がっていくよう注意深く積み木を組み立てる。
コミュニケーション	考えや感情を表現する	多様な方法で（具体的に）。例えば、話し言葉、身ぶり・手ぶり、音楽、造形、文字、数や図形を使う、お話を作って披露する等。	
貢献	自ら責任を担う	他者、物語、想像上の出来事に応答する。ものごとが公正に運ぶようにする、自らを振り返る、他者を助ける、保育の進行に貢献する。	

短期の振り返り	次にどうする？
積み木への関心と図形や形を作るために積み木を組み合わせることへの関心──戻ってきて再度やってみるほど

問い：ここでどのような学びが進行していると考えたか？（学びの物語の要点） | マリアと積み木をする。モザイク？　円？　車輪？

問い：私たちは、これらの関心、能力、方略、構え、物語が
・さらに複雑になる
・保育プログラムの他の場面や活動にも現れてくるようにするにはどのように励ましたらいいか。
どうしたら私たちは、「学びの物語」の枠組みにおける次の「段階」に進むことを促すことができるか？ |

ハミルトン保育サービス・トラスト　試作2000

画づくりにも生かされるものである。この欄の記入の手がかりは、実践者がこのアプローチにおける成長の定義を思い起こせるようになっている。

問い：私たちは、これらの関心、能力、方略、構え、物語が
・さらに複雑になる
・保育プログラムの他の場面や活動にも現れてくるようにするにはどのように励ましたらいいか。
どうしたら私たちは、「学びの物語」の枠組みにおける次の「段階」に進むことを促すことができるか？

　「学びの物語」の書式に短期の振り返りの欄だけを付け加えた保育機関もあった（図9-4）。自分のペットであるコーギー犬を様々な方法で表現したヘイミッシュの一連の物語がその一例である。
　他の保育機関の実践者たちは、写真を入れるためのスペースがある書式を望み、ウェンディ・リーが様々な書式を考案した。彼女はパソコンやスキャナー、デジタルカメラ等を持っている保育機関には、物語をパソコンに入力し、関連する写真や資料と組み合わせて仕上げていくようにすすめた。図9-5はその一例である。そこには版画プロジェクトにおけるアシュリーの作品の一部が記録されている。子どもたちに様々な版画制作技法を教えるために版画家が保育機関にやってきた。何人かの子どもたちは、実際に数週間にわたって版画制作を試みた。図9-6は、アシュリーが版画のためのデザインを試しながら描いたいくつかの描画である。
　多くの実践者にとって、何かを書き留めることは骨の折れる仕事だったが、物語をパソコンに打ち込む仕事はおもしろくなってきた。パソコン仕様の書式を使うことは、アセスメント技術の最先端にあり、子どもたちは将来そのプロセスにもっと緊密に関わることができるようになるかもしれない。レッジョ・エミリアの保育においては、子どもたちはポラロイドカメラを使って自分たちが関心を持ったことを記録していた。デジタルカメラは、ポラロイドカメラと同じような利点――即座に画像を確認することができる――を持っている。そして子どもたちは、学びのエピソードにおける重要な点を反映しているものと

図9-4 「学びの物語」アセスメントの書式――ヘイミッシュ

子どもの名前：ヘイミッシュ　　　　　　*学びの物語*
日　　　付：2000年9月13日
観　察　者：ジュリー

		学びの物語
所属	関心を持つ	ヘイミッシュはすでに一匹のコーギーを縫いあげ、粘土ですばらしいコーギー犬の彫像を作った。彼はもう一つを縫って作ることを強く切望しており、ここ数日、私にそのことを頼み続けていた。幼稚園はとても忙しかったが、ついに昨日、私は言った。「分かったわ、ヘイミッシュ。このコーギー・プロジェクトにとりかかりましょう。まずひとつ描いてみて。それを見本にしたらどうかしら」。彼はすぐに絵を持って戻って来た。ところがなんともう片づけの時間だった！！！　ああ、残念！　それで私は「明日は絶対やりましょう！！！！」と言った。「分かった！」と彼が言った。それなのに今日、私たちは2人とも忘れてしまった！11時25分になってヘイミッシュが思い出した。「なんてこと、ヘイミッシュ！！！――明日絶対にやりましょうね！！！！」。「ちゃんと書いといてね」と彼が言った。「いい考えね」――それで私たちは事務室に行き、私は「ヘイミッシュのコーギー犬――いのいちばんに」と日誌に書いた。私たちが事務室から出てマットの方に行く途中、ヘイミッシュが私の方を向いて、両手を腰にあてて言った。「ぼくが明日、最初になんて言おうと思っているか分かる？？？」。「ううん」と私が言うと、「日誌を見て！」と彼が言った。私たちは一緒に大笑いをした！！
安心	熱中する	
探索	困難に立ち向かう	
コミュニケーション	考えや感情を表現する	
貢献	自ら責任を担う	

短期の振り返り
このなりゆきには、書き留めるべき素晴らしいことがたくさんある！ →コーギー犬を作ることについてのヘイミッシュの目下の関心は、彼がかわいがっている彼のペットから生じている。 →ヘイミッシュは、裁縫を再度やることを切望している。 →ヘイミッシュには、非常に素晴らしいユーモアのセンスがある！！！ →ヘイミッシュは、リテラシーがいかに強力で<u>有効であるか</u>をはっきりと知っている――つまり覚えておくために物事を書き留め、かつそれらをもう一度思い起こすために忘れずにそこに立ち戻ってそれを読むこと！ 問い：ここでどのような学びが進行していると考えたか？（学びの物語の要点）

教育リーダーシッププロジェクト2000

図9-5 作品の写真を含む「学びの物語」のアセスメントの書式

子ども：アシュリー　　　　　　　*学びの物語*
日　付：2000年6月学びの物語
観察者：レスリー

		学びの物語	
所属	関心を持つ	アシュリーは、最初の話し合いやその次の下書きの作業に積極的に参加した。 アシュリーは、5月30日に見た「虫のおばちゃんショー」についての対話に熱中した。	
安心	熱中する	ウィリアムが、てんとう虫を描こうと話している時、アシュリーは「私が本を持ってきてあげるわ、どこにあるか知っているから」と言った。アシュリーは立ち去り、バリー・ワッツの「てんとう虫」の本を持ってきた。その書名は、彼女が自分のスケッチに書きうつしたものだった！	
探索	困難に立ち向かう	アシュリーは、版画が縦向きか横向きかどちらになるかについての話し合いに参加した。私は水平と垂直という言葉を教えた。	
コミュニケーション	考えや感情を表現する	アシュリーは、自分の名前の横に私が数字の「2」を書くのを観察した（彼女がこれまでのところ2つの印刷をしたことが分かるようにするためにこれを行った）。私たちは、2（two）と〜へ（to）の意味の違いについて話し、アシュリーは「ママへ」の例を挙げた。	
貢献	自ら責任を担う	アシュリーは、はじめから終わりまで自主的に活動し、それぞれの段階を通じて自信を持って活動していた。 アシュリーは、角に小さな四角い版画を刷るということを思いついた。そこから小さな四角で縁取るという考えを発展させた。	

短期の振り返り	次にどうする？
☆アシュリーは版画プロジェクトにおいて、長期的に継続した関心を示した。 ☆アシュリーは他者を助けるとともに、ポリスチレン板の角が壊れたという問題を解決するために自分から必要な資源を入手し、具体的な手だてを提案した。 ☆アシュリーは書かれた言葉とそれが意味するものとのつながりをはっきりと理解した。 問い：ここでどのような学びが進行していると考えたか？（学びの物語の要点）	アシュリーは以前に長期間の絵画プロジェクトに参加していた。今回は、もう少しむずかしい印刷技術、すなわちスクリーン印刷に挑戦することができるかもしれない。 問い：私たちは、これらの関心、能力、方略、構え、物語が ・さらに複雑になる ・保育プログラムの他の場面や活動にも現れてくるようにするにはどのように励ましたらよいか。 どうしたら私たちは、「学びの物語」の枠組みにおける次の「段階」に進むことを促すことができるか？

教育リーダーシッププロジェクト2000

図9-6 アシュリーの描画

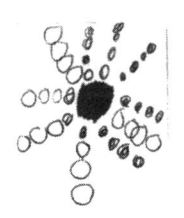

242　第9章 「学びの物語」アプローチの実践プロセス③記録をつくる

図9－7　子どもの声──ジョージアの物語

子ども：ジョージア　　　　　　*子どもの声*
日　付：
教　師：

		学びの物語
所属	関心を持つ	これは肋骨だよ、お兄ちゃんのマシューが教えてくれたんだ。これは膝の骨。それは腕と足──そしてこれが顔の骨。 ジョージア　9月17日
安心	熱中する	
探索	困難に立ち向かう	
コミュニケーション	考えや感情を表現する	
貢献	自ら責任を担う	

して自分たちの「学びの物語」に含めるべき写真はどれか選ぶことができる。

　最後に、ウェンディーは2つの書式を考案した。1つは「子どもの声」（図9－7及び9－8）、もう1つは「親の声」（図9－9）と名づけられたものである。

　「子どもの声」には、関連する写真や絵が添付され、「学びの物語」について子どもの意見を聞き取ったものが書き込まれている。図9－7では、ジョージアは自分の絵についての物語を書き取らせている。図9－8では、マーシャルがジグソーパズルを完成させるために他の子と協同する中で学んだことをこの記録の中で再び語っている。

3　自分たちに合ったアセスメントの書式を作り出す　　243

図9−8　子どもの声──マーシャルがグレニスにパズルについて話す

子ども：マーシャル　　　　　　　　*子どもの声*
日　付：2000年5月25日
教　師：グレニス

		学びの物語	
所属	関心を持つ	グレニスは、マーシャルがパズルをしていた時に撮った彼の写真について話していた。 「ボクはちょうど、もう1つ探しているところだよ」 グレニスはマーシャルにパズルについて話してほしいと頼んだ。	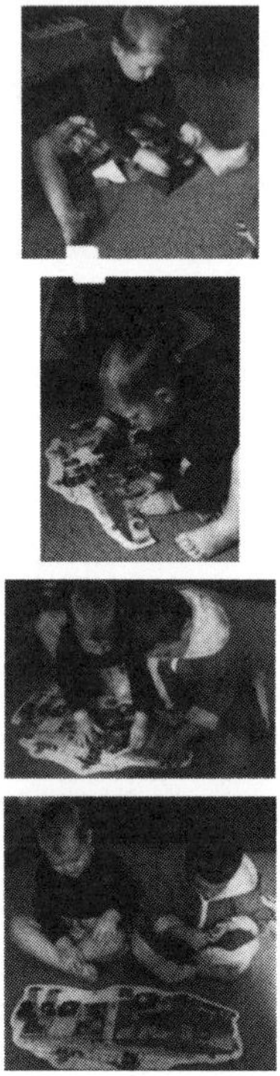
安心	熱中する	「消防自動車のパズルだったんだ……」 「これはCだったと思う（いっしょにパズルをやっていた子どもの名前）」 「ボクが1人でできなかったからボクを助けてくれてるとこだよ」	
探索	困難に立ち向かう	「彼はボクのためにパズルをやって、ボクは彼のためにやったんだ──ボクたち2人でやったんだ」	
コミュニケーション	考えや感情を表現する	「消防士が運転している。1人の消防士ははしごを登っている──もう1人は消防士を助けてるんだ」 「もう1回パズルをやりたい」 マーシャルはそれからパズルを探すためにパズルコーナーに入って行った。	
貢献	自ら責任を担う		

教育リーダーシッププロジェクト2000

　いくつかの保育機関は、写真や活動について何かコメントを書き添えるなど、家族にも「学びの物語」を書くようすすめた。図9−9ではダリンの母親は、その保育機関で作った郵便受けの横に立っているダリンの写真（本書には収録していない）を撮った。彼の郵便受けは、家に通じる車道の突き当たりにある家族の郵便受けの横に設置された。彼女はそのことについて、いくつかのコメントを加えている。

図9-9 親の声――ダリンの母親

子ども：ダリン　　　　　　　　*親の声*
日　付：

		事例または手がかり	学びの物語
所属	関心を持つ	この場所にある様々な話題や活動、役割等の中で興味をひかれるものを見つける。よく知っているものに気づき、知らないものに出会うことを楽しむ。変化に対処する。	みんなは、ダリンが幼稚園でもスピーチセラピーでもどこでもとても良くなっていると言ってくれます。
安心	熱中する	一定の時間、注意を持続したり、安心感を持ち、他者を信頼する。他者と／あるいはモノを使って遊ぶことを楽しむ。	彼はもっと多くのことができるようになっています。彼はいつものこぎりをひいていて、いろいろ手伝ってくれます。週末にはグラントさんの車の車輪をはずしてくれました。
探索	困難に立ち向かう	困難な課題を設定したり、選び取ったりする。「行き詰まった」時、様々な方略を使って問題を解決しようとする（具体的に）。	
コミュニケーション	考えや感情を表現する	多様な方法で（具体的に）。例えば、話し言葉、身ぶり・手ぶり、音楽、造形、文字、数や図形を使う、お話を作って披露する等。	人々は立ち止まって郵便受けを見ます。学校が終わると、子どもたちはみんな、立ち止まって郵便受けを見ています。
貢献	自ら責任を担う	他者、物語、想像上の出来事に応答する。ものごとが公正に運ぶようにする、自らを振り返る、他者を助ける、保育の進行に貢献する。	

4　小括――学びの外側から内側へ

　実践者たちが、記録づくりに取り組む教育的意義を見出し、行為の中の学び手の学びにとって欠かせないものになっていく道筋や方法を明らかにし、それにふさわしい多様な書式を作り出していた時、彼らはアセスメントモデルの大きな転換を行っていた。それはアセスメントが学びの外にあるもの（図9-

図9-10a　アセスメントは学びの外に位置している

カリキュラムの展開　→　アセスメント

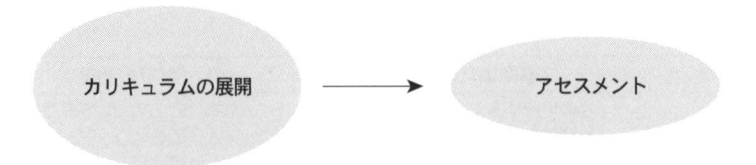

図9-10b　アセスメントが学びの向上のために不可欠なものとして位置づく

カリキュラムの展開（アセスメント）

10a）から、アセスメントが学びを促すためになくてはならないもの（図9－10b）へ転換したことを意味している。図9－10aでは、アセスメントは学びと教育的働きかけの終了後に行われる。他方、図9－10bでは、アセスメントは（デービッド・プラットが本章の最初で述べていたように）「クラスの活動や相互のやりとりの中に織り込まれていく」のである。

　本章では、実践者にとって「学びの物語」を記録することの意義について述べてきた。記録づくりは、実践者が子どもたちを理解し、子どもたちの学びを計画し、価値観を分かち合う学びの共同体を確立するというより広範なプロセスになくてはならないものとなった。子どもたちは能動的な参加者と見なされ、記録づくりはまた、家族に子どもたちの幸せと学びに関する情報を提供した。本章では、アセスメントの書式が「次にどうする？」という欄を組み入れたものへと変化した経過を概説した。次章では、アセスメントの4番目のプロセスである、**次にどうするかを判断すること**についてより詳しく考察する。

第10章　「学びの物語」アプローチの実践プロセス④
次にどうするか判断する

　次にどうするかを判断すること（deciding）はアセスメントにおける第4の、そして最後のDである。こうした判断は教育的働きかけにおける重要な過程の1つである。この判断には、子どもたちが自発的に始めたことに応答すること、実践者が率先して行うこと、方向を変えること、子どもたちの中に入って働きかけることが含まれる。これらは計画と言われることが多いが、この判断には即座の直観的な応答も含まれている。前章で紹介したように「学びの物語」の書式には「次にどうする？」という問いが書き込まれた欄があった。これらの書式は**形成的**アセスメント、つまり進行中の教育的働きかけと学び、そして発達の過程に組み込まれたアセスメントを実践するために考案されたものである。メアリー・ジェーン・ドラモンドは、スーザン・アイザックス（Susan Isaac）の観察に言及して次のように述べた。「彼女はデータだけをやみくもに集めることはしなかった……。データはすぐに役に立つように整理され、子どもたちの知的で情緒的な力の発達に関する理路整然とした説明を構築

した」(Mary Jane Drummond 1999, p.4)。

　形成的アセスメントに取り組むことによって、今後の発達や学びに向かうこれまでとは違う足取りを跡づけるとともに、次の新たな方向性への手がかりをつかむことができる。そこで本章では、ペン・グリーン（Pen Green）のポートフォリオの取り組みにおいて提起された「発達の方向性についての予測（PLODs=Possible Lines of Development）」と同じ問題、つまり「いかなる方向のやり方が考えられるか」という問いについて考えていくことにする。本章ではまた、事例研究を行った5種類の保育の場の実践者たちが、子どもたちの学びを促すために次にどうするかをどのように判断したのか、ロージーとヒューゴー、2歳未満児のグループ、扉プロジェクトの各事例を通して具体的に見ていくことにする。本章は次にどうするか判断することについて、以下のような文脈から考察していく。

●成長を追跡し次にどうするか判断する──ロージーとヒューゴーの場合
●応答という形の判断
●学びの構えと学びの場とを合わせて計画すること

1　成長を追跡し次にどうするか判断する
　　　──ロージーとヒューゴーの場合

　子どもたちの発達と学びに対して責任を持つためには、成長に関する明確な概念が必要である。筆者は先に、バーバラ・ロゴフ（Barbara Rogoff）とユリー・ブロンフェンブレンナー（Urie Bronfenbrenner）に拠りながら、発達と学びについて、参加の複雑さが増大していく営みとして概説してきた。本章ではより具体的に論じていくことにする。第9章の図9-3の「学びの物語」の書式に設けられた「次にどうする？」欄に書かれている記入の手がかりは、以

下の4つの観点から参加の複雑さが増大し、子どもが成長していくことを励ますにはどうしたらよいかという問いを含んでいる。これらの問いは、複雑さが増していく参加を追跡する4つの方法の説明にもなっている。

（Ⅰ）その学びの物語がより頻繁に現れるようになる
（Ⅱ）その関心、能力、方略、構え、物語がより複雑になる
（Ⅲ）その関心、能力、方略、構え、物語が保育プログラムの様々な場面や活動で現れる
（Ⅳ）ある行為が「学びの物語」の枠組みに沿って連続的に、つまり関心から熱中へ、熱中から困難に粘り強く立ち向かうことへ、困難に立ち向かうことからコミュニケーションをはかることへ、そしてコミュニケーションをはかることから責任を担うことへと進んでいく

ロージーの成長を追跡する

「次にどうする？」欄の4つの問いは、10ヵ月にわたるロージー（ちょうど4歳から4歳10ヵ月まで）が利用する保育の場での話し合いを枠づけている。コミュニケーションとごっこ遊びの要素に注目して行われたロージーの観察は、第5章で紹介した事例の通りである。

その学びの物語がより頻繁に現れるようになる
「学びの物語」に描かれた行為が熱中という段階にあるということをとらえるには、その行為が繰り返し見られる必要がある。ロージーについては、彼女自身が大きな関心を寄せている、こわいか安全か、本物かうそっこかをテーマにしたごっこ遊びの話の筋を作ろうと意欲的に取り組み、さらには、他の子どもたちに参加するよう積極的に説得する様子をとらえた多くの物語がある。当初彼女は、こうしたテーマでアンナとルイーズと共にごっこ遊びをくり広げていたのだが、初めの頃の物語は、他の子どもと交渉するというよりむしろ、他の選択肢を提示したり理由づけをしたりして参加するよう説得しながらごっこ

の筋立てに他の子どもたちを従わせようとしたことを示すものであった。

その関心、能力、方略、構え、物語がより複雑になる
　「学びの物語」が深まっていく。活動がより長い時間続くようになり、何かにチャレンジすることややったことがないことへの取り組みが増加し、言葉がより複雑になり、参加者同士の共同注意のエピソードはより内容の濃いものになる。ロージーの観察事例は、彼女が使い慣れた「**[理解の] 橋渡し**」と「**[参加の] 組織化**」の方略だけでなく、さらに新たな工夫を加えたものを試し始めていることを示すものとなっている。交渉の言葉はより複雑になり、参加者同士の共同注意のエピソードはより内容の濃いものになる。観察1では、彼女はアンナと一緒に魚釣りに行くところであり、ごっこの筋立てをアンナに指示している。観察2（「ピザ・ハット」のお店にいく）においても遊びの方向性を決め、最後には、時間的整合性がとれるよういくつかのアイディアを調整し、物語の筋書きを1つにまとめている——自分はもう家に帰っているのだからピザのお金を支払うことはできないことをルイーズに指摘している。観察3では（彼女とアンナはカメラのことで意見が食い違った）、彼女は自分がカメラの所有者になることよりもアンナの機嫌を良くしておくことの方がいいと考えたようだった。そして彼女は譲歩して設定を変えた（分かった。わたしは買っていない）。観察4では（ルイーズを説得してピーターパンの中の役になってもらおうとした）、彼女はルイーズの好きな役（人魚）について自分は知っているということを利用して説得しようとした。観察5では、彼女とアンナは美女と野獣ごっこをしており、彼女は今ではアンナの考えをごっこの筋立てに取り入れようと試みている。それはアンナが「独り言」でつぶやくであろうこと（「それでアンナは独り言を言うのね、わたしはベルを愛してるって」）に言及するという複雑な方略である。これらの観察のうちのいくつかにおいて、大人は何かを説明したり、空想をふくらませたり、ごっこの筋立てを作ったりする見本となっている。

その関心、能力、方略、構え、物語が保育プログラムの中の他の様々な場面や活動に現れる

「学びの物語」の幅が広がっていく。行為は、複数の文脈や場において、異なる人と一緒に、あるいは異なる活動の中で現れるようになる。観察6と7では、ロージーは、社会的な活動（自転車に乗る）で交渉のスキルを駆使し、「こわい」ものや人への関心を絵に表現した。彼女は自分が持っている方略や関心を向けていく先を、いつものごっこ遊びから別の活動へと移していった。彼女はこわい生き物ややさしい生き物を描いたが、それらには抽象的な図形も描き込まれていた。木片に打ちつけられた複数の釘のまわりに毛糸で図形を作るという観察（第5章には記録されていない）もまた、別の領域でそうした抽象的な図形への関心を表した事例の1つだと言えるのかもしれない。後にジュリーによって書かれたある「学びの物語」は、ロージーが日課の中で小さい子どもたちの世話をしている様子を記録している。

ロージー　11月20日

ロージーが昼寝用の部屋にやってくる。彼女は「ジュリー、ジェイムズが目を覚ましたよ」という。私はほほえんでうなずく。「もう起きたいの？」と彼女がささやき声でジェイムズに言う。「おいで、手伝ってあげる。遊びに行きたい？」。彼女はジェイムズが靴をはくのを手伝い、彼の手を取ってトイレに連れて行き、ジョー（もう1人の職員）に引き渡した。

ある行為が学びの物語の枠組みに沿って連続的に進んでいく

「学びの物語」が長くなっていく。ある特定の関心が生まれると、子どもの行為は「学びの物語」の一連の流れに沿って次の段階に移っていく。ロージーのごっこ遊びの筋書きは、関心を持ち、熱中し、困難に立ち向かい、自分の考えを伝え、他者の視点に立つという、「学びの物語」の5つの「段階」全てを網羅している。そればかりではなく、彼女が（こわい？）目にあっている人を助けるという、その場にふさわしい責任ある行動を取っているいくつかの物語もある。その1つは、私に対するものであった。園を訪問中にブルースが私をジグソーパズルでたたいた時、ロージーは教師役になって、私に「そんなこと

はしないで、ブルース。そんなことされたらイヤよ」と言うように教えてくれた。また第8章では、他の子どもに傷つけられたらしいビリーに対して、ロージーが責任ある行動を取った物語が職員によって語られた。「彼女は彼のために冷たい布をもらってきて、それを彼の顔に当てて……」。さらに彼女はしきりに「こわい」熊狩りの歌をその日の保育プログラムの一部として歌いたいと求めた。

ロージーの事例にみる判断の実際

　職員たちはどのようにしてロージーのために次にどうするかを判断したのだろうか？　保育者が重視した手立ては、構えを育む環境を作り、アセスメントを継続することで、ロージーが確かに参加していることを浮かび上がらせることであった。

　まず彼らは、ごっこ遊びに対する彼女の関心を発展させ、ごっこで様々な筋書きを作り上げ、1つの物語を完成させるのに必要な時間を十分に保障した。また彼らは、やってみたいと思えるような役柄のある物語を紹介した（「美女と野獣」は家庭から持ち込まれた題材だと思うが）。さらに、様々な素材や衣装を提供するとともに、それらをしばしば外に持ち出すことで、環境を変えたり外遊びの方を好んでいた他の子どもたちが新たな遊び仲間として参加したりするのを促した。

　大人たちは子どもたちとの間や大人同士で実際に説明したり、交渉したりすることでそうした行動の見本にもなっていた。彼らは適切なタイミングを見計らって遊びに入り込むことで、想像遊びには価値があるというメッセージを間接的に伝えるとともに、質問をしたり新たな提案をしたりしてごっこで空想がより複雑にふくらんでいくことを促した。そして彼らはロージーがいかに参加しているかをいくつもの物語に書き留めていった。

ヒューゴーの成長を追跡する

　次にどうするか判断するということは、通常、その場面を設定することと丁寧な教育的働きかけとの組み合わせである。ヒューゴーはロープを使ってすべり台を登っていたティモシーやお話の石の時間で登場した幼稚園に在籍する4歳児である。この幼稚園でよく見られるもう1つの活動は手話を教えることで、しばしば「マット」あるいは「サークル」タイムの際に歌いながら行われた。ヒューゴーが幼稚園に入園したとき、彼は読書が大好きで、すでにかなりよく読むことができていた。両親は、入園から6ヵ月後、ちょうど4歳を越えた頃に、彼は家で『ハリー・ポッター』（J・K・ローリング著）を読んでいると報告した。彼は幼稚園にある絵本をたやすく読むことができた。幼稚園でのヒューゴーの成長は、「学びの物語」と、彼の学びの発達の主要な要素をまとめたウェブ図（web diagram）に記録された。以下は、「学びの物語」事例集からの抜粋である。

5月24日：（1年目）高度のスキルを持つ読み手（ヒューゴーの写真、本のコーナーで自分で読んでいる）。
4学期　：（1年目）グループの子どもたちに物語を読んでいる（写真）。
4学期　：（1年目）子どもたちが手話をやっているのをじっと見ている。グループタイムの時に、物語と歌を手話でやるのに参加し始める。
1月27日：（2年目）お話の石の時間のときに隅の方で聞いている。コメントを加えている。
2月18日：お話の石の時間のお話に完全に集中して聞いていた。そのお話に参加することは望んでいない。
3月7日　：お話の石を楽しみにしている。他の子どもたちがお話に参加しているのを楽しく聞いている。
3月15日：『ネズミのリビングストン』（Edwards 1996）の本をもとに砂で構成物を作っている。非常に熱中している。

図10-1　ヒューゴーの成長

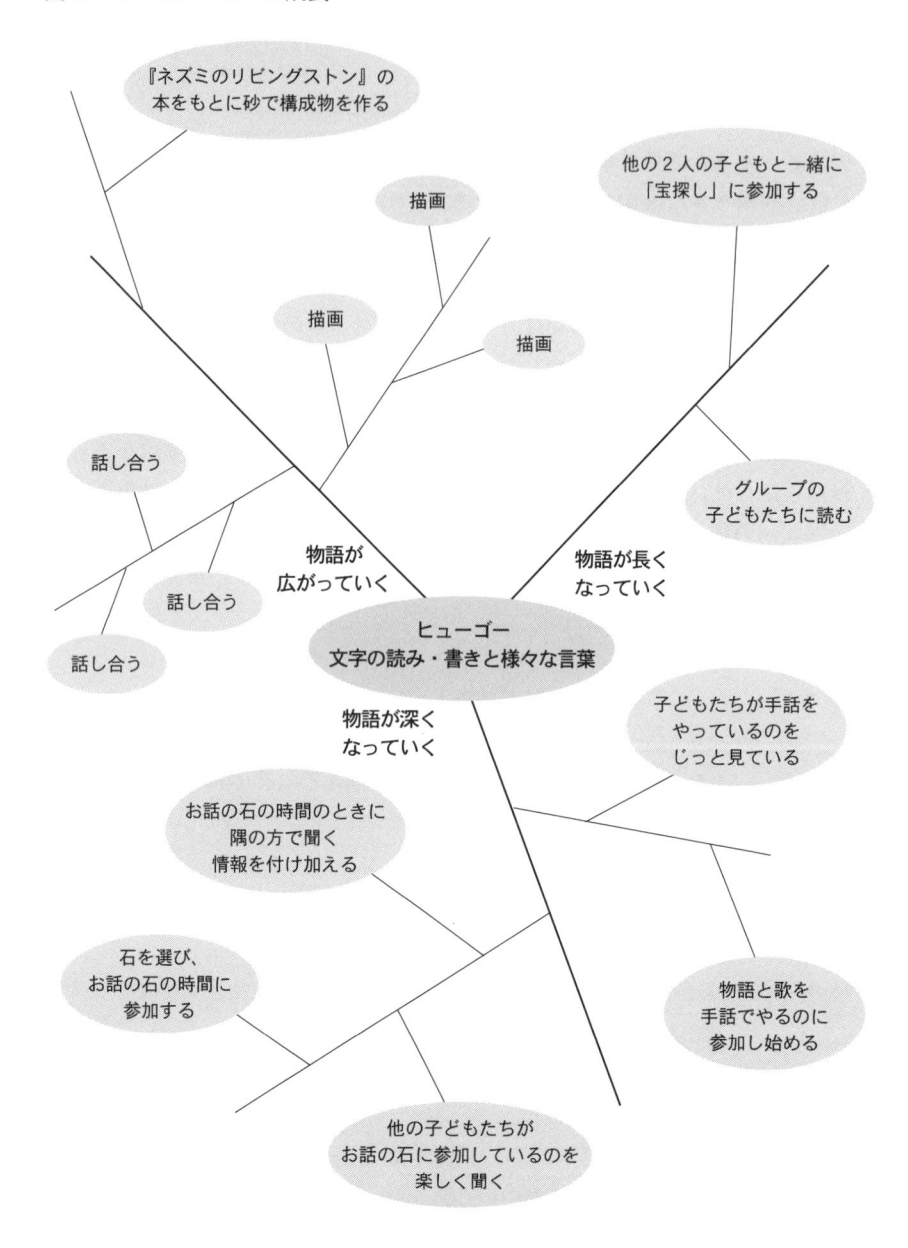

- 『ネズミのリビングストン』の本をもとに砂で構成物を作る
- 描画
- 描画
- 描画
- 他の2人の子どもと一緒に「宝探し」に参加する
- グループの子どもたちに読む
- 話し合う
- 話し合う
- 話し合う

ヒューゴー　文字の読み・書きと様々な言葉

物語が広がっていく
物語が長くなっていく
物語が深くなっていく

- 子どもたちが手話をやっているのをじっと見ている
- お話の石の時間のときに隅の方で聞く　情報を付け加える
- 物語と歌を手話でやるのに参加し始める
- 石を選び、お話の石の時間に参加する
- 他の子どもたちがお話の石に参加しているのを楽しく聞く

254　第10章　「学びの物語」アプローチの実践プロセス④次にどうするか判断する

5月7日：他の2人の子どもと一緒に、「宝探し」をやり遂げた（教師の1人によって考案された）。ヒューゴーは他の子どもたちにヒントを読み上げ、彼がそれらのこたえをじっくり考えている間に、他の子どもたちは次のヒントを見つけようと大急ぎで走っていった。

6月12日：石を選び、お話の石の時間に参加した。

「学びの物語」はまた、彼の話し言葉、ユーモアのセンス、他の子どもたちとの友情の深まり、そして描画や版画制作に対する彼の関心の高まりを記録している。

教師たちは、それらの物語が生まれるたびに物語の概要を付け加えていって、ウェブ図を発展させていった。言葉とコミュニケーションという領域におけるヒューゴーの成長を明らかにするもう1つのやり方は、成長の3つの軸あるいは経路、つまり物語が深まり、広がり、長くなっていくという視点から、ウェブ図にまとめることである。図10-1はこの方法で、園で見られた読書好きなヒューゴーの姿をまとめたものである。

ヒューゴーの事例にみる判断の実際

この期間、数多くの活動が教師によって計画された。

（ⅰ）グループ全体に対して：グループタイムで描画をしたり、たくさんのコミュニケーションの「ジャンル」の1つでこの幼稚園の特色となっている手話を子どもたちに教えたりする（教師がその言葉に対応する手話を知らなかったとき、子どもたちは自分たちでそれを考案した）。

（ⅱ）子どもたちが自由に選ぶことができる様々な小グループに対して：お話の石。

（ⅲ）3人の子どもたち、特にヒューゴーの読む能力をグループの中で役立てるために立案された活動：宝物探し。ヒューゴーを含む3人の子どもたちのために、教師の1人がヒントを書き、幼稚園の園内に隠した。そして教師たちはグループへの様々な貢献のあり方について振り返って話し合った――ヒュー

ゴーは、ヒントを読み上げその意味を考え、他の子どもたちはそれにしたがって問題を解決していった（次のヒントを探す）。例えば、ヒントが「水の中に住む動物のそば」であった時、ヒューゴーは自分が知っている水の中に住む動物を大きな声に出して挙げながら考えていた。その間、他の2人はカエルの水槽に走って行き、彼にをそちらに来て次のヒントを読むように叫んだ。

　ヒューゴーは幼稚園に入園してきたとき、印刷物を読んだり、意味を考えたりすることが好きであり、そうするのに必要なスキルと知識を持っていた。教師たちと彼の家族は、彼のこの熱心さがこの新しい場において、様々な方法でコミュニケーションをはかるという構えと結びついて発揮されることを強く望んだ。彼らは、様々な場面や場所で、読むことを含むコミュニケーションの機会を探し求めたり、計画に織り込む工夫をこらしたりして、コミュニケーションが徐々に複雑になるよう促した。宝探しのグループで読み手となること、お話の石の時間で物語を話すことに参加すること、手話を学ぶことなどはその例である。

2 応答という形の判断

　次にどうするかという判断は、必ずしも記録されるとは限らない。実際、学びをとらえ、話し合い、次にどうするかを判断する過程は、通常、その場に即応して行われる保育者の対応の中にある。例えば、保育園における2歳未満児の保育において、私は4人の子どもたちとやりとりしている職員ジャッキーを観察し、彼女の応答を記録した。最初の5分間に、彼女は以下のような発言をした。

（1）（Tは、Dが自分の郵便受けに近づいたとき大声で泣き叫ぶ）あら、そんなに大き

な声を出さないで。
(2・3) （Cがすべり台の頂上で、自信がなさそうに見える）C、すべり台を降りようとしているの？（2回、尋ねる）
(4) （Cがすべり降る。ジャッキーを見る）わあ、上手にすべれたわね。あっち側からまた登ってみる？
(5) ここにもう少しあるわよ、T（Tに郵便受けに入れる紙切れを何枚か渡す）。
(6) （Dは大きな箱を持ち上げようと試みる）一緒に持ち上げてみて下に何があるのか見てみようか？（彼女は手助けする）ジャーン！　なーんにもありませんでした。
(7) （Dは拍手する）そうだね。パチパチ（一緒に「拍手」してみせる）。
(8) （DがTに近づいて郵便受けの紙切れを取る。Tは叫び声をあげる）言葉で言ってね。
(9) （Dは、園に到着したヘレンに声を出して挨拶する）ヘレンね。
(10) （大人が入ってきて、Tは彼女の名前を言おうとする）ジョーディよ。
(11) （Dがすべり台を登る）助けてあげようか？（首を振ってことわる）
(12) （Cが歌う）ハッピーバースデートゥユーって歌っているの、C？
(13) （Dがすべり台の上にいる。ジャッキーを見ている）降りようとしているの、D？

　この不断になされる応答は、「学びの物語」に含まれることがなければ通常記録されることはないが、そこには数多くの明文化されていないアセスメントが含まれている。つまり、すべり台をうまくすべったCに対する賞賛、コミュニケーションをはかろうとする試みの認識、目の前の困難な課題にぶつかっていることを認識した上での援助の申し出、そしてほとんど全ての言葉に含まれている応答的に関わり互いに理解しコミュニケーションをはかろうとすることには価値があるというメッセージである。また、この応答の頻度（5分間に13回）から、1人の大人は1日6時間の保育の中で936回も、子どもが表現していることの意味を読み取り、それに対して何らかの反応、あるいは具体的な応答をしていることになると私たちは見積もった。

応答の仕方に影響するその学びの場のあり方

　子どもたちへの応答として行われるこうした即応的な**判断**には、その大人が暗黙のうちに抱いているカリキュラムや教育に関する信念が現れる。とりわけ子どもたちの自発的行動に対する大人の応答と、自ら責任ある行動を取るという構えの領域との間の密接な関連が明るみに出される。ジャッキーの即座になされる明文化されないアセスメントの大半は、大人と子どもの双方に関心のある課題や方略に関わること、あるいは子どもの自発的行動の意味を明らかにするためのものであった。そうしたアセスメントには、一般化された形で人格を評価するようなほめ言葉（例えば「良い子ね」「あなたにとても満足しているわ」「**あなたは頭が良い**」）は含まれていなかった。彼女の直観的応答がいかに的確であるかは、様々な研究結果によっても示されている。

　ゲール・ハイマンとキャロル・ドウェックによる、子どもたちは自分の特性についてどう考えているかに関する論文（Gail Heyman/ Carol Dweck 1998）や、ポール・ブラックとディラン・ウィリアムによる教室でのアセスメントと学びに関する調査（Paul Black/ Dylan Wiliam 1998）は、良い子であるとか賢い子であるというような子どもの特性に向けられた賞賛や評価的対応は、子どもたちが自分の良い子ぶりや能力を示そうと一生懸命になり、間違えたりできないと思われたりするような困難な課題を避けるという「結果志向」をもたらすことを示している。このブラックとウィリアムが引用しているある研究は、個々人を課題よりもむしろ自己の評価に注意を向けさせることを促すような関わり方は、課題遂行に否定的な影響をもたらす傾向があることを指摘している。また別の研究は、2年間にわたる数学教師の応答を記録している。その応答の仕方は、評価的な聞き方（期待された答えを探し求める）から解釈的な聞き方（情報を得ようとする）へ、さらに大人と学び手が協同参加する中で耳を傾けることへと発展していった。大人が子どもたちの声によく耳を傾けて応答し、直観的かつ速やかに次に何をなすべきか、あるいは何を言うべきかを判断するような協同参加ないしは共同注意のエピソードは、他者と共有された関心

や尊敬、熱中、問題解決、責任に関わる方略を育むばかりでなく、言語の発達をも促す豊かな学びの環境となっている。

　筆者は第2章において、活動はそれ自体が構えを育む環境として発展・変化し得るものだと書いたが、ジェイソンやネルの幼稚園で行った筆者の研究からは、1つの園の中でも、場面が違うと大人の応答やアセスメントにも異なるパターンが現れるということが明らかになった。筆者は2つの活動における大人の発言を比較検討した。スクリーン印刷の58回のエピソードでは、大人は子どもたちがやり通すように、評価的な励ましの言葉をかけ続ける傾向があり、教師の発言の約19％は評価的であった。それに対してマーブルペインティングの17回のエピソードでは、こうした評価的コメントは12％であった。子どもたちに具体的に応答することを通して実質的に教師がその場でアセスメントを行う時間は12～19％程度だということになる。しかし、その評価的発言の内容は、活動によって著しく異なるものであった。大人の評価的発言は、2つのグループに分けられた。1つは、一般的な賞賛あるいは子どもの人格ないしは関係者を引き合いに出して行われるもの（「あなたのママはきっとあなたのことを良い子だと思っているわ」）であり、もう1つは、作業や課題に結びつけて行われるものであった。スクリーン印刷における全ての評価的発言のうち、33％が一般的な発言、もしくはその子ども自身を評価するものであった（良い子、働き者ね、この子はなんてお利口さんなの、よくやったわ、すばらしい）。マーブルペインティングでは、評価的発言の92％が、作業や活動内容に具体的に言及するものであった（それはとても難しいやり方ね、いろんなやり方があるのね、なんていい考えなの）。スクリーン印刷では、「グッドガール（good girl）」という発言は記録の中に13回出てくる。9人の男児と19人の女児がスクリーン印刷に参加していたが、「グッドボーイ（good boy）」という発言は全く聞かれなかった。スクリーン印刷では、結果志向が多く見られ大人の指導によって進められていた（その意味で私たちが第3章で出会ったダニーは例外的だったといえる）。それに対してマーブルペインティングでは、協同的な問題解決が行われ学び志向が多く見られていた。

　応答の仕方は活動の種類に応じて変化すると思われる。これらの応答の仕方は必ずしも特定の教師に固有のものではない。実際、研究では、職員一人ひと

りはそれぞれ複数の応答の仕方をしていることを明らかになった。こうした実践場面における判断や話し合いは通常記録されることはないが、大人が評価的な発言をするときには、それはまさにアセスメントそのものとなるのである。それらは、学びの場としての教室に、そして教室内の子どもたちの異なる集団（例えば女児や男児という集団）に、そしてまた個々の学び手に強力な影響力を持ち得るものである。

3　学びの構えと学びの場とを合わせて計画する

　ロージーとヒューゴーの事例から、次にどうするかという判断——その場に即応して下される判断とともに明文化された計画づくり——は、実践者が個々で行うこともあれば、保育プログラムとして行われることもあり、目に見えない形で相互に絡み合っていることは明らかであった。そして本書で紹介した事例の多くは、個々人と環境との間の、構えとそうした構えを育む環境との間の、相互に影響し合う関係を描き出してきた。本節では扉プロジェクトを行った幼稚園の計画、そして保育園におけるジョセフについて立てられた2歳以上児の保育プログラムへの移行計画の2つの事例に沿ってこのことについてさらに考察していく。

扉プロジェクトに取り組んだ幼稚園における計画づくり

関心と熱中を作り出すための計画づくり
　扉プロジェクトにおいて、教師たちはそのプロジェクトに熱心に参加している子どもたちの記録をとり、様々な資源や関連する取り組みを用意することで、子どもたちの関心と熱中が続くようにした。例えば以下の通りである。

●関心をひきそうな道具や素材（クリップボード、ペン、針金、粘土、写真、大工道具、巻尺、定規、大工用エプロン）
●子どもたちとの話し合い
●訪問者（大工、設計者）
●見学旅行
●記録（各種資料のコピー、写真、書き留められた物語）
●事例によっては家族が関心を寄せていること

あるチーム会議の時、教師の１人が次のように述べた。

このプロジェクトで人気があったのはクリップボードじゃないかな。幼稚園の全ての子がクリップボードを使ったと思う。〔彼女は子どもたちがいかに注意深くペンを使ったかについて話す〕それでジョーのことだけど、今日、子どもたちが（ペンの）キャップを取ったので、そのキャップがなくならないように持っててあげるから私に渡すように言ったら、ジョーが「いいの先生。キャップはこんなふうに反対側につけとくんだよ」と言ったの。子どもたちはどうすればよいのかをちゃんと分かっていたのよ。

９月の上旬までの彼らの記録は、男児たちの方が女児たちよりもはるかに熱中していたこと、端的に言うと男児たちは女児たちを木工設備のところから締め出そうとしていたことが述べられていた。職員は、それまで扉プロジェクトにはそれほど参加していなかった女児たち（及び男児たち）も含め子どもたちみんなを幼稚園の近所の散歩に連れ出して、扉の絵を描いて話し合わせようと決めた。職員はまた、もっとたくさんの定規や巻尺を準備し、とりわけ女児たちが男児たちに何と言われようとめげずに木工コーナーにいられるよう励ました。９月中旬には、（男児25人、女児19人の計44人のうち）男児17名、女児13名の計30人の子どもたちがこのプロジェクトに参加した。教師たちは、４歳半になる年長児10人のうちの９人が参加したと見ている。以下の記録は、教師の日誌と、毎週の話し合いの際、研究者によって取られたメモからの抜粋である。

困難に立ち向かうための計画づくり

　プロジェクトの計画には、子どもたちも教師たちも、共に実践を振り返りながら参加した。

教師：……〔このプロジェクトは〕長期にわたっているので、私たちがどこでうまくいかなくなったのかを落ち着いてじっくり考える時間が実はけっこうあるのね。子どもたちは、自分たちの手でどんどん進めていきながら、そのことを私たちに話してくれます。　　　　　　　　　　〔チーム会議9月12日〕

　この会議では、教師たちは、子どもたちが発する疑問や問題提起のレベルが向上しているように見えないことへの失望を表明した。そこで、困難に立ち向かっていると見なすには、何か具体的な問題提起が行われていなければならないかどうかを検討した結果、何かの難問に直面してあれこれ考えているということそのものに関心を向けるべきであり、それは言葉で疑問を呈することに限らないという結論に至った。同時に、彼らが質問を記録することに注意深くなったとき、以前よりも多くの問題提起が聞こえてくるようになったのである。

　私たちは当初、おそらく、ちょっと見当はずれのこと〔あまりに多くの質問をする〕をしていたのよ。それで子どもたちは自分自身の質問をすることができなかったのね。これまでは私たちの方から問題を提起しすぎていたけれど、今は違う。この間も、子どものちょっとした言葉を書き留めたのだけれど、それだってとてもわくわくするような問題提起だったように今では思えるのよ。〔チーム会議9月12日〕

　プロジェクトが始まった時点では、研究チーム（研究者と教師）は、扉プロジェクトは次のような問題を提起する力を持っていると判断していた。

・ドア／あるいは扉を、出入り口／門口に合わせる（それはぴったり合うか？）
・扉を開閉できるようにする（それは動くか？　どのようにして扉をちょうつがいで留めるか？）
・目的に合うように扉をデザインする（それは目的にかなっているか？　強度は？　小

さい子どもたちを入れないようにできるか？）
・しっかりと掛けがねをかけられるようにする（掛けがねは動かないか？　どのようにして扉に掛けがねを取り付けるか？）
・扉の目的（なぜ扉はこのようにデザインされているか？）

　９月中旬、教師たちは、これまでに発見され、取り組まれた困難をリストアップした。

・扉の計画を実行に移す。
・大工用の四角い鉛筆が問題を提起する。いつものやり方では削れなかった。（８月13日…トミー「四角い鉛筆用の削り器が必要だよ」）
・三角型の木材が問題を提起する。かなづちで釘を打ち込むのは難しい。
・デザインしちょうつがいを取り付ける。
・接合する（釘またはテープで）。
・前もって計画を立てる。木材の厚みに応じて釘の長さを測る。

　翌年の５月、２番目のプロジェクトの終了後、教師たちは次のような困難なスキルをリストアップした。

・設計図を書き、それについて考えること。
・追加の部品を付け加え、その名称を正しく認識する（口頭で伝えられる）。
　様々な視点から描く、あるいは三次元の図を描く。
・厳密に測ること（「ＤやＩ等は、足になる部分やそういったものを測ることができます。全部の長さが同じになるように長さを厳密に測ることができるんです」）。
・手順よくやること（「エレンが一昨日私のところにやって来ました。……彼女は（鳥小屋のための）木切れを全部用意していて、『これは前、これは横、こっちのは鳥が留まるための木なの……』と言いました」）。
・観察すること、集中すること、大きなグループでの話し合いに参加すること。

　研究チームは、日常の場面に関する子どもたちからの疑問や質問をもっと増

やすためにどんな方略が考えられるかについて話をした。彼らは、彼ら自身が問題にぶつかり疑問を提起する姿を子どもたちに身をもって見せたり、子どもたちにヒントとなるような質問をしてみたり（「これをするには何が必要かな？」「何を知る必要があるかしら？」「今、何か問題がありますか？」）、具体的な問題や難題、挑発的な課題（これは、彼らがレッジョ・エミリア・プログラムに関する文献から学んだ方略の１つであるが）を投げかけてみたりした。彼らは子どもたちが発する疑問に非常に注意深くなり、それらを手早く書き留められるようになった。トミーのポートフォリオには次のような記録が残されている——「ねえ、どうやって切ったらいいかな？」「それはどうやって作るの？」「ぼくたちは何を作っているの？　輪っかを作っているの？」。

　ある教師は、プロジェクトが長期間続いたことは、子どもたちが忍耐強く取り組むこと、そして以前に始めたことに立ち戻ることを促したと述べた。

　もう１つ言っておきたいことは、子どもたちのうち何人かは、（プロジェクトを）始めても終わりまでやらなかったけれど、次の日にはそのプロジェクトに戻ってきたということなの。それは（単発ではなくて）継続するプロジェクトになったということね。前だったら木切れの上にもう１つ木切れを乗せたらもうつまらないって、それっきり忘れちゃってたのに。今では子どもたちは次の日また戻ってきて続けるのよ。

　壁の展示は、子どもたちが問題を予想し、解決している場面に特に光が当てられていた。ある写真には、次のような説明が付けられていた。

　これは（子どもたちの１人が）、木をくっつけるのに長さが十分かを確かめるために、釘の長さを木の厚さと比べて測っているところです。

　メルのポートフォリオの中の「学びの物語」には次のように記されている——「先週から彼は自分の扉の木材を切り始めたが、先週自分が選んだ２つの木材がすぐ割けてしまうことに不満だった。それで彼はそれらを新しいものに取り替える。古いものをはずして新しいものを上にくっつける」。キャロルの

ポートフォリオには、彼女が関心を持ったという細工がほどこされた鉄製の扉の絵のコピーと、彼女の設計図、最終的に針金で作られ、何かの形をかたどったいくつかの紙片を取り付けた扉のコピーが収められている。針金でできた扉のコピーには、キャロルによる説明が書きこまれている。「わたしは鍵を作っているのよ」。

子どもたちの意見表明のための計画づくり

　子どもたちはそれぞれのやり方でプロジェクトに取りかかり、プロジェクトに組み込まれた記録づくりの作業は、その子どもたちそれぞれが持っている独特の才能を教師たちに気づかせた。ジェニーは、三角形と長方形を組み合わせたデザインの可能性や色に特に興味を持った。扉（それも三角形の形をしていた）の色を塗ったのは彼女だけだった。プロジェクトは、アランやナタリーの長さを測ることや数に対する興味を引き出した。教師たちは、近所を散歩する間にマイキーが描いた扉の絵が、ほとんどがなぐり描きではあったものの、郵便受けに書いてある数字を注意深く正確に書き留めたものであることに関心を持った。そしてジョーの巧みな描画は、研究チームにとって驚きだった。それまで彼は幼稚園で絵を描いたことがなかったからである。

教師：彼はなんて絵が上手なのだろう、扉の形をなんて正確にとらえているのだろうとびっくりしました。だって彼は何も言わなかったんです。でも私が本当におもしろいなと思ったのは彼のその熱中ぶりでした。

　扉を作る様々な取り組みの中で教師たちが用意した道具に大勢の子どもたちがとびついた。メルは空港を作る際、地面に積み木を平らに並べて、水準器を使って水平かどうかを確認すると、「平らだよ、アネット」と教師に伝えた。粘土の導入は子どもたちの関心をひいたが、それに熱中する子どもたちはいなかった。一方、きれいな針金には多くの子どもたちが夢中になり、持続的な活動を引き出した。彼らは針金を使って細工をほどこした鉄製の扉を設計するために複雑なデザインを考えていったが、それは宝石を作ったりデザインをさらに追求したりすることに発展していった。2次元の針金の作品は、特にきれい

3　学びの構えと学びの場とを合わせて計画する　　265

にコピーにとることができたので、子どもたちの作品はポートフォリオに正確に記録することができた。こうして子どもたちはたくさんの異なる種類の扉——鉄道の扉、電気仕掛けの扉、仲間の扉……——を考案した。また壁面展示は、話し合いを促し、それにはどんな価値があるかが見る人に伝わるように工夫された。例えば1人の子どもと教師が設計図について話し合いをしている写真には次のようなコメントが添えられている。

この写真は、スー（教師）がデイジーと、彼女が描いた設計図について話し合っているところです。話し合いは、私たちのプロジェクトでは重要な過程です。その中で子どもたちは自分の考えや感情を伝えることができるし、大人たちは、子ども同士が学びや知識を共有し合うことを促すことができるからです。

プロジェクトの後半では、教師たちはマットタイムでの話し合いを書き留め、その記録をコピーして子どもたちのポートフォリオに入れるようになった。当初、このグループタイムでは、男児がほとんど質問に答えたり、発言したりした（当初の集計では発言した子どもは男児21人に対して女児は4人だった）。年度半ばには、グループタイムでの女児の参加レベルは平均で男児と同じ水準になった。教師たちはまた、「すぐには答えを言うことができない子どもたち」を誘い込もうと試みた。

アイディアや取り組みを協同して作り出すための計画づくり
　教師たちは、子どもたちに共同の取り組みへの協同を促すようなプロジェクトを計画し、例えば「仲間の扉」に参加した4人の女児の場合も、具体的な作業を協同して進めていた（第7章参照）。しかし、このプロジェクトから立ち上がってきた活動に特徴的だったのは、「アイディア」を協同して作り上げることであった。多くの子どもたちは、互いに意見を聞き、観察し合い、互いのアイディアを話し合い（ハリーが、アランの扉のデザインを自分の扉の設計に取り入れられそうかどうか検討し、結局は採用しなかった時にやっていたように）、そして時には助け合ってもいたのである。
　トミーのポートフォリオには次のような「学びの物語」がある。

「ぼくは翼を作れるよ（メルと一緒に作っている飛行機について）」「ぼくが切ってやるよ（友だちを助けて）」「どうだい？」とトミーが尋ねる。「それを何回しないといけないか教えてあげる」「ちょっといい考えがある」「ぼくが長いのを切り取るよ。ぼくもこれがいるんだ。それをちょっとおさえててくれる？」「もっと大きくしないと」「ぼくたち、一緒にそれを作ったんだ、今一緒に切ったところだよ」。もう1人の子どもが「ぼくたち、同じものを作ったね」と言った。トミーは「同じじゃないよ。でもそんなことちっとも構わない。ティムの分も作れるよね」と言った。

　ナタリーはアランが対角線の筋交いのある扉を作っているのを見てから、同じデザインを採用して自分の扉を作った。彼女は、アランと同じように測ることや数字に魅力を感じていた（彼女は自分の電話番号を書くのを楽しんでいたが、教師に対して数字の2がうまく書けないと言っていた）。彼女の「学びの物語」の1つには、彼女が巻き尺で自分の扉を測定している写真があり、そこには「ナタリーが、反対側が同じ長さであることを確かめるため、扉の幅を測っている」というコメントが付け加えられていた。もう1つの物語には、彼女の最終的な設計図が載っていた。彼女は定規を使い、数字を書き加えていた（大半は5と7だった）。

　この幼稚園の教師たちは、一人ひとりの子どもたちのための計画とともに、保育プログラム全体のための計画を立てながら、良いプロジェクトとは何かということに関する見方を発展させていった。それは以下のようなものである。

● 興味深く、実際の生活に根ざしていること
　子どもたちが関心を持ち、有意義で、子どもたちの生活や地域コミュニティの生活との間につながりを作り出すことができるもの。
● 分かりやすいこと
　プロジェクトに関連した活動の意図や意味が明白であり、子どもたちが長時間にわたって、それぞれに合った水準で深く関わり熱中するようになれるもの。
● チャレンジングであること
　子どもたちが、挑戦すべき課題、困難なこと、やったことがないことや難問

に、粘り強く取り組むことを促されていくようなもの。また、長期にわたるプロジェクトの場合、子どもたちはしだいに問題の種類や実現可能な解決法が分かってくるようになり、以前積み残してきた問題にも再度立ち戻るようになるようなもの。

●多面性を持っていること
子どもたちが、色、デザイン、技術、立体的造形、推理・思考、描画、社会的なやりとり、数、測定等において、それぞれが持っている力量や「様々な言葉」を組み合わせ、より向上させていくことができるもの。

●協同的で誰もが参加可能であること
子どもたちが協同し、「率直に互いの考えを出し合う」ことができるもの。

これらのガイドラインは、この扉プロジェクトの後に取り組んだいろいろな用途の椅子とテーブルを作るプロジェクトにおいて、計画を立て次にどうするかを判断するために使用された。教師たちは、プロジェクトが始まった時から女児たちを巻き込んでいくことに注意を払い、またより複雑な道具、特に穴あけ機を使って見せた。そもそもの目的（屋外に新しく整備する場所のための家具を作ること）が再確認された。多くの子どもたちが、家に持って帰る椅子を作るというもっと魅力的な目的を見出し始めたからである。とはいえ、彼らの机や腰掛けや椅子は結局園舎のあちらこちらにも置かれ、それぞれ役立てられることになった。子どもたちは家具づくり職人を訪問して実際に椅子を組み立てる様子を観察し、それと同じような木工作業に挑戦することがこのプロジェクトの特徴となった。そしてこの家具づくりのプロジェクトは、扉プロジェクトのように想像をふくらませていくという特徴を備えていなかったかわりに、成功の度合いを測る新たな尺度が生まれた。つまり、椅子は実際に座れるかどうか、テーブルはほどよく安定しているかどうかということであり、測定という行程が俄然実用的な性質を帯びることになった。また、協同的な作業がより多く見られたが、それはおそらくデザインがあまり奇抜なものでなかったからだと考えられる。

ジョセフの２歳以上の保育プログラムへの移行のための計画づくり

　筆者は第８章で、保育園における職員の話し合いには、個々の子どもたちに即してアセスメントのカテゴリーを定義していくこと、価値ある学びについての見方を共有して学びの文化を築いていくこと、実践を振り返り子どもたちへの理解を深めていくことが含まれていたと述べた。と同時に、職員たちは計画づくりも行っていた。この園には２歳未満児と２歳以上児の２つのグループがあり、２歳以上児グループへの子どもたちの移行は慎重に計画された。子どもたちは、必要な期間、グループの間を行き来し、新しい担当保育者への引き継ぎが行われた。それゆえ職員会議では、ある子どもが２歳に近づくと、２歳未満児のグループから２歳以上児のグループへの移行計画が話し合われた。２歳未満児の職員は、次の担当保育者だけでなく、全ての保育者との間でその子どもに関する彼らの知識を伝え共有した。以下はちょうど２歳以上のプログラムへの移行を予定していた２歳未満グループのジョセフの保育計画をめぐる話し合いに立ち会った際の筆者の記録である。

　私たちはジョセフについて話し合った。それは彼の姿を生きいきと浮かび上がらせる活気あふれる話し合いだった。ジョセフは赤ちゃんの保育室（２歳未満）から来週移行するので、彼のことが話題になったのだ。彼の４つの物語が次々と披露された。……ジュールズは、自分たちは「彼のやっていることや長所に依拠」しようとしたことを強調した。彼らは彼が狭いところに入り込むのがどんなふうに好きかということについて話した。……ファーンは、彼がどのようにしてテーブルの脚をはずそうとしたかを説明した。彼女は彼になんとか昼食を食べさせようと、手をテーブルの上に置くゲームをした時、彼は足で蝶形ねじをはずそうとしていたのに気づいた！（笑い）ジョディーは、困難に立ち向かうことが確かに彼の特徴になっていると指摘した。話し合いが否定的なものから肯定的なものへとシーソーのように揺れ動く様子は興味深かった……。しばしば大人たちはジョセフの身になって考えた。それは、ケア、鋭い分析、ユーモア、知られざる物語、いらだちの豊かな混合

物であった——こうした話し合いによって理解がいっそう深められていった。

　筆者は2歳以上児の職員の1人に尋ねた。

筆者：話し合いはどの程度あなたの役に立つと思いますか。特に、乳児の保育室に
　　　いなかったあなた方にとって、ジョセフにどう対応したらよいかを知る助け
　　　になりますか？
回答：それはとっても役立ったわ。（移行のために）どんなふうに環境を準備したら
　　　いかがとてもよく分かりました……私たちはジョセフとコミュニケーション
　　　をはかる方略を学んだんです。

　次の職員会議では、2歳未満児担当の職員が、年長の保育プログラムに参加し始めたジョセフのこの2週間の様子についての話し合いを求めた。職員たちは、ジョセフがより大人数のグループにどのように入っていったかについて話し合い、子どもたちが静かな時を過ごせるようにもっと空間を確保することができたらいいのではないかと語り合った。そして、より広い保育室に慣れていくことに関してジョセフが見せた成長ぶりを再検討する中で、ジョセフが「体が比較的大きいせいで、保育者はついより多くを期待してしまう」ために、ジョセフが「ゆっくりと」問題に取り組むことが難しい状態にあることが指摘された。誰かがジョセフは水が好きだと付け加えた。その話題をめぐってあれこれ話がなされ、それぞれが見聞きした様々な話が共有され、そして結論として、彼の移行を支え、彼自身が2歳以上の保育プログラムに関心を持ち参加するのを助けるためには、新しい環境で安心できるようになること、いつでも2歳未満児の保育室に戻ってそこの職員に抱っこしてもらえるようにしておくこと、そして静かな時間と場所を見つけ出すことが必要だということが挙げられた。

4 小括——計画づくりの豊かで複雑なプロセス

　形成的アセスメントに「学びの物語」のアプローチを用いることによって、実践者は豊かでかつ複雑な方法で、次にどうするかを判断し計画していた。ある時には学びの構えを育てるための計画が、またある時には学びの場を設定するための計画が、たいていはこれら2つの目的を同時に達成するために、行為の中の学び手というとらえ方のもとで立案された。

　教育者たちは、他者を思いやる構えが大切にされる環境へのロージーの参加、豊かなコミュニケーションが繰り広げられている協同的な学びの場におけるヒューゴーの熱中、女の子にも親しみやすいものとなった木工活動でのジェニーとナタリーの根気強さ、自分が所属していると感じられるような保育プログラムへのジョセフの移行をそれぞれ実現するために計画を立てた。成長というものをどうとらえるかは人によっても、また文脈によっても異なり、しばしば直観的なものが大半であった。教師たちは子どものことをよく知っており、子どもたちの意見を尊重し、しばしば子どもたちの経験を巧みに計画に織り込んだ。さらに、参加の経過は注意深く記録されるようになり、時には成長はウェブ図によって明確にとらえられた。

　次にどうするか判断するというプロセスには、即応的で双方向から行われるやりとりのような、いちいち記録されない応答も含まれていた。これらは通常アセスメントとは見なされないが、本章では、こうした応答の仕方もまた、アセスメントの重要な側面の1つとしてとらえるべきであり、記録されたアセスメントと照らし合わせることによって、そこから有益な情報を得ることができるということを論じた。

第11章 「学びの物語」の旅路

　第1章では、今では問い直されるべきであると思われるアセスメントに関する言説を検討した。その言説とは、**何を目的にアセスメントを行うのか**（教育の次の段階に進むための「コンピテンス」に対応するスキルのチェックリストをもとに判定すること）、**乳幼児期の大切な学びの成果とは何か**（断片化され文脈から遊離した学校向けのスキル）、どこに**焦点を当てて教育的介入を行うのか**（問題点）、**どのように妥当性を確保するのか**（チェックリストに挙げられたスキルについての客観的な観察が最善である）、**成長をどのようにとらえるのか**（より高度なスキルへと段階を上がっていくということ）、**どのようにアセスメントを行うのか**（チェックリスト）、**アセスメントは実践者にとっていかなる価値があるのか**（教師としての自分を監視するということ）の7点である。本書は、こうした言説に代わる新しい仮説を立てて議論を展開し、その仮説が、「学びの物語」と呼ばれて実践に移されてきた過程を検討してきた。こうした探究は、理論と実践との間を結びつける試みでもあった。マイケル・コールはこのことが一筋縄で

はいかないことを私たちに思い起こさせる。

　研究室の外に出て、自分が作り上げた理論を1人の教師として実践に移し、子どもたちに直接関わるという責任を担い始めた時、発達に関するそれまでの自分の研究に対して、打ちのめされるような衝撃を受けた（Michael Cole 1996, p.261）[*]。

　筆者は、疑問の余地がある一連の言説を再検討することに関心があった。しかし筆者と共に探究を進めた実践者たちは、実践の方により強い関心を持っていた。例えば彼らは、「次の月曜日にジョセフにしてあげられることは何だろう？」といった質問をした。そこから多くの教育者と筆者が共に歩む長い旅が始まった。そしてこの旅はまだ発展途上である。カリキュラムとアセスメントは、保育の場においてなくてはならない重要な2つの要素——職員・子どもたち・家族と、文化的道具——との双方向的な関係の中にあるものである。それゆえアセスメントの方法や枠組みは常に変化し続けるものである。本書は第1章で立てた2つの問いに様々な角度からせまっていくことで論を展開してきた。本章ではその中で提示した知見や議論を改めて振り返っていくことにする。その2つの問いとは以下のようなものであった。

● 「学びの物語」アプローチは、乳幼児期の学びの成果をどのようにとらえることで、子どもの学びと成長を明確に、そして［どの関係者にとっても］価値ある形で示しているのだろうか？
● 「学びの物語」アプローチは、乳幼児期の学びの成果をどのようにアセスメントすることで、子どもの学びを守り、促しているのだろうか？

　第1章では、既存のアセスメントに代わる新しい仮説へと筆者自身の思考が

---

* 別の著書 Cole, M. (1997) Cultural mechanisms of cognitive development. In Eric Amsel, K. Ann Renninger (eds) *Change and Development: issues of theory, method and application.* Mahwah, NJ and London: Erlbaum, p.261、からの引用。——訳者

どう変化したかについて概説した。本書で実践を紹介した乳幼児に関わる教育者たちもまた、アセスメントに関する多く点についてそれまで抱いていた考えを転換させた。そこで本章では、次のもう1つの問いへの回答を見出すために、そうした転換に見られるいくつかの特徴について検討を加えていくことにする。

●旧来のモデルから新しいモデルへとアセスメントの方法を転換していく際、教育者に対してどのような援助が行われたのだろうか？

1 乳幼児期の学びの成果に関わる5つの論点

　「学びの物語」アプローチは、乳幼児期の学びの成果をどのようにとらえることで、子どもの学びと成長を明確に、そして［どの**関係者**にとっても］価値ある形で示しているのだろうか？　本書は、学びとは行為の中にあるということ、つまり一方には精神的機能があり、他方には文化的・歴史的・制度的な環境がある、その両者の関係性の中に学びが存在するということを明らかにしたジェームス・ワーチ（James Wertsch）らの研究に依拠しながら、学びの本質について考えを深めてきた。そして、乳幼児期の学びの成果についても、学びと学び手に関するこうした社会文化的立場から、以下のように論じてきた。
　第1に、学び手を、行為の中の学び手としてとらえ、学び手と学びの場との間の密接な相互作用に注目した。
　第2に、バーバラ・ロゴフに従って、発達と学びとは参加の変容であるという理論的立場に立ち、さらにニュージーランドという国が経験してきた歴史に照らして、この参加には5つの形が考えられるのではないかと提案してきた。すなわち、関心を持つ、熱中する、困難に立ち向かう、他者とコミュニケーションをはかる、自ら責任を担う、という5つである。

第3に、ロゴフは、参加という視点から学びをとらえるには、結果よりプロセスに焦点を当てるべきだと論じているが（Rogoff 1997, p.279）、筆者はそれに（心理学から）構えという概念と（社会学から）ハビトゥスという概念を付け加えることで、参加に関わる学びの構えという概念を、乳幼児期の学びの成果をとらえる視点として提案し、学びと成長についての新たな仮説を立てた。学びの構えの集合体を別の言い方で表現すれば、参加ないしは参加のレパートリーである。例えば、バーバラ・コーマーの新入学児に関する研究は次のような結論を提示している。

　彼らにとって参加のレパートリーを獲得するということは──自分たちの知識を示したり助けを求めたりする意思を含めて──彼らが必要としたまさにちょうどその時に、何らかの反応や助言や教えをたびたび受け取るということを意味していた（Barbara Comber 2000, pp.43-4）。

　第4に、学びは双方向的な関係の中に存在するという鍵となる考え方に立ち戻り、参加のレパートリーには、学びの場としての保育機関のあり方に対して、子どもたちが批判的な姿勢をとることをも含むということを指摘した。同様の立場から例えばロイ・ナッシュは、ブルデューのアプローチについて書く中で、ハビトゥスを**文法**としてとらえ、次のように論じている。

　文法としてのハビトゥスは、表現の新しい形態の発生を可能にし、その結果、文法そのものの構造を変え得るものであり（文法によって成り立った話し言葉が文法そのものを変えるのと同様に）、それゆえハビトゥスは文化的変化の可能性を作り出すものであると考えられる（Roy Nash 1993, p.27）。

言葉ないしは文法は、強力な伝達力を持っているが、変化の激しい今の時代にあって子どもたちは、家庭や保育機関で、そして1つの保育の場の中でさえ、複数の異なる文法に出会っている。そしてこのことは、変化を引き起こすための手段を子どもたちに提供する。例えばジェイソンは、より難しいことにあえて挑戦し続けたり、他者に教えたりしていた［**第4章**］。またダニーはあ

る活動における力関係の構造を変えた［第4章］。そしてロージーは保育プログラムの中で進行役を務めていた［第10章］。

そして第5に、学びの構えを、より多くの場に、より複雑な方法で、進んで参加しようとすること、参加する機会をとらえること、そして参加することができることの組み合わせとしてとらえた。「学びの物語」の枠組みでは、進んでやろうとすること（意欲）が前景化されることが多いが、場合によっては、参加する機会をとらえる（状況が適切である）ことや参加することができることについても焦点が当てられる。

以上の議論から浮かび上がってくるのは、保育の場における学びの成果は、じつに複雑でしばしば予想外のものであるということである。第3章から第5章で紹介した子どもたちの学びの事例もまさにそのようなものであったが、「学びの物語」の枠組みは、こうした複雑さを反映し、不確実なものを受け入れることができる。エリオット・アイズナーは、米国の教育における過去半世紀の経験から引き出した21世紀に向けた12の教訓の1つとして、次の点を挙げている。「目標や基準がより厳密なものになるにつれてそれらは増え続け、そしてそれらが増えるにつれて目標や基準づくりは教師たちの手に負えないものになっていく」（Elliot Eisner 2000, p.324）。彼はさらに「目標を合理的なものにすることもできるだろうが、そうすると、その項目数を減らさなければならず、その結果目標が抽象的なものにならざるを得ない」と付け加えている。「学びの物語」の枠組みでは、学びの成果は学びの構えの5つの領域として整理されている。これらの領域は互いに重なり合い関連し合うものとしておおまかに定義されている。数多くの著作の中で、アイズナーは、教育的働きかけはアートであって、科学ではないと論じている。「学びの物語」の枠組みの構築は、このように教育的働きかけをアートという性格を持つ応答的な営みとしてとらえる見方と、多くの研究をつぶさに検討していく中で見出されてきた学びの成果についての新しい見方とを結合する試みでもあった。

「学びの物語」アプローチを用いて乳幼児期の学びの成果をとらえることで、価値ある学びと成長を明確に説明できるようになるのかという問題を議論するためには、「学びの物語は誰にとって有益か」という問いを立てる必要が

ある。事例研究を行った5種類の保育の場のデータ、及びその後入手した他の保育機関のデータは、「学びの物語」における学びと成長の記述は、教師、家族、そして子どもたちにとって有益となり得ることを示している。専門性開発のための研修における話し合いの場で3人の教師は、次のように述べた。

「私たちはこれまでよりも子どもの声をもっとよく聞くようになりました。子どもとの関係ももっと親密になりました」
「私はこれまでよりもずっと子どもたちがやっていることそのものに焦点を当てるようになって、見ていてわくわくするようになりました」
「『学びの物語』は、良い成果をもたらしています。方向性と焦点の当て方が明確になったことで、職員はより熱心に取り組むようになりました」

また別の他の実践者グループが回答した「学びの物語」に関する評価アンケートの中には、次のようなコメントがあった（やってみてよかった点を尋ねる項目より）。

「子どもたちの人間関係にも目が向くようになった」
「教師は子どものことをよりよく理解するようになった。より深い知識が得られた」
「『学びの物語』は文脈の中にあるという見方」
「問題点を拠りどころにするのではなく子どもを信頼することを基本にして考える点」
「何に焦点を当てて計画を立てたらいいかが分かる」
「親から肯定的な反応が寄せられること。これまでよりも親が関心が持てるものになっている」
「親と共有できるような肯定的な記録づくり」

同じ実践者のグループに、難しいと感じたことは何かについて質問したところ、以下のようなコメントが返ってきた。

「養成教育を受けていない職員は、これを進めていく基礎的知識を持っていませ

1　乳幼児期の学びの成果に関わる5つの論点

ん。全ての職員に対して教育や支援体制を保障することが重要」
「構えについての解説が必要」
「新しいアセスメントシステムに確信を持つためには時間が必要」
「必ずしも段階を踏む必要はない」
「システムを変えるということ。職員はシステムを作るのに膨大なエネルギーをつぎ込んできた。多くの場合、問題点（求められる水準とのギャップ）に基づくアセスメントから子どもを信頼することに基づくアセスメントに変えるということは劇的な変化を意味するから」

　「学びの物語」という枠組みは、養成教育や研修を受けていない実践者にとって、特に彼らがワークショップに参加しなかった場合には、それほど有益ではなかったようである。少なくとも、あるシステムから別のシステムへと変えるには、職員には時間とエネルギーと積極的な参加が求められるということは確かである。
　また、外向的で自信を持っている子どもについて「学びの物語」を書くのはたやすい、という点に続けて保育園のスーパーバイザーからの手紙には次のようなコメントが書かれていた。

　JやNのような子どもたちについて「学びの物語」を書くことは容易です。しかし私たちは、もっとおとなしい、自信を持てない子どもたちについて集めた「学びの物語」が、より貴重なものとなることにも気づいています。私たちは意識的に努力してこれらの子どもたちをたえずよく見ることを決めました。

　「学びの物語」を導入したある幼稚園の職員は、最初のアセスメント・プロジェクト終了後に、親たちに対して「学びの物語」が有益なものであるかどうかを尋ねた。そのうち4人の親は次のように回答した。

「親の立場からみると、『学びの物語』は、ただの『遊び』にしか見えないものに新たな見方を提供してくれました」
「『学びの物語』のフォルダーは、子どもとより多くのことを話し合う材料になりま

した。『学びの物語』は子どもたちがどのように成長し、何を成し遂げているかを知らせてくれるのです」

「『学びの物語』は、幼稚園で過ごしている間に子どもたちはどんなスキルを学んでいるかについての貴重な洞察です。子どもたちの対話をそのまま記録することはとても新鮮で、親にとって特にうれしいことです」

「私たちは、『学びの物語』のフォルダーはすばらしいと思います。なぜなら──
- Jが幼稚園で何をやっているか、彼がよく考えられ工夫された学びの環境でどのように適応しているかについての生きいきとした描写を私たちに見せてくれます。
- 彼についてのすばらしい記録です。
- 家族全員を誇らしい気持ちにさせてくれます。特にJを。
- おもしろい。Jは自分のことを聞き、自分の物語を自分で説明するのを楽しんでいます。
- 私たちは幼稚園や先生たちとこれまでより強い絆を感じます。なぜなら先生たちが私たちの子どもにこんなにも関心を持ってくれていて、Jが『学びの物語』からたくさんのことを得ていることを先生たちがとても喜んでいるから。
- Jの父親（幼稚園でJを見る機会があまりない）がJの体験に熱中しています」

これらの親にとって、「学びの物語」は多くの理由から価値あるものとされている。主な理由の第1は、学びの環境への適応、子どもたちの対話とスキル、成し遂げた成果と成長、「遊び」に対する新たな視点の提供等、「学びの物語」が記録した学びの成果に関わるものであった。理由の第2は、「学びの物語」が家族、特に保育機関をほとんど訪問することができない家族にとって、保育機関という共同体に所属しているという感覚をもたらすものであったことにあるように思われる。これらのコメントは、第9章で紹介した事例研究を行った保育園で得られた親たちのコメントと似ている。

しかし、教育者や家族にとっての価値以上に重要なことは、参加のレパートリーは、子どもたちにとって現在から未来にわたって価値あるものであり続けるということである。筆者は、乳幼児期に参加の基礎（関心、熱中、粘り強

さ、コミュニケーション、責任）を育むことによって、「学びの物語」の枠組みは、生涯にわたる学びのための素地を築いているのだと考えている。第2章で引用した研究はこうした考えを裏づけるものである。同じような立場で、イラム・シラージュ・ブラッチフォードは次のように主張している。

　乳幼児期に人種的な平等性のための「基礎を作る」ことによって、私たちは、将来の人種的な調和とともに、自信にあふれ、豊かな見識を持った市民を育んでいくことに向けて大きな投資をしているのである。私たちは、もっと大きくなってからの方が、市民として見なしたり正義や公平のような重要な概念を教えたりするのにふさわしいと考える傾向があるが、こうした態度の基礎が実際に形作られるのは乳幼児期なのである（Iram Siraj-Blatchford 1994, pp.xiii-ix）。

またブロンウィン・デービスは、就学前の子どもたちによって経験される二元的ジェンダーに関する分析は、「真に問題を解決するような変化のためのプログラムの可能性を切り開いた」（Bronwyn Davies 1989, pp.x-xi）と主張した。

2 複雑さをありのままとらえつつ、いかに説明責任を果たすか

　「学びの物語」アプローチは、乳幼児期の学びの成果をどのようにアセスメントすることで、子どもの学びを守り、促しているのだろうか？ アセスメントの方法は本書後半における一貫したテーマであり、複雑でとらえがたい学びの成果をどうアセスメントするかに関わる諸問題を探究してきた。デービッド・パーキンス及びエイリーン・ジェイとシャリ・ティッシュマンは、次のように述べている。

言うまでもなく、構えというものには、明確な定義を与えるのが本来的に困難である事柄、すなわち動機、情愛、感受性、価値観、その他に関係するものが必ず含まれている。しかしこれらの要素は、定義しがたいからといって、行動に影響を及ぼしていないというわけではない。むしろこれらの要素は、良い思考（**及び学びとアセスメント…著者**）とされる一連の営みの中でとりわけ重要な役割を演じているに違いないと私たちは論じてきた（David Perkins/ Eileen Jay/ Shari Tishman 1993, p.18）。

　もしも、パメラ・モスが示唆するように、「アセスメントされないものは、カリキュラムから消える」（Pamela Moss 1994, p.6）のであれば、私たちが価値あるものと考える教育的な成果をアセスメントし得る新たな方法を発見しなければならない。そうでなければ、容易に測定できる成果だけが、その場所をしめることになる。第1章で述べたように、とらえることが容易な事柄のみを対象とするアセスメントは、学びの構えのような複雑な成果の蓄積をとらえようとするアセスメントの代わりとなることはできない。第3章から第5章では、学びの構えのような複雑な成果をアセスメントする上での9つのガイドラインを引き出し、続く第6章では、アセスメントのプロセスを通じて学びの構えが「浮き彫りになる」方法の1つ、すなわち「学びの物語」アプローチを取り上げ解説した。第7章から第10章では、実際に、学びをとらえること、話し合うこと、記録づくりを行うこと、次にどうするか判断することを通じて、「学びの物語」アプローチが学びを守り促し続けていくことを示した実践者たちの試行錯誤の過程を考察した。

　「学びの物語」を使ったアセスメントは、ナラティヴ・アプローチを用いることによって、複雑な学びを映し出し、守るものである。エリオット・アイズナーが21世紀の教育への教訓として挙げた第2の点は、「教育的に意味のあるアセスメントには、生徒たちが学んでいる現在進行中の文脈から引き出されたデータが必要である」（Elliot Eisner 2000, pp.350-1）ということである。彼は、教師たちは、多様な文脈の中で生徒たちの姿を知るようになるのであり、それは標準化されたテストでは到底明らかにすることはできないと指摘し、次のように述べている。

（教師たちは）生徒たちの質問の質、生徒の答えについての洞察、彼らが学業において示した熱中の度合い、他の生徒との人間関係の質、彼らが到達した想像のレベルを解釈する立場にいる。これらのことやそれ以外の人間性に関わるあまたの特徴は、教師だからこそ知ることができる質的な情報である。生徒たちが何を学んでいるか、学年が始まってからどの程度の進歩を遂げたのかを理解する際に真っ先に拠るべき情報源は、教室での生活の中で姿を現すこうした特徴でなければならない。
　私たちは研究者として、教師がこのような特徴に体系的に注意を払い、短いナラティヴを綴ることで、標準化されたアチーブメントテストのB＋や82点よりもはるかに豊かに、生徒が何を達成したかをとらえることができるように、実践をデザインすることが求められている。

　アイズナーの議論は学校でのアセスメントに関するものだが、それはまさに本書の中で議論してきたことと重なっている。関心の焦点が、「意味と意図によって満たされ」かつ「特定の文脈につなぎ留められた」（Graue/ Walsh, 1995, p.148）行為ないしは活動に当てられている時、アセスメントは日常の場面で行われ、学び手の視点を追い求めるものとなる。それは、解釈的なものであり、エスノグラフィックなものとなる。普遍的な尺度や評価基準がセットになっている標準化されたテストやチェックリストという方法は、個々人と彼らを取り巻く環境との間をつなげるものとしての**行為**や**活動**、**具体的な文脈**といったものをとらえることができない。「学びの物語」は、「実際の教室の中で起こる豊かで複雑で相互に関連し合っている出来事や行為」に参加しながら、子どもたちはどんな意味を構築しているかを見出すための窓である（Salomon, 1991, p.16）。
　保育の場における子どもたちを理解するための解釈的ないしはエスノグラフィックなアプローチには豊かな歴史がある。子どもたちの行動への注意深い観察に基づいて解釈を行うというイギリスの古い伝統は、エリクソン学派あるいは精神分析の理論枠組みを用いたスーザン・アイザックス（Susan Isaacs 1932）とアン・スタリブラス（Ann Stallibrass 1974）の研究によく表れている。情動という視点から個々の行動を解釈するというこの伝統は米国のヴィ

ヴィアン・グッシン・ペィリー（Vivian Gussin Paley）に引き継がれた。

　イギリスにおける幼児期の観察研究に関する次の段階は1970年代から1980年代に展開され、より知的なものへ焦点を当てたものであった。イギリスの保育所における子どもたちについてのオックスフォードシャー（Oxfordshire）の研究、特にキャシー・シルバとデービッド・ウッドによるもの（Kathy Sylva/ Roy/ Painter 1980; David Wood/ McMahon/ Cranstoun 1980）と、バーバラ・ティザードとマーティン・ヒューズによる家庭とナーサリースクールにおける労働者階級と中産階級の女児たちに関する研究（Barbara Tizard/ Martin Hughes 1984）である（その後1989年にヴァレリー・ウォーカーダインとヘレン・ルーシーによって異なる解釈がなされた（Valerie Walkerdine/ Helen Lucey））。

　続く1980年代から90年代初頭の研究の多くは米国やオーストラリアの研究であるが、特定の文化的・歴史的な背景を持つ実践や時期に見られる行為ないしは活動に注目する傾向があった。その例としては、ウィリアム・コルサロ（William Corsaro 1985）、サリー・リューベック（Sally Lubeck 1985）、デービッド・ファーニー（David Fernie 1988; Fernie 他 1993）、レベッカ・カンター（Rebecca Kantor 1988）、マリアンヌ・ブロホとアンソニー・ペレグリーニ（Marianne Bloch/ Anthony Pelllegrini 1989）、ブロンウィン・デービス（Bronwyn Davies 1989）とJ・アモス・ハッチ（J. Amos Hatch 1995）が挙げられる。これらの研究の中でファーニーやカンターらは「生徒になっていく」過程に焦点を当てたが、それ以外には、子どもたちが**学び手**として形成されたりあるいは自ら形成したりする過程を扱ったものはなかった。

　さらに最近ではスーザン・ヒルやバーバラ・コーマーら（Susan Hill/ Barbara Comber）、アン・ハース・ダイソン（Ann Haas Dyson）、アン・ファイラー（Ann Filer）、アンドリュー・ポラード（Andrew Pollard）、ハリー・トランス（Harry Torrance）、ジョン・プライヤー（John Pryor）等の研究者が、事例研究やナラティヴ・アプローチを使って、生徒であることを学ぶ子どもたち、保育機関から学校、あるいはある教室から他の教室への移行、そうした過程におけるアセスメントの役割に関する研究を行っている。実際の教室や保育の場における子どもたちについてのこれらの物語はみな、本書の内容を豊かにし方向性を指し示してくれた。

しかし、ナラティヴという枠組みは、特にアセスメントの文脈においては、妥当性に関する問題を提起する。多様な読み取りや解釈が可能であるという事実が、解釈的研究に対するよくある問いを誘発する。端的に言えばそれは、「データはいかにして説明責任を果たすことができるか」という問題である。

　「実証主義」ないしは「ポスト実証主義」の立場に立つアセスメントの心理測定の手法においては、収集されたデータには正確さについての従来型の基準、つまり妥当性（validity）、信頼性（reliability）と客観性（objectivity）が課されている。ある人は、（例えば）場所や観察者に左右されない一貫性を保持するためにデータをどのようにコード化しているかや、中立性を確保するために課題や観察者がどのような役割を果たしているかに注目する。またある人は、統計学上妥当とみなせる確率の水準を要求した。

　しかし解釈的なアプローチにおいては、その場や文化の違いそのものが主たる研究対象であり、アセスメントを行う教師もまたその場に影響を及ぼすものの1つとされている。それでもなお、いかにして説明責任を確保するのか、一般化についてどう考えるのかが容易に解けない大きな問題となった。この問題に対する1つの回答として、妥当性と信頼性という従来の基準に代わり、「説得性（plausibility）」と「信用度（trustability）」という新たな判断基準が提起された（Walsh/ Tobin/ Graue 1993, p.472）。筆者もこの議論の経過を踏まえ、「説得性」と「信用度」の双方を包摂するものとして「説明責任」を位置づけ、検討を続けていくことにしたい。

　「学びの物語」のプロセスは、いかにして説明責任を果たしていただろうか？　第7章から第10章の中で紹介してきた事例を改めて振り返ると、そこには主に4つの経路が存在していることが見えてくる。すなわちデータの透明性を保持すること、解釈を行う人々の発言権を広範に保障すること、その場に即した［学びの構えの各カテゴリーの］定義や構造のとらえ方をそれぞれの場で作り上げていくこと、そして学び手と環境の間の関連を明瞭につかむことである。

データの透明性を保持する

　データはできる限り開示し、他の職員や家族が、提示された解釈をたどって理解を深めたり、別の読み取り方をしたりできるだけの十分な情報が得られる

ように、「透明性」を保持しなくてはならない。統計の数字やチェックリストは、そうした情報が取り除かれているという意味で透明性を失っているのに対して、「学びの物語」は、たとえ計画立案用の書式に合わせて要約されたものでも、利用可能なデータとして手の届くところに蓄積される。いわゆる「最終的な解釈」は、アセスメントと教育的働きかけが一体となったプロセスのできるかぎり遅い段階でなされ、それゆえ関係者は様々な解釈の経過の一部始終をたどることができるのである。第10章で明らかにしたように、ここで鍵となるのは記録づくりである。

解釈する人々の発言権を広範に保障する

「学びの物語」のプロセスにおいては、1人の子どもについて何人もの職員が「学びの物語」を集め、その物語は家族との間だけでなく、他の人々の間でも共有される。話し合いは、プロセスの重要な部分であり、子どもたちもまた自分の意見を述べることができる。そこで職員は、どう解釈するか議論し、次にどうするかを導き出そうとする。つまり共に判断したり、より発展させていくための教育的働きかけの手立てを協同で作り上げるのである。アランの幼稚園の教師たちはみな、彼の学びと成長について話し合うことに関心を持ち、写真や計画や物語が収集されたポートフォリオにはアラン本人の意見も書き込まれた。

その場に即した［学びの構えの各カテゴリーの］定義や構造のとらえ方をそれぞれの場で作り上げていく

「学びの物語」における学びをとらえるというプロセスでは、職員たちは、自分たちの実践している場の文脈と目の前の子どもたち一人ひとりに即して、[学びの構えの] 構造（関心を持つ、熱中する、困難やったことがないことに立ち向かう、考えや感情を表現する、責任を担う）やそれぞれのカテゴリーの定義をどうとらえていったらいいかに関する共通認識を深めていった。この点については第7章で詳しくふれた。記録づくりも同じくカテゴリーを定義していくことに役立つ。記録に残された事例が、その後、別の事例を分析する際の手がかりとして役立てられる典型的事例の蓄積の中に入れられることもあり得るから

である。そして、ある特定の保育の場における妥当性が増大していくにつれ、どの保育の場にも当てはまるという意味でのデータの信頼性を確保すべきだという要求は次第に説得力を持たなくなるだろう。このように、それぞれの保育の場における妥当性を高めていくプロセスがその保育の場の中にきちんと位置づけられているかどうかは、形成的アセスメントにとってはむしろ当然のことではあるが、関係するあらゆる外部機関にとっては、説明責任を担保する上で欠かせない重要な確認事項となるだろう。

学び手と環境の間の関連を明瞭につかむ
　アセスメントされる者と、その環境に居合わせる他の者や活動との関係は、アセスメントの鍵となる要素である。保育園の職員が、ジョセフの「学びの物語」について話し合い、彼の2歳以上児の保育プログラムへの移行を計画した会議は、その一例である。ジョセフは、関係の中の学び手として見なされ、職員は、1つの場所でうまくいっていた関係について理解を深めていくことが、別の場における関係づくりを立案する際に役立つことを確認していた。

3　アセスメントモデルの転換に取り組む実践者をどう支えるか

　旧来のモデルから新しいモデルへとアセスメントの方法を転換していく際、教育者に対してどのような援助が行われたのだろうか？　アセスメントの方法として「学びの物語」アプローチを採用した実践者たちは、第1章でふれたようないくつかの言説からの脱却を成し遂げることができた。こうした転換は、実践者の1人が本章の冒頭で述べていたように、多くの場合、「問題点（求められる水準とのギャップ）に基づくアセスメントから子どもを信頼することに基づくアセスメントに変えるということは劇的な変化」を意味していた。ある実践者は、自分は「楽な場所から外へ」押し出されたように感じたと報告し

た。難しいと感じたことは何かという問いへの回答には、「旧来のやり方を変えるように人々を納得させること」というものがあった。こうした実践への転換を彼らに促したものは何だったのだろうか？　子どもの発達は個々のスキルを増やし問題点を克服していくことで達成されるとする旧来の言説は、教師もまた技術職のように個々の技術を身につけたり、問題点を克服していくことで成長していくものだとする見方の中にも読み取ることができる。キリ・グールドが指摘しているように、かつては次のように信じられていた。

　教師に対する良い専門性開発の機会とは、専門家（開発担当者）から学び手（教師）へ、適切に編成され、念入りに計画された、理論的に優れた知識のパッケージを伝えることを意味する。そしてひとたび教師が徹底的にその情報を学べば、後はその教師は現場に出て行って、その知識を実践に移すだけでいいと想定されていた。しかし、真に効果的な専門性開発とは、はるかに複雑なものであることが研究によって明らかにされている（Kiri Gould 1997, p.1）。

　ビバリー・ベルとジョン・ギルバートが示したように（Beverley Bell/ John Gilbert 1996）、専門性開発はまた、社会的なものであると同時に個々の実践者にとっての課題でもあり、それはしばしば教師とはいかなるものかについての見直しを迫るものともなる。保育の場を取り囲む大きなシステム──例えば家族、管理部門、関係省庁、外部評価者等──は、その実践を変えることを妨げるような圧力を実践者に加えてくることが頻繁にある。旧来の言説は、自身が子ども時代に経験した学校でのアセスメントの記憶に基づいて保育の場におけるアセスメントはこういうものだと期待する家族によって支持されて、動かしがたい「デフォルト設定」となってしまうことがある。第1章でも紹介したが、ローリー・シェパード（Lorrie Shepard）によれば、米国の学区テストディレクターたちは、彼女が「標準準拠テスト型学習理論」と名づけた強固な学習理論を絶対視しているという。そこには、第1にテスト（この場合は、チェックリスト）とカリキュラムは同義であり、第2に学びは直線的で系統だったものであるという2つの強力な信念が存在しているという。外部評価者

というものは、「本物の教師」というものは当然これらの信念を保持しアセスメントの実践に適用するものだという見解を広める役割を強力に果たし得る存在なのである。

　先行研究はまた、誰が変化の「主導権」を握るかということも重要な問題であることを示している（Jane Gilbert, 1993）。例えば1994年、職員教育に関する継続的研究を行ってきた専門誌（Journal of Staff Development）の25周年記念号には、効果的な職員教育は**時間**がかかるプロセスであると指摘する論文が掲載されている（Gould 1997, p.10）。ニュージーランドにおいて、新しい保育カリキュラムを実施する教師たちを支援するために行われた専門性開発に関する研究は、プログラムの成功にはやはり時間が重要であることを見出し、ファシリテーターが継続的に関与する期間は最低6ヵ月から1年間は必要であるとした（Foote/ Irvine/ Turnbull 1996; Gaffney/ Smith 1997）。長期間にわたる専門性開発プログラムでは、話し合いや試行錯誤、うまくいったこといかなかったことに関する振り返りが行われるが、そうしたことは、困難ややったことがないことに立ち向かうという学びの構えを育むような安心できる環境の中でこそ可能になるということを付け加えておきたい。ニュージーランドでは、政府の補助金によって、保育カリキュラムの実施を支援するための専門性開発プログラムが、しばしば実践者たちが「学びの物語」アプローチを学ぶ機会となっており、これらのプログラムは多くの場合長期にわたっている。

　個々の職員の専門性開発という側面からみれば、多くの実践者は自分自身が信じてきた言説を問い直し、変化のプロセスを自らのものとする機会を手に入れた。いくつかの「学びの物語」のワークショップでは、旧来の言説がどこからやってきたのかを探ることをテーマにし、子どもの発達に関する古い教科書を検討したり、自分たちは子どもの頃学校でどのようにアセスメントされてきたかを話し合ったりした。国立児童局による一連のアセスメントのワークショップは、判定を下したりアセスメントを行ったりすることについての個々の中にある言説や感情を明るみに出すことができるようにデザインされ、他の場所で行うワークショップにも有益なアイディアを提供してきた（Drummond/ Rouse/ Pugh 1992）。アセスメント・プロジェクトに参加した保育の場の研究者や専門性開発担当者、教育者たちは、「学びの物語」アプローチについて柔

軟な考え方をとった。実践者たち自身の手であるいは彼らのアイディアを参考に、新しい書式やそれぞれの場ごとの独自の定義が生み出されていった。

一方、職員集団の専門性開発という面から見れば、保育機関の教育者という人々は協同して働き、アイディアを議論し合い、共に何かを決定するという伝統をもともと持っている。第7章から第10章で紹介した経過を見れば分かるように、転換のプロセスもこの伝統から生み出されたものだった。

職員の専門性という面からみて、他の機関で行われている新しい実践の様子を見ることは重要である。そうすることによって新しい方法を取り入れたり、応用したり、あるいは取り入れなかったりすることが可能になる。アセスメント・プロジェクトの終了時に、3本のビデオ（「何をアセスメントするか」「なぜアセスメントするか」「どのようにアセスメントするか」、'What to assess' 'Why assess' 'How to assess'; Carr 1998b）が、事例研究を行った5種類の保育機関で作成された。これらのビデオに登場する事例は、実際の保育の場で取り組まれたもので、しかも多様な実践を描き出していたので、自分たちの文脈の中で取り組むにはどうしたらよいか試行錯誤している教育者にとって大いに参考になった。ビデオのパッケージには4つのワークショップのためのブックレットがついていて、話し合いで投げかける質問の例が書かれたOHPシートや振り返りのための配付資料、議論を深めるための文献や7つの短い読み物が入っている。これらは議論と話し合いがより充実したものとなるよう作られたものである。第7章で筆者は、「学びの物語」の導入にはいくつかの段階があることを示唆した。第1段階は、**肯定的な経験を記録し共有することの意義を認め熱心に取り組む**ことであった。第2段階は、それぞれの保育の場における学びの機会や保育プログラムの特質を考慮に入れつつ観察する際の視点を構造化することであった。第9章で紹介した書式の開発は、その職員たちが「ここが核心」と名づけた事柄への関心の増大と連動していた。物語は焦点がより明確になり、時が経つにつれ子どもたちの学びにおける変化がよりはっきりと追跡できるようになった。

しかしこうした専門性開発の取り組みやその中での実践者の変化は、新たな施策を実施し、ものごとを変えていくやり方を学ぶ上で効果的だというだけではない。それはまた、保育の場を越えたより大きなシステム、社会の中での正

統性や力関係に関わるものでもある (Broadfoot 1996a, 1996b; Firestone/ Fitz/ Broadfoot 1999)。本書の中で紹介した「学びの物語」の実践者たちは、所属、幸福、探究、コミュニケーション、貢献という5つの要素によって枠づけられたナショナル・カリキュラムによって支えられている。これは、学びを参加として見るという考え方を正当化している。ナショナル・カリキュラムはまた、学び手と学びの環境との間の結びつきを強調する、学びに関するブロンフェンブレンナー (Bronfenbrenner) の枠組みに依拠したものである。学びの成果に言及した箇所では、知識、スキル、態度は相互に密接に結びつき、子どもが自ら作り上げた理論や学びの構えを形作っていくと述べている。

　おそらく、重要な特徴の1つは全ての関係者ないしはステークホルダーによる承諾あるいは参加が得られたという点にあった。より検討が重ねられた新しいアセスメントの書式の導入がはかられた段階には、保護者を巻き込んだり、子どもたちの意見を積極的に取り入れたりするしくみが整えられ、関係者のネットワークはより広範になった。家族が関心を持ち意義を認めるようになることは、実践者たちを励ました。ある保育機関の実践者たちは、小学校の教師である1人の親からの称賛によって自分たちの熱意が大いに高められたと報告した。一方、大半の外部評価者たちは、新しいアセスメントの書式に対して「静観」の姿勢を取った。最近の出版物には次のようなコメントが掲載されている。

　「学びの物語」のアプローチは、職員が自分たちが観察したことと保育カリキュラムの主たる特質とを関連づけて考えるように導いている。このことがうまくなされたところでは、子どもを学び手として見るという優れた洞察力をもたらし、保育プログラムの開発に役立っている。そうでない場合は、観察記録と意図されたプログラムとの結びつきは発展しなかった (Education Review Office 2000, p.7)。

　より弱い立場におかれがちな関係者たち(他の職員と子どもたち)も、実践者にとって重要であった。職員同士がチームとなって共に仕事をし、アイディアを共有するための時間を確保することは、実践者たちにとって「決定的に重

要」なことであるとされた。職員会議の時間がないこと、職員の入れ替えや職員が訓練を受けていないということは、困難をもたらす要因として挙げられた。また子どもたちの意見を聞くことは、1人あたりの受け持ち人数が多い場合には必ずしも容易ではなかったが、例えば事例研究を行った幼稚園（3人の教師が44人の子どもたちを担当）は、ポラロイドカメラを使って、撮られた写真や計画についてどう思うか聞き出すというやり方で、子どもとの活発なやりとりを実現していた。「学びの物語」や写真や作品を壁面に展示することは、いつでも話し合いを持てる状況を作り出した。

4　小括──「学びの物語」のさらなる対話と発展へ向けて

　本書の土台となったアセスメント・プロジェクトは、「学びの物語」にまつわる物語の一部分でしかない。本書は、このプロジェクトの成果に、ナラティヴ・アプローチの有効性を示す子どもたちの学びに関する分析やそれ以外の研究も取り入れたものである。本書は、先行研究とともに、「学びの物語」アプローチをアセスメントの方法として採用し、それを自分のものにしてきた実践者や専門性開発のファシリテーターたちから多くを学んでいる。
　筆者が、ある保育機関の職員たちに、「学びの物語」のプロセスに何か変更を加えたかと質問したとき、1人の職員がこう答えた。「はい、私たちはここで『学びの物語』そのものの日々を送っているのよ」と。そして、関心をひかれる実践を進めていくことを自ら引き受け、それを探究することに熱中し、困難に立ち向かい、共に議論し、そうして変化を作り出すことに連帯責任を担っているからだと説明した。彼らは、実に様々な方法で「学びの物語」に「居場所」を与え、背表紙に子どもたちの名前を入れた丈夫なフォルダーに入れるという方法を開発したり、そのフォルダーを園の書棚に並べたりした。
　ある職員が1人の女の子と外遊びの場所でその子が成し遂げた成果について

話し合った後、その子は部屋の中に入って自分のフォルダーを探し、「カーゴー［積み荷］」ネットの一番上まで登れる自分の能力についてのお話が書かれていないと報告しに戻ってきた。数日前、それができたことを彼女は自分で非常に高く評価していたのであった。職員とその子は一緒にその物語を書いた。
　協同で学びをとらえ、記録し、話し合い、次にどうするか判断することによって質が高められたこうした生きいきとした学びの記録は、保育における学びの成果に関する筆者の見方を豊かにし続けてきた。こうしたものをアセスメントに表すことは、私たちの想像力や実践的な力量を最大限、高めるものである。保育の場における形成的アセスメントに関する研究は、まだ誕生したばかりである。本書で述べてきた考え方、事例、ガイドラインとプロセスがさらなる対話と発展の礎となることを願っている。

文　献

Ames, C. (1992) Classrooms: goals, structures, and student motivation. *Journal of Educational Psychology*, 84(3), pp.61-71.
Astington, J. W. (1993) *The Child's Discovery of the Mind*. Cambridge, Mass.: Harvard University Press. （J・W・アスティングトン著　松村暢隆訳　子供はどのように心を発見するか：心の理論の発達心理学　新曜社　1995）
Athey, C. (1990) *Extending Thought in Young Children - a Parent-Teacher Partenership*. London: Paul Chapman.
Beattie. M. (1995a) New prospects for teacher education: narrative ways of knowing teaching and teacher learning. *Educational Research*, 37(1), pp.53-70.
Beattie, M (1995b) The making of a music: the construction and reconstruction of a teacher's personal practical knowledge during inquiry. *Curriculum Inquiry*, 25(2), pp. 133-50.
Bell, B. and Gilbert, J. (1996) *Teacher Development: a Model from Science Education*. London: Falmer.
Black, P. and Wiliam, D. (1998) Assessment and classroom learning. *Assessment in Education*. 5(1), pp.7-74.
Blatchford, P., Burke, J., Farquhar, C., Plewis, I. and Tizard, B. (1989) Teacher expectations in infant school: associations with attainment and progress. *British Journal of Educational Psychology*, 59, pp.19-30.
Blenkin. G. and Kelly, A. V. (eds)(1992) *Assessment in Early Childhood Education*. London: Paul Chapman.
Bloch, M. N. and Pellegrini, A. D. (eds)(1989) *The Ecological Context of Children's Play*. Norwood. NJ.: Ablex.
Bourdieu, P. (1990) *In other Words: Essays Towards a Reflexive Sociology*. Stanford: Stanford University Press.
Bourdieu, P. (1984/1993) *Sociology in Question*. 1993 English translation by Richard Nice. London: Sage. （ピエール・ブルデュー著　田原音和監訳　社会学の社会学　1991　藤原書店）
Bredekamp, S. and Rosegrant, T. (1992) Reaching potentials through appropriate curriculum: conceptual frameworks for applying the guidelines. In S. Bredekamp and T. Rosegrant (eds) *Reaching Potentials: Appropriate Curriculum and Assessment for Young Children*. Vol 1. Washington DC: National Association for the Education of Young Children.
Bredekamp. S. and Shepard, L. (1989) How best to protect children from inappropriate school expectations, practices, and policies. *Young Children*, 44(3), pp.14-34.

Briggs. R (1978) *The Snowman*. London: Hamish Hamilton.（レイモンド・ブリッグズ作・絵　スノーマン　評論社　1998）

Broadfoot, P. (1996a) Assessment and learning: power or partnership? In H. Goldstein and T. Lewis (eds) *Assessment: Problems, Developments and Statistical Issues*. Chichester: John Wiley.

Broadfoot, P. (1996b) *Education, Assessment and Society*. Buckingham: Open University Press.

Broberg. A. G., Wessels, H., Lamb, M. E. and Hwang, C. P. (1997) Effects of day care on the development of cognitive abilities in 8-year-olds: a longitudinal study. *Developmental Psychology*, 33(1), pp. 62-9.

Bronfenbrenner. U. (1979) *The Ecology of Human Development*. Cambridge, Mass.: Harvard University Press.（ブロンフェンブレンナー著　磯貝芳郎・福富護訳　人間発達の生態学：発達心理学への挑戦　川島書店　1996）

Brown, A. L., Ash, D., Rutherford, M., Nakagawa, K., Gordon, A. and Campione, J. C. (1993) Distributed expertise in the classroom. In G. Salomon (ed.) *Distributed Cognitions: Psychological and Educational Considerations*. Cambridge: Cambridge University Press.

Bruna, Dick (1962) *The Little Bird*. London: Methuen Children's Books.（ディック・ブルーナ著　石井桃子訳　きいろいことり　福音館書店）

Bruner, J. (1983) *Child's Talk: Learning to Use Language*. New York: Norton.（ジェローム・ブルーナー著　寺田晃・本郷一夫訳　乳幼児の話しことば：コミュニケーションの学習　新曜社　1988）

Bruner, J. (1986) *Actual Minds: Possible Words*. Cambridge. Mass.: Harvard University Press.（ジェローム・ブルーナー著　田中一彦訳　可能世界の心理　みすず書房　1998）

Bruner, J (1990) *Acts of Meaning*. Cambridge, Mass.: Harvard Uhiversity Press.

Bruner, J. (1996) *The Culture of Education*. Cambridge, Mass.: Harvard University Press.（ジェローム・ブルーナー著　岡本夏木・池上貴美子・岡村佳子訳　教育という文化　岩波書店　2004）

Carr, M (1987) A preschool 'drill' for problem-solving. *Investigating*. 3(1), pp. 3-5.

Carr, M (1997) Persistence when it's difficult: a disposition to learn for early childhood. *Early Childhood Folio*. Wellington: NZCER.

Carr, M (1998a) *Assessing Children's Experiences in Early Childhood: Final Report to the Ministry of Education*. Wellington: Ministry of Education.

Carr, M. (1998b) *Assessing Children's Experiences in Early Childhood*. Three videos and a Workshop Booklet for Practitioners. Wellington: NZCER.

Carr, M (2000a) Seeking children's perspectives about their learning. In A. B. Smith and N. J. Taylor (eds) *Children's Voice: Research. Policy and Practice*. Auckland: Addison Wesley Longman.

Carr, M. (2000b) Technological affordance, social practice and learning narratives in an early childhood setting. *International Journal of Technology and Design Education*, 10, pp.61-79.

Carr, M. (2001) Emerging learning narratives: a perspective from early childhood. In G. Wells and G. Claxton (eds) *Learning for Life in the 21st Century: Sociocultural Perspectives on the Future of Education*. Oxford: Blackwell.

Carr, M., and Claxton, G. (1989) The costs of calculation. *New Zealand Journal of Educational Studies*, 24(2), pp.129-40.

Carr, M., and Cowie, B. (1997) *Assessment: Why Record*. Position Paper Four. Project for Assessing Children's Experiences. Hamilton: University of Waikato.

Carr, M., and May, H. (1993) Choosing a model. Reflecting on the development process of Te Whariki: national early childhood curriculum guidelines in New Zealand. *International Journal of Early Years Education*, 1(3), pp.7-21.

Carr, M. and May, H. (1994) Weaving patterns: developing national early childhood curriculum guidelines in Aotearoa-New Zealand. *Australian Journal of Early Childhood*, 19(1) pp.25-33.

Carr, M. and May, H. (2000) Te Whariki: Curriculum Voices. In H. Penn (ed.) *Theory, Policy and Practice in Ealry Childhood Services*. Buckingham: Open University Press.

Carr, M, May, H., Podmore, V., Cubey. P., Hatherly, A. and Macartney, B. (2000) *Learning and Teaching Stories: Action Research on Evaluation in Early Childhood*. Final Report to the Ministry of Education. Wellington: New Zealand Council for Educational Research.

Clandinin, D. J. and Connelly, F. M. (1990) Narrative, experience and the study of curriculum. *Cambridge Journal of Education*, 20(3), pp. 241-53.

Claxton, G. (1990) *Teaching to Learn*. London: Cassell.

Cole, M. (1996) *Cultural Psychology: a Once and Future Discipline*. Cambridge, Mass.: Harvard University Press. (マイケル・コール著　天野清訳　文化心理学：発達・認知・活動への文化 - 歴史的アプローチ　新曜社　2002)

Comber, B. (2000) What really counts in early literacy lessons. *Language Arts*, 78(1) pp.39-49.

Connelly, F. M. and Clandinin, D. J. (1988) *Teachers as Curriculum Planners: Narratives of Experience*. NewYork: Teachers College Press.

Connelly, F. M. and Clandinin, D. J. (1990) Stories of experience and narrative inquiry. *Educational Researcher*, 19(5 (June-July)), pp.2-14.

Connelly, F. M. and Clandinin, D. J. (1995) Narrative and education. *Teachers and Teaching: Theory and Practice*, 1(1), pp.73-85.

Corsaro, W. A. (1985) *Friendship and Peer Culture in the Early Years*. Norwood, NJ: Ablex.

Crnic, K. and Lamberty, G. (1994) Reconsidering school readiness: conceptual and applied perspectives. *Early Education and Development*, 5(2), pp.91-105.

Cross, S. E. and Marcus, H. R. (1994) Self-schemas, possible selves, and competent

performance. *Journal of Educational Psychology*, 86(3), pp.423-38.
Csikszentmihalyi, M. (1991) *Flow: the Psychology of Optimal Experience*. New York: Harper Collins. (M・チクセントミハイ著　今村浩明訳　フロー体験：喜びの現象学　1996　世界思想社　1997)
Csikszentmihalyi, M. (1996) *Creativity: Flow and the Psychology of Discovery and Invention*. New York: Harper Collons.
Csikszentmihalyi, M. (1997) *Finding Flow: the Psychology of Engagement with Everyday Life*. New York: Basic Books. (M・チクセントミハイ著　大森弘訳　フロー体験入門：楽しみと創造の心理学　世界思想社　2010)
Csikszentmihalyi, M. and Rathunde, K. (1992) The measurement of flow in everyday life: toward a theory of emergent motivation. In J. J. Jacobs (ed.) *Developmental Perspectives of Motivation. Nebraska Symposium on Motivation Vol. 40*. Lincoln: University of Nebraska Press.
Cullen, J. (1991) Young children's learning strategies: continuities and discontinuities. *International Journal of Early Childhood*, 23(1), pp.44-58.
Dahlberg, G., Moss, P. and Pence, A. (1999) *Beyond Quality in Early Childhood Education and Care: Postmodern Perspectives*. London: Falmer.
Davies, B. (1989) *Frogs and Snails and Feminist Tales: Preschool Children and Gender*. Sydney: Allen and Unwin.
Donaldson, M. (1992) *Human Minds*. London: The Penguin Press.
Drummond, M. J. (1993) *Assessing Children's Learning*. London: David Fulton.
Drummond, M. J. (1999) Comparisons in Early Years Education: history, fact and fiction. CREPE Occasional Paper. University of Warwick, Centre for Research in Elementary and Primary Education.
Drummond, M. J. and Nutbrown. C. (1992) Observing and assessing young children. In G. Pugh (ed.) *Contemporary Issues in the Early Years*. London: Paul Chapman and National Children's Bureau.
Drummond, M. J., Rouse, D. and Pugh, G. (1992) *Making Assessment Work: Values and Principles in Assessing Young Children's Learning*. London and Nottingham: National Children's Bureau and NES Arnold.
Dunn, J. (1993) *Young Children's Close Relationships*. London: Sage.
Dweck, C. S. (1985) Intrinsic motivation, perceived control, and self-evaluation maintenance: an achievement goal analysis. In C. Ames and R. Ames (eds) *Research on Motivation in Education* (*Vol. 2: The Classroom Milieu*). San Diego: Academic Press.
Dweck, C. S. (1999) *Self-theories: Impact on Motivation, Personality and Development*. Philadelphia, PA: Taylor & Francis (Psychology Press).
Dweck, C. S. and Reppucci, N. D. (1973) Learned helplessness and reinforcement responsibility in children. *Journal of Personality and Social Psychology*, 54, pp.109-16.

Dyson, A. H. (1989) *Multiple Worlds of Child Writers: Friends Learning to Write*. New York: Teachers College Press.

Dyson, A. H. (1993) *The Social Worlds of Children Learning to Write in an Urban Primary School*. New York: Teachers College Press.

Dyson, A. H. (1997) Children out of bounds: the power of case studies in expanding visions of literacy development. In J. Flood, S. B. Heath and D. Lapp (eds) *Handbook of Research on Teaching Literacy Through the Communicative and Visual Arts*. New York: Simon & Schuster Macmillan. pp.167-80.

Education Review Office (2000) *Early Literacy and Numeracy: the Use of Assessment to Improve Programmes for Four to Six Year Olds*. Wellington: Education Review Office.

Edwards, P. (1996) *Livingstone Mouse*. New York: Harper Collins.

Edwards, C., Gandini, L. and Forman, G. (eds)(1993) *The Hundred Languages of Children: the Reggio Emilia Approach to Early Education*. Norwood, NJ: Ablex.（C・エドワーズ、L・ガンディーニ、G・フォアマン編　佐藤学・森真理・塚田美紀訳　子どもたちの100の言葉：レッジョ・エミリアの幼児教育　世織書房　2001）

Egan, K. (1993) Narrative and learning: a voyage of implications. *Linguistics and Education*, 5, pp.119-26.

Egan, K. (1996) The development of understanding. In D. R. Olson and N. Torrance (eds) The *Handbook of Education and Human Development*. London: Blackwell.

Egan, K. (1997) *The Educated Mind: How Cognitive Tools Shape our Understanding*. Chicago: University of Chicago Press.

Eisner, E. (2000) Those who ignore the past. . .: 12 'easy' lessons for the next milleniun. *Journal of Curriculum Studies*, 32(2), pp.343-57.

Fernie, D. E. (1988) Becoming a student: messages from first settings. *Theory into Practice*, XXVII(1), pp.3-10.

Fernie, D. E, Davies, B., Kantor, R. and McMurray, P. (1993) Becoming a person in the preschool: creating integrated gender, school culture, and peer culture positionings. *Qualitative Studies in Education*, 6(2), pp.95-110.

Filer, A. (1993) The assessment of classroom language: challenging the rhetoric of 'objectivity'. *International Studies in Sociology of Education*, 3, pp.183-212.

Filer, A. and Pollard, A. (2000) *The Social World of Pupil Assessment: Processes and Contexts of Primary Schooling*. London: Continuum.

Firestone, W. A., Fitz, J. and Broadfoot, P. (1999) Power, learning and legitimation: assessment implementation across levels in the United States and the United Kingdom. *American Educational Research Journal*, 36(4), pp.759-93.

Foote, L., Irvine, P. and Turnbull, A. (1996) Professional Development Programmes for Curriculum Implementation in Early Childhood. Paper presented at the New Zealand Council for Educational Research Conference, June.

Forman, G. and Gandini, L. (1995) *An Amusement Park for the Birds* [Videotape]. Amherst, Mass.: Performanetics.

Foucault, M. (1979) *Discipline and Punish*. London: Allen Lane. (ミッシェル・フーコー著 田村俶訳 監獄の誕生：監視と処罰 新潮社 1977)

Frome, P. M. and Eccles, J. S. (1998) Parents' influence on children's achievement-related perceptions. *Journal of Personality and Social Psychology*, 74(2), pp.435-52.

Gaffney. M. and Smith A. B. (1997) An Evaluation of Pilot Early Childhood Professional Development Programmes to Support Curriculum Implementation. Report to the Ministry of Education. Dunedin: Children's Issues Centre.

Gallas, K. (1994) *The Languages of Learning: How Children Talk, Write, Dance, Draw and Sing their Understanding of the World*. New York: Teachers College Press.

Gardner. H. (1983) *Frames of Mind*. 2nd edition. London: Fontana.

Genishi, C. (ed) (1992) *Ways of Assessing Children and Curriculum: Stories of Early Childhood Practice*. New York: Teachers College Press.

Gettinger, M. and Stoiber, K. C. (1998) Critical incident recording: a procedure for monitoring children's performance and maximizing progress in inclusive settings. *Early Childhood Education Journal*, 26(1), pp.39-46.

Gilbert, Jane (1993) Teacher development: a literature review. In B. Bell (ed.) *I Know About LISP But How Do I Put It Into Practice?* Hamilton, New Zealand: Centre for Science and Mathematics Education Research, University of Waikato.

Gipps, C. (1999) Socio-cultural aspects of assessment. In A. Iran-Nejad and P. D. Pearson (eds) *Review of Research in Education 24*, Washington, AERA, pp.355-92.

Goodenow, C. (1992) Strengthening the links between educational psychology and the study of social contexts. *Educational Psychologist*, 27(2), pp.177-96.

Goodnow, J. (1990) The socialization of cognition: what's involved? In J. W. Stigler, R. A. Shweder and G. Herdt (eds) *Cultural Psychology*. Cambridge: Cambridge University Press, pp.259-86.

Gould, K. E. (1997) *Teacher Professional Development: a Literature Survey*. Position Paper Four. Project for Assessing Children's Experiences. Hamilton: University of Waikato.

Graue, M. E. and Walsh, D. J. (1995) Children in context: interpreting the here and now of children's lives. In J. A. Hatch (ed), *Qualitative Research in Early Childhood Settings*. Westport, Connecticut: Praeger, pp.135-54.

Gudmundsdottir, S. (1991) Story-maker, story-teller: narrative structures in curriculum. *Journal of Curriculum Studies*, 23(3), pp.207-18.

Hatch, J. A. (ed.) (1995) *Qualitative Research in Early Childhood Settings*. Westport. Connecticut: Praeger.

Heyman, G. D. and Dweck, C. S. (1998) Children's thinking about traits: implications for judgments of the self and others. *Child Development*, 64(2), pp.391-403.

Hickey, D. T. (1997) Motivation and contemporary socio-constructivist instructional perspectives. *Educational Psychologist*, 32(3), pp.175-193.

Hidi, S., Renninger, K. A. and Krapp, A. (1992) The present state of interest research. In S. Hidi, K. A. Renninger and A. Krapp (eds) *The Role of Interest in Learning and Development*. Hillsdale, NJ: Lawrence Erlbaum.

Hill, E. (1985) *Spot at the Farm*. London: William Heinemann.（同書を含むシリーズは、エリック・ヒル作・絵 まつかわまゆみ訳 『コロちゃん』シリーズ 評論社 として一部翻訳されている）

Hill, S., Comber, B., Louden, W., Rivalland, J. and Reid, J, (1998) *100 Children Go to School: Connections and Disconnections in Literacy Development in the Year Prior to School and the First Year of School*. Canberra, ACT: DEETYA.

Hohmann, M., Barnet, B. and Weikart, D. P. (1979) *Young Children in Action: a Manual for Pre-School Educators*. Ypsilanti, MI: High/Scope Education Research Foundation.

Howard, S. and Johnson, B. (1999) Tracking student resilience. *Children Australia* 24(3), pp.14-23.

Howes, C., Matheson, C. C. and Hamilton, C. E. (1994) Maternal, teacher, and child care history correlates of children's relatiomships with peers. *Child Development*, 65, pp.264-73.

Hunt, K. (1999) Respecting the wisdom of a young child in grief. Paper presented at The Third Warwick International Early Years Conference, 12-16 April.

Inagaki, K. (1992) Piagetian and post-Piagetian conceptions of development and their implications for science education in early childhood. *Early Childhood Research Quarterly*, 7(1), pp.115-33.

Isaacs, S. (1932) *The Nursery Years: the Mind of the Child from Birth to Six Years*. London: Routledge and Kegan Paul.

James, M. and Gipps, C. (1998) Broadening the basis of assessment to prevent the narrowing of learning. *The Curriculum Journal*, 9(3), pp.285-97.

Jones, E. and Reynolds, G. (1992) *The Play's the Thing: Teachers' Roles in Children's Play*. New York: Teachers College Press.

Kantor, R. (1988) Creating school meaning in preschool curriculum. *Theory into Practice*, XXVII(1), pp.25-35.

Kantor, R., Green, J., Bradley, M. and Lin, L. (1992) The construction of schooled discourse repertoires: an interactional sociolinguistic perspective on learning to talk in preschool. *Linguistics and Education*, 4, pp.131-72.

Katz, L. G. (1988) What should young children be doing? *American Educator* (Summer), pp.29-45.

Katz, L. G. (1993) *Dispositions: Definitions and Implications for Early Childhood Practices*. Perspectives from ERIC/ECCE: a monograph series. Urbana, Illinois: ERIC Clearinghouse

on ECCE.
Katz, L. G. (1995) The distinction between self-esteem and narcissism: implications for practice. In L. G. Katz (ed.) *Talks with Teachers of Young Children: a collection.* Norwood, NJ: Ablex.
Kelly, A. V. (1992) Concepts of assessment: an overview. In G. Blenkin and A. V. Kelly (eds) *Assessment in Early Childhood Education.* London: Paul Chapman.
Knupfer, A. M. (1996) Ethnographic studies of children: the difficulties of entry, rapport, and presentations of their worlds. *Qualitative Studies in Education,* 9(2), pp.135-49.
Krechevsky, M. (1994) *Project Spectrum: Preschool Assessment Handbook.* Cambridge, Mass.: Project Zero at the Harvard University Graduate School of Education.
Laevers, F. (1994) *The Leuven Involvement Scale for Young Children.* Leuven, Belgium: Centre for Experiential Education.
Laevers, F., Vandenbussche, E., Kog, M. and Depondt, L. (n.d.) *A Process-oriented Child Monitoring System for Young Children.* Experiential Education Series, No.2., Leuven, Belgium: Centre for Experiential Education.
Lather, P. (1993) Fertile obsession: validity after post structuralism. *Sociological Quarterly,* 34(4), pp.673-93.
Lave, J. and Wenger, E. (1991) *Situated Learning: Legitimate Peripheral Participation.* Cambridge: Cambridge University Press. (ジーン・レイヴ、エティエンヌ・ウェンガー著 佐伯胖訳 状況に埋め込まれた学習：正統的周辺参加　産業図書　1993)
Litowitz, B. E. (1993) Deconstruction in the zone of proximal development. In E. A. Forman, N. Minick and C. A. Stone (eds) *Contexts for Learning: Sociocultural Dynamics in Children's Development.* Oxford and London: Oxford University Press.
Litowitz, B. E. (1997) Just say no: responsibility and resistance. In M. Cole, Y. Engeström and O. Vasquez (eds) *Mind, Culture, and Activity: Seminal Papers from the Laboratory of Comparative Human Cognition.* Cambridge: Cambridge University Press.
Lubeck, S. (1985) *Sandbox Society. Early Education in Black and White America: a Comparative Ethnology.* London: Falmer.
Lyle, S. (2000) Narrative understanding: developing a theoretical context for understanding how children make meaning in classroom settings. *Journal of Curriculum Studies* 32(1), pp.45-63.
Marcus, H. and Nurius, P. (1986) Possible selves. *American Psychologist,* September, pp.954-69.
Marshall, H. (1992) *Redefining Student Learning: Roots of Educational Change.* Norwood: Ablex.
Merritt, S. and Dyson, A. H. (1992) A social perspective on informal assessment: voices, texts, pictures, and play from a first grade. In C. Genishi (ed.) *Ways of Assessing Children and Curriculum: Stories of Early Childhood Practice.* New York: Teachers College Press.

Middleton, S. and May, H. (1997) *Teachers Talk Teaching 1915-1995: Early Childhood, Schools, and Teachers' Colleges*. Palmerston North: Dunmore.

Moll, L. C., Amanti, C., Neff, D. and Gonzales, N. (1992) Funds of knowledge for teaching: using a qualitative approach to connect homes and classrooms. *Theory into Practice*, 31(2), pp.132-41.

Monk, G., Winslade, J., Crocket, K. and Epston, D. (eds) (1997) *Narrative Therapy in Practice: the Archaeology of Hope*. San Francisco: Jossey-Bass. (ジェラルド・モンク他編 国重浩一、バーナード紫訳 ナラティヴ・アプローチの理論から実践まで：希望を堀りあてる考古学 北大路書房 2008)

Montessori, M. (1965) *The Montessori Method: Scientific Pedagogy as Applied to Child Education in 'the Children's Houses' with Additions and Revisions by the Author*. Cambridge, Mass.: R. Bentley. Translated from the Italian by A. E. George. Originally published in 1912.

Moore, C. and Dunham, P. J. (eds) (1992) *Joint Attention: Its Origins and Role in Development*. Hillsdale, NJ: Lawrence Erlbaum.

Moss, P. A. (1994) Can there be validity without reliability? *Educational Researcher*, March, pp.5-12.

Nash, R. (1993) *Succeeding Generations: Family Resources and Access to Education in New Zealand*. Auckland: Oxford University Press.

Nelson, K. (1986) *Event Knowledge: Structure and Function in Development*. NJ: Lawrence Erlbaum.

Nelson, K. (1997) Cognitive change as collaborative construction. In E. Amsel and K. A. Renninger (eds) *Change and Development: Issues of Theory, Method and Application*. Mahwah, NJ and London: Erlbaum.

New Zealand Ministry of Education (1996a) *Te Whāriki. He Whāriki Mātauranga mō-ngā-Mokopuna o Aotearoa: Early Childhood Curriculum*. Wellington: Leaming Media.

New Zealand Ministry of Education (1996b) Revised Statement of Desirable Objectives and Practices (DOPs) for Chartered Early Childhood services in New Zealand. *The New Zealand Gazette*, 3 October.

Nisbet, J. and Shucksmith, J. (1986) *Learning Strategies*. London: Routledge and Kegan Paul.

Noddings, N. (1984) *Caring: a Feminine Approach to Ethics and Moral Education*. Berkeley, California: University of California Press. (ネル・ノディングス著 立山善康・清水重樹・新茂之・林泰成・宮崎宏志訳 ケアリング：倫理と道徳の教育 女性の観点から 晃洋書房 1997)

Noddings. N. (1995) Teaching themes of care. *Phi Delta Kappan*, 76(9), pp.675-9.

Nsamenang, A. Bame and Lamb, M. E. (1998) Socialization of Nso children in the Bamenda grassfields of northwestern Cameroon. In M. Woodhead, D. Faulkner and K. Littleton (eds) *Cultural Worlds of Early Childhood*. London and New York: Routledge in association with The Open University.

Nutbrown, C. (1994) *Threads of Thinking: Young Children Learning and the Role of Early Education*. London: Paul Chapman.

Olson, D. R. and Bruner, J. S. (1996) Folk psychology and folk pedagogy. In D. R. Olson and N. Torrance (eds) *The Handbook of Education and Human Development: New Models of Learning, Teaching and Schooling*. London: Blackwell.（R・オルセン、J・ブルーナー著　岡本夏木・中渡一美・吉村啓子訳　意味の復権　ミネルヴァ書房　1999）

Paley, V. G. (1986) On listening to what the children say. *Harvard Educational Review*. 56(2), pp.122-31.

Paley, V. G. (1988) *Bad Guys Don't have Birthdays: Fantasy Play at Four*. Cambridge, Mass.: Harvard University Press.

Paley, V. G. (1992) *You Can't Say You Can't Play*. Cambridge, Mass.: Harvard University Press.

Papert, S. (1980) *Mindstorms*. Brighton: Harvester.（シーモア・パパート著　奥村貴世子訳　マインドストーム：子供、コンピューター、そして強力なアイデア　未来社　1982）

Papert, S. (1993) *The Children's Machine: Rethinking School in the Age of the Computer*. Hemel Hempstead: Harvester Wheatsheaf.

Pascal, C., Bertram, A., Ramsden, F., Georgeson, J., Saunders, M. and Mould, C. (1995) *Evaluating and Developing Quality in Early Childhood Settings: a Professional Development Programme*. Effective Early Learning Project. Worcester: Worcester College of Higher Education.

Pascal, C. and Bertram, A. (1998) The AcE project: accounting for lifelong learning. In L. Abbott and H. Moylett (eds) *Early Childhood Reformed*. London: Falmer.

Perkirts, D. (1992) *Smart Schools: Better Thinking and Learning for Every Child*. New York: The Free Press.

Perkins, D. N., Jay, E. and Tishman, S. (1993) Beyond abilities: a dispositional theory of thinking. *Merrill-Parker Quarterly*, 39, 1 January, pp.1-21.

Piaget, J. (1954) *The Construction of Reality in the Child*. New York: Basic Books.

Pollard, A. (1996) *The Social World of Children's Learning: Case Studies of Pupils from Four to Seven*. London: Cassell.

Pollard, A. and Filer, A. (1999) *The Social World of Pupil Career: Strategic Biographies Through Primary School*. London: Cassell.

Pratt, D. (1994) *Curriculum Planning: a Handbook for Professionals*. Fort Worth: Harcourt Brace.

Resnick, L. B. (1987) *Education and Learning to Think*. Washington, DC: National Academy Press.

Rogoff, B. (1990) *Apprenticeship in Thinking: Cognitive Development in Social Context*. Oxford and New York: Oxford University Press.

Rogoff, B. (1997) Evaluating development in the process of participation: theory, methods, and practice building on each other. In E. Amsel and K. Ann Renninger (eds) *Change and Development: Issues of Theory, Method and Application*. Mahwah, NJ and London: Erlbaum.

Rogoff, B. (1998) Cognition as a collaborative process. In William Damon (ed.) *Handbook of Child Psychology*. Fifth Edition. Vol.2. Cognition, Perception and Language. (Volume Editors: Deanna Kuhn and Robert S. Siegler.) New York: John Wiley, pp.679-744.

Rogoff, B., Mistry, J., Goncu, A. and Mosier, C. (1993) *Guided Participation in Cultural Activity by Toddlers and Caregivers*. Monographs of the Society for Research in Child Development Serial No.236, 58(8).

Rose, Nikolas (1999) *Governing the Soul: the Shaping of the Private Self*. 2nd edition (first edition 1989). London and NewYork: Free Association Books.

Salomon, G. (1991) Transcending the Qualitiative-Quantitative Debate: the analytic and systemic approaches to educational research. *Educational Researcher* (Aug-Sept), pp.10-18.

Salomon, G. (1993) Editor's introduction. In G. Salomon (ed) *Distributed Cognitions: Psychological and Educational Considerations*. Cambridge: Cambridge University Press. (ガブリエル・サロモン編　松田文子訳　分散認知：心理学的考察と教育実践上の意義　協同出版　2004)

Schweinhart, L. J. and Weikart, D. P. (1993) *A Summary of Significant Benefits: the High Scope Perry Pre-School Study through Age 27*. Ypsilanti, MI: High Scope.

Sheldon, A. (1992) Conflict talk: sociolinguistic challenges to self-assertion and how young girls meet them. *Merrill-Palmer Quarterly*, 38(1), pp.95-117.

Shepard, L. A. (1991) Psychometricians' beliefs about learning. *Educational Researcher*, 20(6) pp.2-16.

Siraj-Blatchford, I. (1994) *The Early Years: Laying the Foundations for Racial Equality*. Stoke-on-Trent: Trentham.

Skerrett-White, M. (1998) Case Study Four: Te Kōhanga Reo Case Study. In M. Carr, *Assessing Children's Experiences in Early Childhood: Final Report to the Ministry of Education*, Part2: The Case Studies. Wellington: Ministry of Education.

Smiley, P. A. and Dweck, C. S. (1994) Individual differences in achievement goals among young children. *Child Development*, 65, pp.1723-43.

Smith, A. B. (1992) Early childhood educare: seeking a theoretical framework in Vygotsky's work. *International Journal of Early Years Education*, 1, pp.47-61.

Smith, A. B. (1999) Quality childcare and joint attention. *International Journal of Early Years Education*, 7(1), pp.85-98.

Stallibrass, A. (1974) *The Self-Respecting Child: A Study of Children's Play and Development*. London: Thames and Hudson.

Sylva, K. (1994) School influences on children's development. *Journal of Child Psychology and Psychiatry*, 34(1), pp.135-70.

Sylva, K., Roy, C. and Painter, M. (1980) *Childwatching at Playgroup and Nursery School.* London: Grant McIntyre.

Taylor, P. C. (1998) Constructivism: value added. In B. J. Fraser and K. G. Tobin (eds) *International Handbook of Science Education Part Two.* Dordrecht: Kluwer Academic Publishers.

Thompson, J. B. (1991) Editor's introduction. In P. Bourdieu, *Language and Symbolic Power.* Cambridge, Mass.: Harvard University Press.

Tizard, B. and Hughes, M. (1984) *Young Children Learning.* London: Fontana.

Torrance, H. and Pryor, J. (1998) *Investigating Formative Assessment: Teaching, Learning and Assessment in the Classroom.* Buckingham: Open University Press.

Turkle, S. and Papert, S. (1992) Epistemological pluralism and the revaluation of the concrete. *Journal of Mathematical Behavior*, 11, pp.3-33.

Vygotsky, L. S. (1978) *Mind in Society: the Development of Higher Psychological Processes.* Edited by M. Cole, V. John-Steiner, S. Scribner and E. Souberman. Translated by A. R. Luria, M. Lopez-Morillas, M. Cole and J. Wertsch. Cambridge, Mass.: Harvard University Press.

Walkerdine, V. and Lucey, H. (1989) *Democracy in the Kitchen: Regulating Mothers and Socialising Daughters.* London: Virago.

Walsh, D. J., Tobin, J. J. and Graue, M. E. (1993) The interpretive voice: qualitative research in early childhood education. In B. Spodek (ed.) *Handbook of Research on the Education of Young Children.* New York: MacMillan.

Weinstein, R. (1989) Perceptions of classroom processes and student motivation: children's views of self-fulfilling prophecies. In C. Ames and R. Ames (eds) *Research on Motivation in Education Volume 3: Goals and Cognitions.* San Diego: Academic Press.

Wellman, H. M. (1990) *The Child's Theory of Mind.* Cambridge, Mass.: The MIT Press.

Wells, G. (1985) *Language Development in the Preschool Years.* Cambridge: Cambridge University Press.

Wertsch, J. V. (1991) *Voices of the Mind: a Sociocultural Approach to Mediated Action.* Cambridge, Mass.: Harvard University Press.（ジェイムズ・ワーチ著　田島信元・佐藤公治訳　心の声：媒介された行為への社会文化的アプローチ　福村出版　2004）

Whalley, M. (1994) *Learning to be Strong: Setting Up a Neighbourhood Service for Under-Fives and their Families.* Sevenoaks, Kent: Hodder & Stoughton Educational.

Wiliam, D. (1994) Assessing authentic tasks: alternatives to mark-schemes. *Nordic Studies in Mathematics Education*, 2(1), pp.48-67.

Wood, D. J., McMahon, L. and Cranstoun, Y. (1980) *Working with Under-Fives.* London: Grant McIntyre.

Yair, G. (2000) Reforming motivation: how the structure of instruction affects students' learning experiences. *British Educational Research Journal*, 26(2), pp.191-210.

Yeats, W. B. (1958) *The Collected Poems of W. B. Yeats*. London: MacMillan (first edition, 1933). (イェイツ著　高松雄一編　イェイツ詩集：対訳　小学生たちのなかで　岩波文庫　2009)

解説1
ニュージーランドの保育と「学びの物語」実践の現状と課題

鈴木佐喜子

　本書の著者であるマーガレット・カーは、ニュージーランドのワイカト大学（The University of Waikato）の教授で、保育のナショナル・カリキュラム、テ・ファリキ（Te Whāriki）を保育関係者の声を集めて作り上げた人物の1人として知られる。その後も、本書で取り上げているカリキュラムに対応するアセスメントを開発するなど、ニュージーランドの保育の発展に大きな役割を果たし続けている。なお、カーは2012年に本書の続編ともいえる、『学びの物語——子ども時代における学び手のアイデンティティの構築（*Learning Stories: Constructing Learner Identities in Early Education*, SAGE Pbulications Ltd）』を本書にも紹介されているウェンディー・リーとの共著で出版している。

　ニュージーランドの保育関係者のカーに対する信頼は厚く、カーの功績を称える声をしばしば耳にする。また、オーストラリア、カナダ、ヨーロッパ諸国から招聘され、カリキュラムやアセスメント、学びの構えに関する講演を行っている。何度かお会いする機会を得たが、小柄で物静かな風貌にエネルギッシュなパワーを秘めた方であると感じた。

　本書で明らかにしているように、カー自身が幼稚園の教師であった。ニュージーランドでは、カーだけでなく、保育関係の大学教員・研究者や教育省をはじめとする関係機関の職員の多くが保育現場出身者であり、そのほとんどが女性である。ニュージーランドの保育界におけるこれらの人びとの層の厚さが、保育の理論と実践、保育現場と政策をつなぎ、テ・ファリキや「学びの物語」を生み出す基盤となっている。

　本書は、ニュージーランドの保育を基盤として書かれている。そこで、背景となっているニュージーランドの保育の制度や実践現場の状況について、最近の動向も含めて簡単に説明したい。

1　多様な保育の場と保育の特徴

　ニュージーランドの保育の大きな特徴は、多様な保育の場が存在していることである。例えば、幼稚園（Kindergarten）やケアと教育を提供する保育センター（Education & Care Centre）、親たちが中心となって運営するプレイセンター（Playcentre）、先住民マオリの保育施設であるコハンガレオ（Te Kōhanga Reo）、家庭的保育（Home-based education and care services）、入院中の子どもに保育を提供する病院内保育（hospital-based education and care services）、国立通信制学校などがある。なお、ニュージーランドでは、幼保が教育省の管轄の元に一元化されていることから教育（education）という用語を用いることが多いが、この場合の教育はケアを含む保育を意味している。従って、本書でも明らかなように、すべての認可施設では、テ・ファリキに基づくケアと教育を行っている。
　幼稚園は、1889年に創立された無償幼稚園を起源とするニュージーランドの代表的な保育の場である。中でもニュージーランド幼稚園法人（New Zealand Kindergartens Incorporated）やニュージーランド無償幼稚園連盟（New Zealand Federation of Free Kindergartens）傘下に属する幼稚園は、公的性格が強く原則無償で、それぞれの地域の幼稚園協会に雇用される保育者には小学校教員に近い労働条件が適用され、全員が有資格教員である。4歳児に対しては午前中に週5日、3歳児に対しては午後に週2日ないし3日の、短時間の保育を提供している園が多い。しかし現在では、全日保育や2歳児の保育を実施している園が増加している。
　0歳から就学までの子どものケアと教育を提供する保育センターは、幼稚園、プレイセンター、コハンガレオを除く保育の場の総称である。保育園の他、モンテッソーリやシュタイナー教育を行っている私立の保育施設も含まれる。運営主体は、個人、トラスト、企業など多様であるが、近年、企業の保育センターの増加が著しく、保育界では大きな問題になっている。
　家庭的保育は、子どもあるいは保育提供者の家庭において4人までの0歳か

ら5歳の子どもの保育を提供するサービスである（2歳未満児は2人まで）。日本の保育ママ制度に似ているが、資格を有する保育者がコーディネーターとして大きな役割を果たしており、どの家庭に委託するかの調整や養育提供者に対する助言・指導、玩具の貸し出し等を行っている。

　1941年に創立されたプレイセンターは、ニュージーランド・プレイセンター連盟法人（New Zealand Playcentre Federation Inc.）の支援のもと、運営と保育を親たち自身が担うユニークな保育の場である。0歳から就学までの子どもの保育を提供する施設であると同時に子育てを支え合う場、親の学習や社会参加の場として発展してきた。

　コハンガレオは、コハンガレオ・ナショナルトラスト（Te Kōhanga Reo National Trust）によって運営され、0歳から就学までの子どもに、先住民族マオリの言語、文化、価値観に基づく保育を提供している。

　保育への登録率を子どもの年齢別にみると、2011年では、0歳14.1％、1歳40.4％、2歳59.2％、3歳児92.2％、4歳児100.2％である。これらの数値には幼稚園と家庭的保育など、複数の保育の場に登録している場合が含まれるが、高い登録率が達成されている。6歳が義務教育開始だが、小学校入学は満5歳の誕生日から6歳までの間に親が決めることになっている。5歳の誕生日の翌日から小学校に通うことが一般的であるため、5歳児の登録はごく少数である。

　それぞれの保育の場は自らの理念や保育のあり方に対する自主独立の意識が高く、こうした多様性を尊重する考え方がカリキュラムや保育内容、制度にも貫かれている。

　ニュージーランドでは、幼稚園やごく少数の保育センターが年齢別の保育を実施しているが、0歳～就学までの施設、乳児施設と幼児施設を運営する保育センター等のいずれにおいても、異年齢で保育する施設が少なくない。

　日課は「マットタイム」あるいは「サークルタイム」と呼ばれる集まりが保育の開始時、終了時に設けられる以外は、自由遊び・自由活動の時間にあてられることが一般的である。室内には、ごっご遊び、造形、積み木、パズル・ゲーム、絵本など様々なコーナーが、園庭には砂場、固定遊具や木工の工作台などが設定され、子どもたちは自分の興味・関心に従って、個々に、あるいは友だちと遊んだり、グループで活動したりしている。ただし、本書で紹介され

ている実践事例からも分かるように、放任というわけではなく、保育者は個々の子どもや子どもたちの興味や姿をとらえ、それに即した保育環境や活動を意図的・計画的に作り出している。

親の保育への参加が保育の中にしっかりと位置づけられていることもニュージーランドの保育の特徴であろう。親たちが運営するプレイセンターはもちろんのこと、幼稚園では親や地域住民からなる委員会によって運営され、ペアレント・ヘルプという親が交代で保育を手伝う制度があり、親が日常的に保育に参加している。保育者は、親の意見を積極的に求め、保育への参加の促進に心を砕いている。

2 ニュージーランドの保育制度

1986年、保育センターが社会福祉省から教育省の管轄に移行され、幼保一元化が実現した。1940年代半ば以降、国が幼稚園を重要な保育の場と位置づけ優先的に国費を投じた結果、幼稚園はニュージーランドの保育の主流として発展してきた。他方、保育センターは、長い間政策の枠外に置かれてきた。1960年代に入って、劣悪な保育センターが社会問題となり保育センター規則が制定されるなど、ようやく法的整備が着手され始めた。それぞれの保育の場の多様性を尊重しつつ、幼稚園と他の保育の場との格差を解消し、全ての保育機関に対する統一的なカリキュラム、認可・補助金制度、統合型教員養成制度の整備・確立が目指された。

本書は、1996年に保育のナショナル・カリキュラム、テ・ファリキが制定され、このテ・ファリキに対応するアセスメントを作り出す取り組みの中で生み出された。ここでは、カリキュラム制定当初から現在までの保育制度、保育条件の変遷を簡単に紹介しておく。

まず、1998年の「教育（乳幼児サービス）規則 The Education (Early Childhood Services) Regulation」を中心に当時の保育制度の概要をみてみよう。子どもと大人の比率は、2歳未満児が全日・半日保育で5対1、2歳以上児の全日保育がおよそ10対1、半日保育がおよそ15対1である。2歳以上児の

保育条件は日本に比べて恵まれているが、0歳児に対する大人と子どもの比率5対1は厳しく、良心的な保育の場では職員の加配を行っている。施設規模は、2歳未満児で25名以内、2歳以上児で50名以内、両者混合で50名以内と定められ、日本と比べて小さい。なお、ニュージーランドでは、年齢別クラスの規定はなく、上記のように2歳以上児と2歳未満児で区切って規定している。さらに、この規則では、各保育の場における有資格者の人数は、幼稚園を除いて「責任者1人」と定められているに過ぎない。幼稚園を除いて、保育者全員が有資格者でないこともあり得るのである。保育センターの企業経営者がコストや利益という観点から有資格者を増やすことに大きな抵抗を示しているからである。この点が、ニュージーランドの保育の質をめぐる重要な課題、争点となっている。カーが序文で述べているように、本書における保育者の名称が「教師」「教育者」「職員」「大人」「養育提供者」など、様々であるのは、保育の場の持つ性格の多様性や保育者の資格の有無に大きく関わっている。

　2002年、「行き過ぎた改革の是正」を掲げた労働党政権下で策定された教育省の「未来への道——乳幼児教育のための戦略的10カ年計画」(Pathways to the Future A 10-year Strategic Plan for Early Childhood Education) は、①乳幼児の保育への登録の拡大、②保育の質の向上、③協同的関係の促進を課題として掲げ、改革が進められた。

　子どもの保育への登録を促進するため、2007年より、幼稚園、保育センター、家庭的保育に対して、3歳児と4歳児の週20時間の無償教育が実施された。2010年には、5歳児や適応を除外されていたプレイセンター、コハンガレオにも週20時間の無償教育が広げられている。

　また、保育の質の向上に不可欠な課題として、保育の場における有資格教員 (qualified teacher)・登録教員 (registered teacher) の割合を、2007年までに50％、2010年に80％、2012年に100％とするという目標が掲げられた。「有資格教員」とは、教員養成機関で教員資格を取得した教員、「登録教員」とは資格取得後、2年（〜3年）の間に、経験豊かな先輩教員の助言を受けつつ教員登録委員会 (Teacher Registration Board) にレポートを提出し、登録証明を得た教員を指す。政府は、目標達成に向けて、登録教員の割合に応じた補助金制度、教員資格取得希望者への補助金や奨学金制度、通信制の養成コースの開設

などの方策を講じ、有資格者・登録教員の拡大に力を入れた。その結果、1999年には35％だった有資格者の割合が、2011年には69％、登録教員の割合は70.8％（小学校・中学校の有資格教員で保育の資格未取得者を含む）と大幅に増加した。特に保育センターでは、有資格者が2002年には39％であったが、2011年には64.3％、登録教員が66.2％と増大した（Education Counts, Annual ECE Census Summary Report 2011）。

しかし、労働党から国民党へ政権が交代するなかで、2008年に改定された「教育（乳幼児サービス）規則」では、有資格・登録教員の割合は、責任者を含む全職員の50％と明記されるにとどまり、有資格・登録教員の達成目標は、2012年80％へと修正された。検討されていた子どもと大人の割合の改善も見送られた。さらに、2011年の施設規模規定の改定によって、2歳未満児の施設で25名から75名以内、2歳以上児の施設で50名から150名以内に、2歳未満児・2歳以上児混合の施設で、50名から150名以内（ただし2歳未満児は75名）へと大幅に増加された。

幼保一元化とそれに伴う保育制度の整備、保育のナショナル・カリキュラム、テ・ファリキが制定された1980年代から1990年代は、市場原理に基づく経済・行財政改革の嵐が吹き荒れた時期であった。政権の交代による政策の変更、企業による保育センターの増加など、改革の過程は決して平坦なものではなかった。市場原理に基づく改革を志向する潮流と、保育条件の改善や保育の質の向上を求める保育関係者の願いとのせめぎ合いは今なお続いていると言えよう。このように、テ・ファリキや「学びの物語」を生み出したニュージーランドの保育は必ずしも理想的な条件のもとで行われているわけではない。困難な状況の中で、多くの保育関係者が子どもと家族を中心に据えてより良い保育の実現に向けて力を合わせ、粘り強く取り組んでいるのである。

3　アセスメント・プロジェクトのその後

1）新しいアセスメント普及のための専門性開発プロジェクト

カーたちは、保育のナショナル・カリキュラムを開発する教育省の研究プロ

ジェクトに続き、1995年、「保育の場における子どもたちの経験をアセスメントする」研究プロジェクト（本文ではアセスメント・プロジェクトと略記）を開始した。序文で述べられているように、カリキュラムと同じ理念・考え方に立つアセスメントの必要性を感じたからである。このプロジェクトにおける研究成果を土台として、アセスメントの方法としての「学びの物語」の理論と実践を明らかにしたのが、本書である。

しかし、先に述べたように、無資格の保育者も少なくない中で、新しいアセスメントを保育現場に普及し、具体化していくことは容易ではなかった。そこで、カーが中心となって、アセスメントに関する2番目のプロジェクト「乳幼児期の学びとアセスメント（実践事例）」プロジェクトが開始された。このプロジェクトが、『ケイ・トゥア・オ・テ・パエ（地平線を越えて）学びのためのアセスメント——保育実践事例集（Kei Tua o te Pae Assessment for Learning: Early Childhood Exemplars 以下、『事例集』）』の刊行と専門性開発プログラムの開発と実施につながった。

ニュージーランドでは、教育省の認可を受けた保育の場は、子どもの学びのアセスメントを記録することが義務づけられている（177頁の著者注参照）ものの、必ずしも「学びの物語」を用いることが義務づけられているわけではない。従ってこの『事例集』には、アセスメントと学びの重要な論点についての解説とともに「学びの物語」の実践事例が数多く掲載されているが、「学びの物語」以外の事例も含まれている。またこれらの事例は、非常に優れている、あるいは完全であるという意味での「模範」ではなく、むしろ多様なアセスメントにおける幅広い学びの経験を明らかにしたものとされている。実践事例は、テ・ファリキの諸原理と社会文化的アプローチを反映したものであり、「気づき、認識し、応答する」ことが、効果的なアセスメントと質の高い保育実践の核心であると述べられている。2004年から2009年まで、計20冊の『事例集』が刊行された。これらは全ての認可保育機関に配付され、ニュージーランド教育省のウェブサイトから入手することができる。

一方、専門性開発プログラムの実施に対しては、2004年～2005年の予算において、年約250万ドル（2千万円）が5年間にわたって計上された。教育省と契約を交わした教員養成大学の専門性開発部門や私立のプロバイダーが、補

助金を受け、専門性開発プログラムを保育施設や保育者に提供する。保育施設・者は無償で研修や支援の機会を得ることができるのである。

これらの『事例集』や専門性開発プログラムによって、アセスメント実践や「学びの物語」は、この数年間に保育現場に急速に普及し、保育実践を大きく変えてきたことは保育関係者が共通して認めるところである。教育評価局（Education Review Office）も、2006年に実施した389施設の外部評価結果を分析して、約3分の2の施設において、テ・ファリキの4つの原理を反映したアセスメントが取り組まれていることを明らかにしている。特に、子どもの学びを明らかにして、保育者だけでなく、子どもたちや親・ファナウ（拡大家族）と共有するという点で、大きな前進が見られたことを指摘している（報告書『乳幼児教育におけるアセスメントの質（The Quality of Assessment in Early Childhood Education, 2007)』）。

2）「学びの物語」の保育現場への広がり

「学びの物語」は、多くの保育者から肯定的に受け止められ、多くの施設で「学びの物語」に取り組んでいる。筆者の調査においても、「とても面白い！学びの物語を書くことでどのように子どもが学んでいるか理解を深め、自分の保育の助けになっている」「わくわくして楽しい。親と子どもたちにとって意味があるアセスメントでやりがいがある」「保育の楽しさや情熱を取り戻した」（科学研究費補助金研究成果報告書『ニュージーランドにおける保育の自己評価とアセスメントに関する研究報告書』2012年）など、多くの保育者が「学びの物語」に意味や手応えを感じ、楽しみながら実践していることが明らかになった。

各保育機関には、壁にたくさんの「学びの物語」が掲示されている。本書に紹介されている書式や枠組みを用いている保育の場もあるが、子どもや親にもっと分かりやすく楽しめるようにと、様々な工夫を凝らした「学びの物語」が増えている。子どもたちや英語の読めない移民の親・家族が理解できるように、ビデオ版「学びの物語」や子どもの学びを記録した映像をスライドショーにして、パソコンやプロジェクターで見られるようにしている施設もある。

また、一人ひとりの「学びの物語」や絵などの作品、写真などを収めた「プロファイル」は、子どもたちがいつでも手にとって見られるようになってい

る。本書に紹介されている「親の声」や「家庭での物語」も壁に掲示されたり、プロファイルに入れられている。

「学びの物語」の記録資料は、子どもたち、保育者、親たちが共有する子どもの学びの記録として、あるいは子どもの学びを軸にした保育計画の資料として活用されている。「学びの物語」は、日々の実践の過程のなかで日常的に行われる「形成的アセスメント」であり、子どもの関心やニーズに合わせて保育を展開していく「対話型のアセスメント」なのである。また、「学びの物語」の記録資料は、教育評価局による外部評価や施設内部のセルフ・レビュー（自己評価）の材料・証拠としても活用されている。

アセスメント記録や「学びの物語」の保育実践上の意義に対する認識が高まるにつれ、それらを作成するための時間を保障し、機器を整備する保育の場が増加している。施設によって差があるが、幼稚園や保育園などでは保育者に「ノン・コンタクト・タイム（子どもから離れてこれらの作業をする時間）」を勤務時間中に週２～４時間程度、保障している。また、「学びの物語」を作成する上で大きな役割を果たしていることを踏まえ、パソコンやデジカメ等の機器の整備やＩＣＴ（情報通信技術）の専門性開発も重視されている。

このように「学びの物語」は保育現場に定着し、「学びの物語」を通じて、子どもの成長や学び、保育について、保育者同士、子どもたち、親たちと語り合い、共に子どもの学びを作り出しているという手応えを保育者たちが実感している。カーが本書の中で述べているように、それまでのアセスメントは小学校入学前に子どものスキルをチェックするものであり、多くの保育者がアセスメントを行うことには否定的であった。「学びの物語」は、アセスメントのとらえ方を根本から変え、新しいアセスメント実践への転換を提起するものであった。「学びの物語」の保育現場への普及によって、この課題の達成に近づいたと言えよう。

保育者をひきつけ、保育者が保育の意欲・喜びや手応え、保育への確信を強めたことが、「学びの物語」実践の広がりの大きな要因であろう。保育者の保育への意欲や喜びを広げ、子どもの学びや保育を豊かに作り出すアセスメント、子ども・親も参加し、共に作り出すアセスメントの理論と実践は、私たちの保育「評価」観を根本から問い直し、発想の転換を迫っていると考える。

4 「学びの物語」は今もチャレンジ！

　では、アセスメント、「学びの物語」の今後の課題は何だろうか？
　1つは、「時間」をはじめとするアセスメント記録や「学びの物語」作成のための保育条件の改善である。多くの保育者が共通して指摘するのは「時間」の問題である。
　「ノン・コンタクト・タイム」が保障されない施設、あるいは保障されていたとしても他の事務仕事もあり、アセスメントを作成し深めるためには「時間がない」「時間が足りない」という声が多く挙がっている。教育評価局は、先の報告書の中で、地方の保育の場やプレイセンターにおいて、質の高いアセスメント実践が少ないことの要因として、①専門性開発への参加の機会がないこと、②「ノン・コンタクト・タイム」や会議の保障がないこと、③ＩＣＴを十分に活用できないこと、④有資格・登録教員が不足していることを指摘している。アセスメントの質を高めるために、専門性開発、話し合いやアセスメント作成の時間保障などの保育条件の改善が求められているのである。
　同時にアセスメントや「学びの物語」の実践上の課題も浮かび上がってきた。「カメラでパチパチ写真を撮って、『学びの物語』をそんなに次々作ってどうするの？」という疑問の声や、設定された「学びの物語」の目標数を達成するために大急ぎで「学びの物語」を作っているという話も耳にした。「学びの物語」を作ることが自己目的化され、「学びの物語」の意味が保育者に十分に理解され深められていないという問題である。
　また、作成された「学びの物語」が、ただの「物語」になっていて、子どもの学びをとらえ分析を深めるものになっていないという課題も指摘されている。教育評価局の報告書は、アセスメントにおいて、子どもの学びと発達を振り返ること、学びにアセスメント情報を活用すること、セルフ・レビューにアセスメント情報を役立てるという点で、約半数の施設において「改善が必要」と指摘している。また、2006年、『ケイ・トゥア・オ・テ・パエ保育実践事例集や専門性開発の実施評価報告書（Evaluation of Implementation of Kei Tua o te

Pae Assessment for Learning: Early Chidhood Exemplars: Impact evaluation of the Kei Tua o te Pae 2006 professional development)』は、保育者へのインタビュー、ポートフォリオの分析、事例研究等を行い、『事例集』や専門性開発が保育の質やアセスメント実践にどのような効果をもたらしたかを検証している。その中で、専門性開発が、アセスメント実践の深化、発展に大きな役割を果たしたことを明らかにしつつ、「あるポートフォリオは、作品を収集して展示することに非常に偏っていて、子どもたちの経験とアート作品のスクラップブックのようなものになっていた。これらのポートフォリオには、学びの分析、継続性や発達の証拠、学びの共同体が機能しているという表れが欠如していた」(pp.107-108) と指摘している。

　他方、1つの実践事例を学びの構えの5つの視点に無理に結びつけようとするなど、「学びの物語」のフォーマットや枠組みに囚われすぎるという問題を指摘する意見も耳にした。

　アセスメント、「学びの物語」を通じて子どもの学びの理解・分析が深められていないことが問題とされていると言えよう。保育者やそれぞれの保育の場が、「学びの物語」における子どもの学びをどのようにとらえ、個々の実践事例の中で分析され深められているか、こうした子どもの学びの理解を軸に保育実践を振り返り、保育計画に生かしていくかが問われており、この点が実践的な課題となっているのである。そのためには、質の高い保育者の養成や専門性開発の充実も欠かせない。子どもの学びのアセスメント「学びの物語」は、ニュージーランドの保育の場において「今もチャレンジ！」し続ける課題なのである。

解説2
「学びの物語」──社会文化的-歴史的理論が切り拓く保育実践の可能性

大宮勇雄

1 「学びの物語」を使うと、なぜ子どもの世界が見えてくるのか

1）ニュージーランドでも日本でも同じ

「学びの物語」を使うと、本書で紹介されているニュージーランドの保育者の実感と全く同じような実感を、日本の保育者も全く同じような表現で、しかもドラマチックな変化として語る。「子どもの心が見えてきた」「子どもが複雑なことを学び、考えていることがはっきりと見えてきた」と。[1]

そうした実感された子ども観の転換は、「学びの物語」の必然的な結果なのだろうか。言い換えると、そうした転換は、「学びの物語」のいかなる理論的・原理的特質から生まれたものなのだろうか。

それとも、そうした変化は、「学びの物語」のユニークさを示すものではなく、わが国の保育現場でよく語られる子ども理解の共通の原則に添った──「その子の視点に立って」「共感的に」「ありのままに」「受容的に」などと形容されるいわば保育者の「心持ち」や、あるいは「生活丸ごと」「生活の背景から」「感情世界や自我形成の機微に分け入って」「エピソードや子どもの姿を記録して」などの方法意識を持った──、より注意深い実践として理解すればいいものなのだろうか。

いうまでもなく、「学びの物語」はこれまで歴史的に経験的に蓄積され洗練されてきた子ども理解の方法や保育理論から多くのものを継承している。例えば、カーが掲げるアセスメントのガイドライン「アセスメントは子どもの視点を探究するものである」や「ナラティヴ・アプローチは、計測可能な指標を使うよりも学びをより的確にとらえることができる」などは、今日の保育実践の多くが内包している保育理論と共通するもの、あるいはその延長線上のものであることは明らかであろう。

しかし「学びの物語」は、今日の主流となっているものとはかなり異なる新たな「理論」——とりわけ子どもの発達（あるいは学び）と、子どもが生きている社会（あるいは環境）との関係についての革新的な理論——を内包している。それが、実感された子ども観の転換を必然的にもたらすのである。

２）個人の学びと環境の関係をとらえる枠組みの転換
　具体的にその点を見てみよう。「学びの物語」を実践したニュージーランドのある保育者の感想が本書で紹介されている。

私たちはこれまで、何をするか子どもたち自身に計画させるなんてことはなかったのね。子どもたちがやろうとしていることについて落ち着いてじっくり考えるというようなことはね。でも、計画についての子どもたちの発言を読んでみると、子どもたちは本当によく考えているということが分かったの。子どもたちに「この部品はなんだと思う？」って聞くと、「今、考えてるとこなの」って返ってきたりするわけ。子どもたちは聞かれたことに答えを見つけようとしているだけじゃないんだと確信したわ。（本書p.190）

　「落ち着いて考えると、子どもたちは本当によく考えている」ことが見えてくる、とこの保育者は語っている。これまでは「落ち着いて考えてこなかった」ために、日常生活の中で、子どもたち自らが進んで行っている「複雑で、内容豊かな学び」が見えなかったのだという。「落ち着いて考える」というのは、保育者の余裕や心境の変化と見えるが、そうする必要を感じていなかったのはなぜかと問う必要がある。子どもの発達と環境との関わりについてこれまで抱いてきた暗黙の想定が変化したことをそれは意味している。
　子どもは単に「聞かれたことに答えているだけ」だと思っていた、つまり、子どもの行為（の中にある学び）を、環境（子どもを取り巻く日々の生活の営み。ここでは保育者からの働きかけや提供された活動）への、受動的で、内容に乏しい単純な「反応」と見なす見方・感じ方の根底にあるのは、子どもの発達と、子どもが生きる環境とを、それぞれ独立した実体としてとらえる見方だったと言えるのではないか。

これまでこの保育者は、おそらく、子どもの発達は、子どもが生きる環境から独立して、何らかの内部的な法則に従って展開するものであるととらえ（例えば、〜歳になったら○○ができるようになる、〜歳にはこの活動はまだ早い……などと考えること）、他方で子どもを取り巻く環境は、発達段階に適した活動を提供したり引き出したりするもの（発達の入力元としての環境）ないしは発達した能力を使って何かを行う場（発達の出力先としての環境）としてとらえる見方に、知らず知らずのうちに立っていたのではないだろうか。

　こうしたとらえ方に立っているとき、発達と環境は互いに「影響し合う」ものとして——発達にとって環境が促進的／抑圧的機能を果たすとか、環境にふさわしいレディネス（準備）ができているかいないかとか——とらえられてはいるが、その影響はあくまで「外から」のものに見えるだろう。そのとき、子どもが周囲との関わりで自ら行っている行為は発達の実質に深く関わるものではなく、発達の「外にある彩り（あるいはバリエーション）」とでもいうべきものと映るのではないだろうか。発達は環境とは独立した実体としてすでに個人の中にあるものであるなら、その個人が環境と関わる中でなしていることは発達にとって重大な意味を持つものではない、だから子ども自ら何かをなしたり表現したりすることにじっくりと目を向ける必要はない。そうしたことを、この保育者は「落ち着いてみてこなかった」と表現したと解することができるのではないか。

3）個人の発達と社会文化的環境とは相互に「構成しあう」

　個人の発達と社会文化的環境との関係についての、今述べたような、これまで往々にして語られることのなかった「前提」は変えなくてはならない、というのが「学びの物語」が提起していることである。「学びの物語」を基礎づけている社会文化的学び論——本書ではそれを「状況に埋め込まれた学び」論、「文化的道具によって媒介された学び」論、「参加の仕方の変容としての発達」論などさまざまに言い換えているが、それらに共通する理論的アイディア——においては、個人の発達と環境との関係は「影響し合う」ものではなく、「構成しあう」ものととらえられている。

　バーバラ・ロゴフの言葉を借りると、「社会文化理論に対するもろもろの提

案は、個人の発達が社会的文化-歴史的活動や実践を構成しまたそれによって構成されているということについて、大筋では合意しています。……社会文化的見地からすると、文化（環境と言い換えることもできる——引用者）は個人に影響を及ぼす実体ではありません。人々は文化過程の創造に貢献し、文化過程は人々の創造に貢献するのです。つまり、個人と文化過程は、別々に定義されるのではなく、互いに構成しあう」（ロゴフ著、當眞千賀子訳『文化的営みとしての発達——個人、世代、コミュニティ』新曜社、2006年、p.66）ものなのである。

2　社会文化理論の保育実践的な意味

1）「媒介された学び」という理論と子どもの世界の理解

　個人の発達と環境とが「互いに構成しあう」とはどういうことを意味しているだろうか。

　まず、個人の発達が、文化あるいは環境によって「構成される」という過程は、本書の中では「媒介された学び」という概念を用いて表現され説明されている。「媒介された学び」というアイディアは、子どもの思考は、文化が提供する思考の道具＝言語を使う複雑な思考過程に他者と共に取り組むことを通して発達する——「言語に媒介された思考」——というヴィゴツキーのアイディアに由来している。そのアイディアを引き継ぎ、マイケル・コールは、子どもの精神的な発達は、言語だけでなく、物質文化を構成する様々な具体的事物（＝「文化的道具」）を用いた活動に他者と共に取り組むことによって進んでいくとして、「媒介」概念を言語・記号だけでなく文化的道具を含んだものへと拡張した。また、ワーチは、子どもの思考が言語を用いた活動への取り組みによって媒介されている過程を、バフチンの「社会的言語」や「ことばのジャンル」などの概念を使ってより詳細に明らかにしようと試みた。

　カーは、こうした諸理論の創造的な発展を踏まえつつ、さらに独自の発想を加えて「媒介」の概念を柔軟に発展させ、アセスメントに生かそうとしている。

　第3章の冒頭で、子どもの「関心と熱中」を社会文化的視点からとらえるとはどういうことかをカーは論じている。その中で、子どもの関心や熱中を、社

会文化的な環境（文化的道具、活動、コミュニティの3層に構造化されている）に「媒介」されたものとしてとらえることを提案している。そしてそうした自身のアプローチを、関心・熱中を子どもの不安や恐れや悲しみ（その対概念としての安心や喜びを含めて）など心の深層にある情動や感情に由来するものととらえるアイザックスやペィリーのアプローチと対照比較して、次のように述べている。

恐れや悲しみ……がこうした関心の裏側に潜んでいるということは十分あり得ることだろう。しかし、そうした感情が何を表しているかは、比喩的にあるいは心理学的にその意味を推測するしかない。一方で子どもたちが注意を向けている文化的道具や活動やコミュニティについては直接観察することが可能である。（本書p.89）

「学びの物語」を実践すると、カーが言うように、子どもの関心・熱中――つまり、子どもが自ら何かにその注意を向け関わろうとする言動の全て――の内容が「直接観察可能なもの」になる。記録したものを「解釈する」時、保育者は、子どもの関心・熱中の源を、その生活や文化の中に見ることを、5つの「学びの構え」のカテゴリーによって方向づけられ促される。個人の発達が環境によって「媒介され、構成されている」という理論の実践的な意義の一つはここにあると思う。[(2)]

2）「学びの構え」と「構えを育む環境」の生きいきした描写

「媒介された学び」の理論は、「困難に立ち向かう」という「学びの構え」が保育の場においてどのようにして育っていくかを保育者が考察する際にも、深い洞察を可能にするものである。

一例としてスクリーン印刷という「活動」――子どもに提供される環境としての活動――が、「困難に立ち向かう」という学びの構えを育む環境として持っている特徴について、カーが指摘している箇所を取り上げたい。幼稚園の教師は、スクリーン印刷という活動において「自分の名前を書く、ハサミで切る、順番を待つ、複雑な工程を最後までやり遂げるというような『学校的』能力を段階を踏んで獲得させることを重視」していて（本書p.73）、そのために

「結果志向」につながりやすい「評価的な応答」が多かったという事実を紹介している。他方、子どもたちは、ダニーくんなど一部の子を除いては、その活動には一度しか取り組もうとしなかった。もう二度とやらないという子どもさえいるのである。つまり、自ら進んでくり返すという「熱中」の構えや、困難な課題に取り組むという「構え」を育む環境として、スクリーン印刷は不向きだったことを明らかにしている。

ここには、「学びの構え」の発達が、学びの構えを取り巻く環境によってどのように媒介され構成されているかという関係がまるで鏡に映すかのように——保育者の主観的意図や子ども個々の「構え」も含み込んで——浮かび上がっている。

3）「参加の変容としての発達」理論と子どもの能動性

さて、個人の発達と環境とが「構成しあう」という関係のもう一つの側面、つまり、個人の発達が環境を「構成する」というのはどういうことを指すのだろうか。

本書でカーは、こうした側面を描き出すために、「発達とは参加のレパートリーの変容である」というロゴフの理論的アイディアを用いている。ロゴフは個人の発達と文化的コミュニティとの関係を次のように定義している。「人間は、自らの属するコミュニティの社会文化的活動への参加のしかたの変容を通して発達します。そしてそのコミュニティもまた変化するのです」（ロゴフ、前掲書p.11）。

ロゴフの「参加の変容」理論の長所は、この引用の最後にある「個人の発達によって、コミュニティもまた変化する」という関係を描き出すことができるという点にある。ロゴフは、かなり長いスパンの中でのコミュニティの社会文化的活動の変化が、個人の能動的、創造的な発達によってもたらされた事例（例えば、欧米の民主主義が、アメリカインディアンのいくつかの部族の統治形態に発祥するものであって、それにふれて感銘を受けたヨーロッパ人によって紹介されて広がり、欧米のいくつかのコミュニティの主要な政治的活動のスタイルとなっていった数世紀にわたる変化を紹介している）に注目している。それに対してカーは、保育の場という小さなコミュニティにおける子ども個人がもたらす創造的

な学びが、保育の場を変えていくプロセスの分析に、ロゴフの理論を適用している。

　例えばカーが挙げているジェイソンくんのマーブルペインティングという事例では、その園では大人によっても子どもにとっても長年にわたって簡単な活動と見なされ、実際に困難に立ち向かう「構え」を育む環境にはなっていなかった活動を、彼は、空き箱に手を加えてマーブルペインティング用の箱を子どもの手でつくるという「チャレンジングな活動」へと変えた。ジェイソンくん個人の学びが、その活動の「構えを育む環境としての性質」を一変させ、そうした取り組み方は、文化的コミュニティとしての園の新たなスタイルとして定着し受け継がれていったのである。こうした子どもたちの環境への関わりをカーは、それまでそのコミュニティで受け継がれてきた参加の仕方に対する、一人ひとりの子どもたちの能動的な「編集、抵抗、変革」として定義している（本書p.30, 42）。そして、ジェイソンくんの「学びの構え」を、「遊び心（何かをおもしろがる心）playfulness」と表現している。

　本書でカーは「遊び play」という言葉をほとんど使っていないが、この文脈で「遊び」が強調されていることに注意する必要があろう。遊びが有する人間的価値、すなわち、能動的で創造的な、そして既存のやり方に対する距離をもった関わり・態度を内包していることへの注目は、（おそらく遊びの中によく現れるという意味を込めて）「遊び心」という言葉で表現されている。しかしカーが実践者としても研究者としても関心を寄せている問題は、学びの構えは、そして能動的で創造的な環境への子どもの関わりは、遊びの中で育つかどうか（あるいは遊び以外のものではどうか）という点ではない。保育実践上のポイントは、どのような遊びや活動や関わりの中で「学びの構え」が育まれ促されるかを保育者がとらえられるかどうかにある、カーはそういう問題意識を持っているのである。

4　保育の計画的実践の枠組みとしての「学びの物語」

　個人の発達と文化・環境との双方向的な関係を、鏡に映すように描き出すこ

とができる「学びの物語」は、保育における「次にどうする」という判断をより的確なものにすることができるとカーは言う。そして、そうした実践によって、子どもたちの中に「学び手としての自己像」の獲得――もちろんそうした自己像の発達は、知識やスキル、学びの機会に対する感受性等も同時に育つものであって、そうした自己像だけがいわば一人歩きして獲得されるわけではないが――を中核とした「学びの構え」の効果的な形成をもたらしていると述べている。「学びの物語」が持つ教育的な可能性は、ニュージーランドでの実際の保育実践を通して現実のものとなりつつあるというのである。

しかし、私自身が見聞した狭い範囲のことではあるが、わが国での「学びの物語」実践において、そうした計画的実践の具体化にまでつながっている事例はまだ多くないように思える。そうした事例がなければ、「学びの物語」の子どもの成長への効果の検証も容易にできないように感じられる。少なくとも私自身は、「学びの物語」が持つ「子どもを信頼する」という特質に光を当てることの積極的意義にアクセントを置いて紹介してきた。つまり、子どもの姿が肯定的に、そしてその世界がリアルに見えてきたという子ども理解のレベルでの有意義さに注目することにとどまってきた。

「学びの物語」というアセスメントは「カリキュラムの不可欠の一部」であるという性質を実践に生かすという課題には、これから着手しなくてはならない。その先に、子どもの学びを知識やスキルの獲得という面からのみとらえて、それを前倒しして身につけさせようとする「就学準備的な保育」論を乗り越える可能性が、具体的に見えてくることだろう。カーが指摘するように、知識やスキルの早期の獲得が、子どもの将来の豊かな学びにつながっているというデータは現時点では存在しない。しかし、そうした知識やスキルを早くから身につけた子どもの中に「可能性」を見出す大人や教育者に取り囲まれたなら、その「期待効果」で子どもの学びが一見伸展しているという現象も起こり得るだろう。そう考えると、「学びの物語」が掲げる「複雑な豊かな学び」を育むことには様々な困難が伴うことだろう。それを共に乗り越えるには、豊かな学びを実現するための実践者と研究者の共同が必要だろう。本書が、そのはじめの一歩を踏み出すきっかけとなることを願っている。[4]

最後になったが、訳者としての謝意を記したい。

　わが国と同じように新自由主義に立つ教育「改革」の大きな流れの中で、乳幼児期を、能力の伸長（「何かができる」）という視点から定義するのではなく、5つの「学びの構え」こそ最も大切な育ちとして、社会文化的な活動への子どもの能動的な参加のレパートリーの豊富化という視点から定義したニュージーランドの保育研究の実力に深い感銘を受けたというのが、本書の翻訳の初発の動機であった。そして、つたない自分なりの読み取りで保育者と共に実践してみた「学びの物語」は、保育者の子どもの見方を変え、子どもも保育者も幸せにするという手応えも確かなものであった。

　そうした熱い思いに駆られて着手した訳業ではあったが道のりは困難をきわめ、何回全文を一から訳し直したか思い出せない。何と6年にもわたる月日が過ぎてしまった。しかし、繰り返しニュージーランドの保育現場に足を運び研究を続けている鈴木佐喜子さんと編集者の松井玲子さんとの文字通りの協同作業の中で本当に様々なことを学んだ。それがなかったら、そしてそうした作業を支えてくれたひとなる書房の皆さんがいなかったら、決してここまでこれなかった。訳出にあたっては主として第1〜5章を大宮が、第6〜11章を鈴木が担当したが、最終的な訳文については全章、両名が共同して責任を負っている。

　原著者のマーガレット・カーは私たちに、「共同することは最も良き学びです」という温かい励ましを送ってくれた。そればかりでなく、おそらく多忙をきわめる中であったと思うが、私たちのたくさんの質問・疑問の一つひとつに丁寧に答えていただいた。時間がかかったが、その中でくり返し読むことで、ますますカーの研究の思想性と実践性にひきつけられ、同じ時代を生きていることの幸運に驚き、彼女への感謝の念が深くなった。

　私たちの「学びの物語」の旅路はまだ始まったばかりだが、多くの保育者の方から関心を寄せていただき、実践の記録を読ませていただき、それらを通して職員会議の雰囲気や子どもの見方が大きく変わったというコメントをいただいた。そうしたものが、本書に書かれた一つひとつの文章に生きた意味を吹き込んでくれた。

　たくさんの人への感謝の気持ちをこめて、そして同じ今を生きる子どもたちへの心からのエールを込めて、本書を贈ります。

(1) 拙著『学びの物語の保育実践』(ひとなる書房、2010年) 及び、福島大学附属幼稚園他著『子どもの心が見えてきた——学びの物語で保育は変わる』(同、2011年) には、「学びの物語」に学んで試みられた実践及び、保育・保育者の変化が記録されている。

(2) 遊びと学びとの関係という論題に関わって言えば、言うまでもなく互いに他を包括できるような関係にはないということを前提にした上で言うのだが、遊びを社会文化的な学び論の視点から見るということは、遊びへの子どもの関心を、遊びそれ自体への関心としてとらえるときには見えないものを見ようとすることを意味している。遊びの定義には——必然的にそうなるわけではないが——、社会の生活や生産や活動から切り離されたものであり、それ自体が目的となっている特殊な活動形態であるというとらえ方が含まれていることが多い。そこから、「子どもは、○○遊びという遊びそれ自体に関心を持っている」という見方が生まれる。遊びには目的はなく、それ自体が目的であるような活動であるという定義だと言ってもいい。そうした「遊び」論においては、子どもの関心を媒介している社会文化的世界は背景に隠れてしまう。遊びは確かに社会の生産・生活の「必要」からの時空の解放を条件にしているが、遊びそのものは社会と密接に結びついている。本書の「学び」論においては、子どもの遊びに向けられた関心それ自体が、すでにその子の社会文化的世界の中での豊かな学びの結果であるととらえている。

(3) 再び、遊びと学びの関係という論題に関わらせて言えば、学びは本来「学ぶべき目標や内容」があらかじめ設けられているというとらえ方をすると、学びは「教えられて学ぶ」という受動的、状況適応的なものと映るだろう。しかし、個人と環境との間の双方向的で応答的な関係の中に学びはあるとする社会文化理論においては、学びは個人の社会文化的な活動への主体的で創造的な参加である。遊びは子どもの主体性や自由を発揮しやすい活動であるということはできるだろうが、学びという言葉を使うこと自体が、子どもの主体性や自由を引き出す保育を本質的に困難にするわけではない。それは本書の中で注目され価値ある学びとされている子どもの姿を見れば明らかだと思う。遊びか学びかという枠組みで議論するのではなく、それぞれをいかなるものとして定義し関連づけるかが焦眉の研究課題である。

(4) これまで小論では「学び」と「発達」をほとんど同義語として使ってきた。カーも同じである。そのことに違和感を覚える方も少なくないだろう。心理学でのもっとも広義の「学び learning」は、「環境の中で獲得された、行動の、一時的ではない変化」というものであるが、一般的な意味での「学び」は「計画的系統的に学ぶ」ことを指して言われることが多い。後者の狭義の学びは、「目標と内容が与えられた学び」である (そうでなければ、計画したり順序よく配列したりすることはできない)。しかし本書での学びはそうした狭義の学びではない。社会文化理論における学びは、社会文化的活動や環境に参加することであり、知識・方略・構え・自我等複雑な内容を持った幅広い学びである。こうした学びは本来的に「予測し難いもの」であるために、計画的に育むことが難しいとされてきた。だが、「学びの物語」は予測し難くそれゆえ豊かな学びの発展方向をとらえることに道を開き、計画的実践の可能性を広げた。そこに保育実践の理論としての魅力がある。ヴィゴツキーの発達の最近接領域概念を保育実践に即して拡張する試みとも言えるだろう。

著者

マーガレット・カー Margaret Carr

ワイカト大学教育学部教授。主な著書(いずれも共著)に、*Understanding the Te Whāriki Approach: Early years education in practice*, Routledge, (2013), *Learning Stories: Constructing Learner Identities in Early Education*, SAGE Publications, (2012), *Learning in the Making: Disposition and Design in Early Education*, Sense Publishers, (2010) など。

訳者

大宮勇雄 Omiya Isao

仙台大学教授・福島大学名誉教授。主な著書に、『子どもの心が見えてきた――学びの物語で保育は変わる』(共著、ひとなる書房、2011年)、『学びの物語の保育実践』(ひとなる書房、2010年)、『保育の質を高める――21世紀の保育観・保育条件・専門性』(同前、2006年) など。

鈴木佐喜子 Suzuki Sakiko

元東洋大学ライフデザイン学部教授。主な著書に、『乳幼児の「かしこさ」とは何か――豊かな学びを育む保育・子育て』(大月書店、2010年)、『時代と向きあう保育(上・下)』(ひとなる書房、2004年)、『現代の子育て・母子関係と保育』(同前、1999年) など。

装幀　山田道弘

本書の刊行にあたっては、福島大学学術振興基金の助成を受けました。

保育の場で子どもの学びをアセスメントする
「学びの物語」アプローチの理論と実践

2013年6月30日　初版発行
2019年10月20日　二刷発行

著　者　マーガレット・カー
訳　者　大宮勇雄・鈴木佐喜子
発行者　名古屋 研一

発行所　㈱ひとなる書房
東京都文京区本郷2-17-13
電　話 03（3811）1372
ＦＡＸ 03（3811）1383
e-mail：hitonaru@alles.or.jp

Ⓒ2013　印刷／中央精版印刷株式会社　＊落丁本、乱丁本はお取り替えいたします。